| 부자병을 앓는 아이들 |

물질적 풍요로부터
내 아이를 지키는 법

| 부자병을 앓는 아이들 |

물질적 풍요로부터

The Price of Privilege

내 아이를

지키는 법

매들린 러바인 지음 | 김영호 옮김

책으로여는세상

부자병을 앓는 아이들
물질적 풍요로부터 내 아이를 지키는 법

초판 1쇄 찍음 2017년 11월 15일
초판 1쇄 펴냄 2017년 11월 20일

지은이 매들린 러바인
옮긴이 김영호

펴낸이 김선영
펴낸곳 책으로여는세상

출판등록 제2012-000002호
주소 (우)476-912 경기도 양평군 강상면 강상로 476-40
전화 070-4222-9917 | 팩스 0505-917-9917 | E-mail dkahn21@daum.net

ISBN 978-89-93834-48-2(03370)

책으로여는세상
좋·은·책·이·좋·은·세·상·을·열·어·갑·니·다

이 도서의 국립중앙도서관 출판예정도서목록(CIP)은 서지정보유통지원시스템 홈페이지(http://seoji.nl.go.kr)와
국가자료공동목록시스템(http://www.nl.go.kr/kolisnet)에서 이용하실 수 있습니다.(CIP제어번호: CIP2017027922)

이 책을 나의 세 아들
로렌과 마이클, 제레미에게 바친다.

– 어디서도 말문이 막힌 적 없는 엄마지만
너희만 보면 경이로움으로 할 말을 잃곤 하는 엄마가 –

부는 어떻게
아이에게 독이 되는가?

– 푸름이아빠 최희수

부모의 마음에는 부모가 전혀 모르는 방이 있지요. 그 방에는 아이들만이 들어올 수 있습니다. 아이들은 부모가 만들어준 소품을 가지고 놀면서 자신도 모르는 사이에 그 방에 갇히게 됩니다. 아이들의 의식에서는 언제 그 방에 들어왔는지를 전혀 모르기에, 아이들은 부모가 되면 자신이 그랬던 것처럼 같은 방식으로 아이들을 가두게 됩니다.

부모는 아이를 사랑하기에 좋은 것을 주고 싶어 합니다. 아이들의 삶이 풍족했으면 하는 마음에 열심히 일하면서 부를 축적합니다. 자신의 어린 시절 삶이 가난했던 부모는 아이에게만큼은 자신이 겪었던 가난의 고통을 주고 싶어 하지 않습니다.

아이들은 부모가 열심히 일해 번 돈으로 물질적인 풍요와 이전의 부모 세대가 할 수 없었던 다양한 활동의 기회를 얻었지만 행복하지 않습니다. 아니 오히려 불행해지는 현상이 서구 사회 곳곳에서 광범위하게 목격되고 있고, 현재 우리 사회도 예외는 아닙니다. 왜 이런 일이 일어날까요?

『물질적 풍요로부터 내 아이를 지키는 법』은 매들린 러바인이라는 경험이 풍부한 상담사가 실제로 수많은 공부 잘하는 부유한 가정의 아이들을 상담하면서 그들이 어떤 과정을 통해 심리적으로 피폐해지는지를 분명하게 밝힌 책입니다. 지은이가 경험한 다양한 사례와 연구 결과가 더해진 힘 있는 책입니다. 아이들에게 물질적으로 아낌없이 모든 것을 주면서 뭔가 막연하게 이것이 아닌가 싶은 불안감이 드는 부모님들이

이 책을 읽는다면 눈이 밝아지고 가슴이 시원해지면서 피할 것은 피하는 분별을 얻을 것입니다.

지은이는 부가 독이 되는 것이 아니라 부모의 물질주의에 따르는 태도와 신념 체계가 아이들에게 독이 되고 있다고 말하고 있습니다. 예를 들어 부모가 이전에 하고 싶었으나 가난했기에 할 수 없었던 활동의 기회를 아이에게 주었습니다. 부모는 이렇게 돈을 많이 벌어 내 아이에게 좋은 것을 주었다는 좋은 부모의 이미지가 있지요. 그 이미지 안에는 아이가 좋아하는 것을 주는 것이 아니라 부자는 어떠해야 한다는 다른 사람에 대한 시선이 있고, 이렇게 좋은 것을 주니 내 아이는 특별하게 잘해야 한다는 아이에 대한 과잉 기대와 통제도 함께 무의식적으로 표현됩니다.

부모의 무의식적인 기대와 통제를 감지한 아이들은 부모가 원하는 것을 충족시키는 착한 아이가 되고, 사회적으로 인정받는 좋은 대학을 가기 위해 자신의 욕구와 감정을 억압하고 자신을 소진시키면서 결국 자신이 누구인지를 알 수 없게 됩니다. 술 중독이나 폭력, 왕따, 학교 성적 문제로 자살을 시도하는 아이들이 일으키는 문제는 대부분 감정이 억압되어 자신이 누구인지를 알 수 없기에, 중독과 강박이라는 매개 수단을 통해 자신을 알고 느끼려고 하는 사랑에 대한 요청입니다.

부유한 부모는 돈을 벌기 위해 아이와 함께 하지 못한 것을 부를 통해 보상하려는 경향이 있지요. 아이에게 보상하면 할수록 아이는 그 당시에는 외적인 물질에서 일시적인 만족을 얻을 수는 있지만, 점점 자신의 내면에서는 멀어지게 됩니다. 아이들은 자신이 간절하게 부모를 필요로 할 때 부모는 없고 왜 혼자 있어야 했는지를 자신에게 묻게 됩니다. 맥락이 부족한 아이들은 무의식에서 자신이 사랑받을 만한 존재가 아니라서 그렇다고 결론 내리지요. 자신이 사랑받을 만한 존재가 아니라면, 자신의 존재가 수치스럽다면, 아이들의 내면은 공허합니다.

이 책은 부모가 아이를 사랑하지만 아이들이 어떻게 성장하는지 그 심리를 알지 못하면 오히려 아이들을 사랑하면 사랑할수록 아이에게 독이 될 수 있다는 것을 다양한 사례를 통해 검증하고 있습니다. 하지만 이 책이 가지고 있는 가장 큰 장점은 그 사례를 통하여 아이를 어떻게 있는 그대로 사랑해야 하는지, 아이가 어떤 심리발달을 이루면서 부모로부터 독립하여 온전한 인격체로 성장하는지를 알 수 있다는 것입니다.

부는 아이에게 독이 될 수도 있지만, 부를 통해 아이를 지성과 감성이 조화로운 인재로 키울 환경을 만들어낼 수도 있습니다. 이는 부모가 자신의 무의식에 있는 알 수 없는 방을 찾아내어 의식으로 올리고 선택할 수 있을 때 가능합니다. 이 책을 읽으면서 울컥울컥했던 이유는 부모가 아이를 통해 자신의 내면으로 들어가고 성장할 수 있는 그 문의 입구를 알려주고 있기 때문입니다.

Part 2

부는 어떻게
아이에게 독이 되는가?

Part 3

물질적 풍요의 폐해로부터
내 아이를 지키는 법〈기초편〉

-핵심은 자율성이다

Part 4

물질적 풍요의 폐해로부터
내 아이를 지키는 법〈심화편〉

-아이보다 먼저, 아이보다 더 행복하라

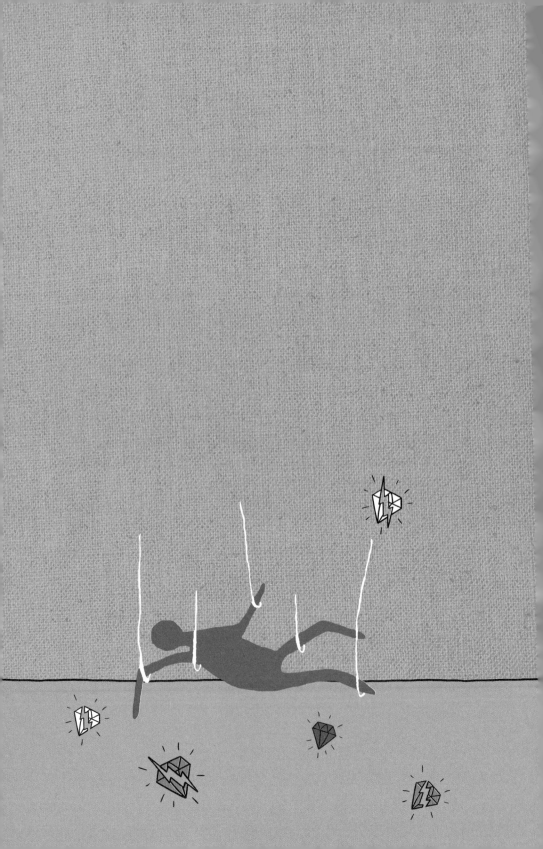

Part 1

부자병을 앓는
아이들

Chapter 1

낯선 위험에
처한
아이들

스스로를 불행하다고 느끼는 한 십대 내담자와의 상담을 마지막으로 상담실 문을 닫은 시각은 금요일 저녁 6시 15분이었다. 완전히 고갈된 기분으로 낡은 의자에 몸을 누이자, 놀랍게도 눈물이 나려고 했다.

방금 상담실 문을 나선 열다섯 살 소녀는 영리하고 집안은 부유했으며 부모님도 좋은 분들이었다. 하지만 자신에게 자주 집착하는 모습을 보이는 부모님 때문에 부담감이 컸으며, 마음속에는 분노가 많았다.

예전에 왼쪽 팔뚝에 면도칼로 '공허해'라는 단어를 새긴 적이 있는 이 소녀는 긴팔 셔츠의 소맷자락이 엄지손가락을 덮을 정도로 옷을 당겨 입고 있었다. 이것은 자해하는 십대 청소년들이 전형적으로 보이는 위장술이었다. 내가 그 모습을 언급하자 소녀는 팔의 상처를 보여주었다.

긴팔 셔츠가 엄지손가락을 덮을 정도로 내려 입는 아이들은 대부분 '자기 절단' 행동들, 다시 말해 날카로운 도구로 자기 몸을 베거나, 안전핀으로 찌르거나, 성냥으로 지지는 따위의 자해 흔적들을 가리려는 경우가 대부분이다.

나는 그 어린 내담자가 느꼈을 불행, 제 살 속에 그런 글자를 새겨 넣을 만큼 강렬한 불행이 어떤 것일지 상상해보려고 노력했다. 그리고 25년이 넘는 세월 동안 심리학자로서, 불행해하는 십대들을 다루어 온 내가 유난히 이 소녀로 인해 누더기가 된 듯한 느낌이 드는 이유가 무엇인지 의아하기만 했다.

상담실을 찾는
부유한 가정의 아이들

나는 상위 중산층upper middle class, 중산층과 상류층의 중간으로, 의사나 변호사처럼 임금을 많이 받는 직종의 사람들이 많다. 옮긴이들이 모여 사는 교외 지역에 살고 있고 직장도 그곳에 있다. 이 지역 부모들은 이른바 부유하고 많이 배운 사람들로 아이들에게 신경을 많이 쓴다. 아이에 대해 대단히 높은 기대치를 갖고 있고, 아이의 일에 많이 관여하는 부모들이다.

하지만 부모들의 이러한 관심과 경제적인 풍요로움에도 불구하고 이 지역의 많은 청소년 내담자들은 각종 중독과 불안, 우울, 섭식 장애를 비롯해 일련의 자기 파괴적인 행동과 같은 명백한 정서적 질병을 앓고 있다. 그리고 수치로 표현하기는 힘들지만 많은 청소년들이 당황스러울 정도로 그리고 지속적으로 불행감을 느끼고 있다.

이들 십대들 가운데 많은 수가 삶의 어떤 영역에서는 아주 뛰어나고 능숙하다. 하지만 그 때문에 심각하게 손상되어 있는 다른 면들이 쉽게 가려지곤 한다. 예컨대 사람들을 대할 때 너무 어색함을 느끼는 나머지 싱글 댄스 모임에 갈 수 없는 학생이 학교에서는 전과목 A를 맞는다든지, 엄마한테 함부로 대하는 아이가 학교의 야구팀 주장이라거나, 거울을 볼 때마다 자신의 모습이 자꾸만 뚱뚱하고 못생긴 오리 새끼로만 보이는 아이가 알고 보면 그 학교의 '날씬한 졸업생 퀸'인 식이다.

공부 잘하는 부잣집 아이들로 채워지고 있는 상담실

내 직업은 상당히 힘들고 지치는 일이지만 나는 내 일을 사랑하기에 한 주가 끝나는 금요일 끝자락을 대개는 슬픔이 아닌 안도와 기대감으로 맞이하곤 한다. 그런데 그날, 의자 속에 몸을 깊이 파묻은 채 평소와 달리 유난히 지치는 내 마음을 보며 나는 그 까닭에 대해 나름의 실마리를 찾고자 상담 수첩을 휙휙 넘겨 나가기 시작했다.

사실 내가 맡고 있는 많은 사례들의 심각성은 전혀 놀랄 만한 일이 아니었다. 지난 25년 동안 나는 불행해하는 아이들을 만나왔다. 그리고 미디어가 아이들의 정서적 발달에 어떤 영향을 미치는지에 대해 두 권의 책을 쓰고 나니 어느덧 선임 심리학자가 되어 있었고, 어려운 사례들을 많이 의뢰받아 왔다.

나는 이른바 문제 청소년들과의 만남이 즐거웠고, 그들과 손쉽게 라뽀친밀감를 형성하는 나름의 비결도 있었다. 오로지 복종하기만을 바라는 엄마 모습에 격분하던 섭식 장애폭식이나 거식증 따위 소녀들, 하지만 자기 파괴적인 행동은 아직 흉내 내는 수준에 지나지 않았던 십대 소녀들도 있었고, 학교 체육관 뒤에서 남자 아이들에게 정기적으로 오럴 섹스를 해주면서도 자신은 성적으로 문란하지 않다고 우기던, 비참할 정도로 낮은 자존감을 갖고 있던 고등학교 여학생도 있었다. 그리고 우울감을 떨쳐내려고 약물을 시작했지만 결국에는 약물 남용으로 외떨어진 재활센터에서 1~2년을 지내야 했던 남자 아이들도 있었다.

이들 십대 가운데 많은 수가 명백한 마음의 병정서적 질병을 앓고 있었다. 대부분 우울이나 불안, 섭식 장애, 약물 남용으로 고통받고 있었는데, 우울이나 양극성 장애, 알코올 중독은 가족력이 있는 경우가 흔하다. 이러한 십대들은 누가 봐도 골칫거리로 '보인다'. 대개 성적은 형편없고, 인간관계는 얕고 순간적이며, 심하리만치 위험한 행동을 일삼는다. 그러면 부모들은 잔뜩 겁에 질린 채 이런 아이들을 끌고 상담실을 찾아온다.

그런데 수첩을 한 장 한 장 넘겨 나가던 나를 정작 당혹스럽게 만든 것은 내가 맡은 아이들의 심각성이 아니었다. 오히려 내 상담 중 많은 시간이 언뜻 보기에 좀 더 '양성'에 가까운 사례들, 그야말로 모범생들의 사례들로 점점 채워지고 있다는 사실이었다.

부모들이 아이들 문제로 상담실에 전화를 걸어올 때도 응급한 상황이라고 느껴지지 않는 경우가 많아졌다. 어떤 부모들은 "우리 아이가 모든 면에서 다 괜찮은 건 아니거든요."라는 식으로 애매한 말을 하면서 자기 아이를 '한 번 봐 달라'고 한다. 개중에는 아이 방에서 약물을 사용하는 도구를 발견하거나, 일기장에서 뭔가 불안한 내용을 발견하고는 내게 전화를 걸기도 한다.

하지만 부모들이 내게 듣고 싶어 하는 것은 아이가 학교에서 잘하고 있고, 집에서도 말을 잘 들으니까 크게 걱정하지 않아도 된다는 말이다. 곧 자신들의 불안한 마음을 내가 가라앉혀 주기를 바랄 뿐이다.

부모들은 자기 아이가 다소 '덜 밝은것 같다'거나, 다소 '혼자만 있으려고 하는 것 같다'고 말하기도 한다. 하지만 자기 아이가 문제를 가지고 있고, 어쩌면 불행해하고 있을지도 모른다는 사실은 깨닫지 못한다.

그런가 하면 적지 않은 부모들이 아이가 걱정되어서가 아니라 십대인 자녀가 상담을 받게 해 달라고 고집을 부려서 어쩔 수 없이 상담실에 전화를 걸기도 한다. 이러한 십대들은 평소 자신의 좋은 면을 부각시키는 능력이 뛰어나다. 그래서 약물 남용이나 심한 우울, 학교 부적응, 비행 행동과 같이 의심할 만한 내용은 보이지 않는다. 때문에 부모들은 치료자를 만나게 해 달라는 아이의 요구에 놀라곤 한다. 하지만 이러한 놀람은 아이가 정서적으로 아프다는 진단에 비하면 몸 풀기에 지나지 않는다.

아이들은 자신에게 심각한 문제가 있다는 것은 알고 있지만 그렇다고 완전히 망가진 모습을 보이지는 않는다. 아이들은 자신이 지나치게 억압받고 있고, 이해받지 못하며, 불안하고, 화나고, 슬프고,

공허하다며 심하게 불평을 한다. 아이들의 이런 모습이 처음에는 확실한 임상적 진단을 내리기에는 기준을 충족시키지 못하는 것처럼 보이기도 한다. 하지만 분명한 사실은 이 아이들이 너무나 확실하게 불행해하고 있다는 사실이다.

부자병을 앓는 아이들의 특징

이러한 아이들은 대체로 자신이 겪고 있는 고통의 원인을 콕 집어 말하는 것을 상당히 힘들어한다. 불만을 호소하거나, 자기 자신을 소개할 때도 애매모호하게 말한다. 예컨대 '뭔가 매듭짓지 못한 느낌'이라거나 '내면에서 뭔가를 놓친 것 같은, 잃어버린 느낌'이라든가 또는 '아무 이유 없이 불행하다'고 말한다.

아이들은 자신이 경제적 풍요로움을 많이 누리며 살고 있다는 사실은 알고 있지만 그렇게 운 좋은 환경에서 살고 있다는 기쁨은 거의 느끼지 못한다. 게다가 청소년들에게서 전형적으로 볼 수 있는 열정이 이 아이들에게는 부족하다.

몇 회기의 상담 후, 때로는 더 많은 시간이 지난 후에야 비로소 이들 십대들이 느끼는 고통의 범주가 뚜렷해진다. 사실 이들 가운데 많은 수가 우울해하고 불안해한다. 그리고 상당수는 칼로 손목을 긋거나 폭식 같은 자해 행동을 한 적이 있는데, 다만 부모와 친구들에게 숨겨왔을 뿐이다.

또한 이들 중 많은 수가 말을 잘하고 심리학에 대해서도 꽤 알고 있지만, 정작 자기 자신에 대해서는 잘 알지 못한다. 그리고 세상이라는 바다를 항해하는 데 있어서 실제적으로 필요한 삶의 기술들도 부족하다. 다시 말해, 쉽게 좌절하거나 충동적으로 행동하고, 그런 자신의 행동이 어떤 결과를 가져올지 예상하는 것을 힘들어한다.

매사가 겉핥기식이며, 많은 수는 상당히 분노에 차 있기도 한다. 부모와 교사, 코치나 친구들의 의견에 지나치게 의존하며, 다른 사람에게 의지하고 기대는 일도 잦다. 그리고 이렇게 타인에게 의지하는 이유는 뭔가 어려운 일에 처했을 때 그 일을 더 잘 헤쳐 나가기 위해서가 아니라, 그저 일상을 좀 더 편하게 만들기 위해서일 뿐일 때가 많다.

이런 아이들은 종종 잘생긴데다 공부도 잘한다. 하지만 특별히 창의적이라거나 흥미로운 대상은 못 된다. 이런 아이들은 지루하고 따분하다며 늘 불평한다사실 이 아이들도 자주 다른 사람들을 지루하게 만든다. 이들 십대들얼핏 보기에 좀 더 순한, 곧 모범생에 가까워 보이는 십대들을 다루는 일은 '더 많이 아픈' 내담자들을 다루는 일보다 힘은 더 들면서 보람은 적을 때가 많다.

게다가 이런 아이를 둔 부모들은 자기 아이가 정서적으로 문제를 겪고 있다는 사실을 부정할 가능성이 아주 높다. 왜냐하면 청소년 문제라고 하면 딱 떠오르는 것이 성적 하락이나 혼자만 있으려 하는 모습, 그리고 폭력적인 행동 같은 것들인데 자기 아이에게는 이런 모습들이 그다지 뚜렷하지 않기 때문이다.

하지만 내 수첩이 확실히 말해주고 있듯이, 상담 시간은 점점 더 부유하고 많이 배운 부모를 둔 가정의 착하고 공부 잘하는 아이들로 채워지고 있다. 집안의 겉모습과 반대로 아이들은 지극히 불행해하고, 수동적이며, 단절되어 있다. 특히 놀라운 사실은, 일반적으로 청소년기에 갈망하게 되는 독립이란 주제가 이들 십대들의 고민 목록에는 없다는 것이다.

적절한 가르침 대신 물질적인 것을 퍼붓는 부모들

이러한 부모들은 아이가 나약하다고 느끼기 때문에, 아이가 새로운 도전에 부딪히거나 그로 인해 실망하는 일이 없게끔 아이를 보호하려 들게 된다. 예컨대 부모는 숙제 끝마치기, 귀가 시간 지키기, 자기 방 정리하기, 식사 시간에 제때 나타나기와 같이 지극히 평범한 요구사항조차도 아이에게 너무 버거울 거라 여기는 것이다. 그 결과 마땅히 이루어져야 할 훈육은 느슨해지게 되고, 아예 훈육이라는 것 자체가 없는 경우도 흔하다.

대체로 이러한 부모들은 학교 공부나 방과후 활동에 대해서는 아이에게 기대치가 아주 높은 반면, 가족으로서의 책임감에 대해서는 놀라우리만치 기대치가 낮다. 이러한 기대치의 불균형으로 인해, 즉 부모의 기대치는 높고 스스로 할 힘이 없는 아이는 누군가가 대신해서 자기 일을 처리해주기를 바라게 된다. 예컨대 가정교사나 코치, 상담자, 심리치료사 모두 부모가 아이의 수행을 뒷받침하고 운동이나 공부 면에서 아이의 성공을 돕기 위해 애용하는 대상에 속한다. 그런데 이것은 아이가 일의 우선순위를 정하는 방법, 시간을 관리하는 방법을 스스로, 천천히 배워가는 것과는 정반대되는 일이다.

이러한 십대 내담자들은 수동적이고 주변과 단절된 것처럼 보이는 반면, 그들의 부모는 전형적으로 미치도록 걱정하고, 지나치게 개입하고, 간섭하는 사람들이다. 그리고 아이에게 물질적인 것들을 퍼붓는 사람들이다. 아이가 부모의 목표에 따르도록, 그리고 아이가 자신의 불행에 대해서는 신경을 쓰지 못하도록 하기 위해서 말이다.

표면적으로만 보면 이런 아이들은 그저 버릇이 없거나 응석받이 정도로 보일 수도 있다. 하지만 이것은 거의 모든 면에서 부모의 간섭을 심하게 받으며 자라고, 물질과 교육 기회를 후하게 누리며 살아온 아이들의 문제를 별것 아닌 양 치부해버리고 싶은 유혹에 지나지 않는다. 금요일 오후 내가 느꼈던 완전히 고갈된 느낌은 버릇없거나 응석받이인 아이들을 많이 대해서가 아니라 지극히 문제가 있는 아이들을 많이 대해서 생긴 것이었다.

이러한 아이들이 겉보기에 얼마나 성공적인지와 관계없이, 예컨대 아이들이 입고 있는 옷이나 타고 다니는 차, 아이들이 받은 높은 성적, 두각을 나타내고 있는 팀이 뭐든지 간에, 이 아이들은 청소년기를 전혀 성공적으로 항해하고 있지 못하다. 결국 이러한 얌전한 역행실패이 그들을 손 쓸 수 없는 상황으로 내몰고 만다.

재능이 뛰어난 13살 아이는 수학 성적을 올리기 위해 학교 컴퓨터를 해킹하려는 생각을 한다. 공부를 아주 잘하는 고등학생 소녀는 대입 모의고사 점수가 기대했던 것보다 아주 조금 모자랄 뿐인데 자살을 생각한다. 학교 농구팀에서 제명된 14살 소년은 아버지가 실망하고 비난할 것이라는 생각에 집에 가기가 두렵다. 그래서 집에 전화를 걸어 친구 집에 갈 거라고 엄마에게 거짓말을 한다. 사실 아이는 희망 없는 표정으로 내 상담실 소파에 몸을 웅크린 채 앉아 있다. 아이는 더 이상 살 이유가 없다고 생각한다. 사람들은 이러한 시나리오를 청소년기의 쇼쯤으로 돌리고 싶겠지만 착각이다. 1950년 이후 청소년 자살률은 4배나 늘어났다.[1]

수첩을 쭉 훑는 동안 나는 계속해서 기분이 가라앉았다. 그리고 깨달았다. 방금 끝난 이 한 주가 사실은 바로 지난 주, 또는 한 달 전, 아니 1년 전과 크게 다르지 않다는 사실을.

지난 몇 년 동안 내 상담실은 생활환경과 반비례하는 것이 아니라 비례하는 십대들로 점점 더 채워지고 있다. 이른바 운 좋은 유전자를 갖고 태어난 똑똑한 아이들, 동시에 부모가 좋은 의도로 아이에게 많이 관여하고, 경제적으로 풍족하고 많이 배운 부모가 제공해주는 많은 기회를 누리며 사는 아이들로 채워지고 있다. 이들은 성큼성큼 내딛으며 앞으로 나아가야 할 아이들이지만 불행하게도 평생 비틀거리고 있는 자신을 발견하게 될 아이들이다.

자기 아이에게 더 좋은 것, 더 좋은 기회를 주려고 고군분투하는 많은 부모들과 마찬가지로 나 역시 어른들의 개입, 다양한 기회와 돈이 아이들의 정서적 건강을 보호해주는 효과가 있을 것이라고 생각했던 적이 있다. 하지만 수첩을 쭉 넘겨가던 나는 오히려 정반대일 수도 있다는 생각을 할 수밖에 없었다. 많이 배우고, 경제적으로 풍요로운 부모의 개입이 어떤 면에서는 내 상담실을 찾아오는 십대들, 곧 많은 특권을 누리고 있지만 불행해하고 한없이 유약한 아이들의 문제에 일조하고 있을지도 모른다고 생각할 수밖에 없었다.

모든 것을 가진 아이가
어째서 공허함을 느끼는 것일까?

치료자들은 이른바 '아하!' 하고 깨닫는 순간을 좋아한다. 내게 그러한 깨달음을 안겨준 것은 자기 손목을 칼로 그은 십대 소녀였다. 그 소녀에게서 새어나온 절망적인 메시지, 단순하고도 날것 그대로인 한마디는 상담실을 찾는 많은 십대 내담자들이 가지고 있는 딜레마를 정확히 집어내고 있었다. 그것은 바로 '공허해'였다.

도대체 어떤 면에서 공허하다는 것일까? 나를 찾는 십대 내담자 가운데 많은 수가 자기를 챙겨주는 교사가 있고, 코치도 있고, 무엇보다 헤아릴 수 없을 만큼 많은 관심과 지원을 쏟아붓는 부모를 갖고 있다. 하지만 역설적이게도 부모가 더 많이 쏟아주면 줄수록 아이들은 점점 더 갈망하고 목말라했다.

내면의 계발 기회를 빼앗긴 아이들

나이에 맞지 않게 응석을 부리고, 제멋대로 행동하며, 한편으로는 억압되어 있어 아주 작은 것 하나까지 관리를 받는 나의 어린 내담자들은 본의 아니게 자기 내면을 계발할 기회를 빼앗긴 것만 같다.

문제를 해결하려고 시도하는 아이를 곁에서 도와주고 지지해주는 것과 반대로, 계속해서 아이에게 간섭하는 부모는 아이가 아동기와 청소년기에 이루어야 할 가장 중요한 과업을 방해하는 셈이다. 곧 아이에게서 '자기에 대한 감각'이 자라나는 것을 막는 것이다.

흔히 독립성이라고 부르는 자율성은 자신감과 대인관계와 더불어 인간의 타고난 욕구이다. 그리고 자율성과 자신감, 대인관계의 발달은 심리적 건강의 핵심이 된다.[2] 가족끼리 서로 지지해주고 존중해주는 가정의 경우, 아이들은 부모가 자율성과 자신감, 대인관계를 장려하고 지지한다는 것을 온몸으로 경험한다. 그래서 열심히 '자기감Sense of Self 자기 즉 나에 대한 느낌. 옮긴이'을 만들어갈 수 있게 된다.

"엄마는 제가 신발끈을 혼자 묶을 수 있다는 걸 아주 자랑스러워해요."

새로운 일에 도전해 혼자서도 잘할 수 있게 된 아이가 기쁨에 차서 한 말이다. 아이는 능력과 자립심이 자라가는 자신의 모습을 엄마 역시 기뻐하고 있다는 것을 아는 것이다. 이와 비슷하게 "기하학 쪽지 시험공부보다 내 절친과의 문제 해결이 더 중요해요. 물론 엄마는 동의하지 않겠지만 그래도 이해해줄 거라 믿어요."라고 말하는 십대 아이 역시 자신이 기대하는 것과, 학업에 대한 기대, 부모가 기대하는 것 간의 치열한 경합 속에서 '스스로 결정 내리기'라는 도전에 착수하고 있는 것이며, 그 과정을 통해 자기감을 연마하고 있다.

이 아이는 엄마와의 관계가 서로의 의견 차이를 견뎌낼 수 있을 만큼 단단하다는 것을 알기 때문에 전적으로 자신이 느끼는 대로 결정할 수 있는 것이고, 엄마의 욕구나 불안감에 휘둘리지 않게 된다.

우리는 매번 어린 아이의 신발끈을 묶어주는 엄마의 행동이 어떻게 아이의 자율성을 훼손시키는지는 쉽게 이해할 수 있다. 그리고 10살이나 먹은 아이의 신발끈을 묶어주는 부모는 없을 것이다.

하지만 십대의 경우는 다르다. 부모가 왜 자녀의 문제에 '상관하지 말고 그냥 놔두기'를 해야 하는지 그 이유가 뚜렷하지 않을 때가 많다. 그래서 부모는 "친구랑 얘기하는 건 시험 뒤에도 할 수 있어. 중요한 건 네 성적을 유지하는 거야."라며 아이에게 끼어들 가능성이 높다. 이때 사안이 중요한 것일수록 부모가 끼어들 이유는 강해진다.

부모는 사안이 중요한 만큼, 아이가 어떤 결정을 내리고, 그로 인한 결과를 통해 무언가를 배울 수 있도록 부모로서 아이에게 가능한 한 많은 기회를 제공해야 한다고 믿는다. 그래서 아이의 일에 끼어들게 된다. 하지만 한창 걸음마를 배우는 아이가 혼자 신발끈을 묶을 수 있으려면 그에 앞서 서툰 손놀림으로 신발끈을 잡고 씨름하며 실수하는 과정이 필요하듯, 십대 청소년들이 부모의 지도가 없는 상태에서도 독립적이고, 건전하며, 도덕적인 결정을 내릴 수 있는 삶의 기술을 갖추기 위해서는 결정하기 어려운 문제를 놓고 혼자 씨름하며 실수하는 과정이 더없이 중요하다.

나를 비롯해 모든 부모들은 아이가 멋지게 한 발짝 내딛기를 바란다. 하지만 아동기와 청소년기에는 이따금 새로 한 발짝을 내딛었는데 돌부리에 걸려 비틀거리거나 넘어질 수 있다. 그렇더라도 다시 균형을 되찾고 일어서는 법을 배울 기회를 아이에게 주는 것이야말로 가장 좋은 한 발짝이 될 것임은 분명하다.

우리가 아이를 위한다면서 불필요하게 뭔가를 강요하거나 간섭하고 도맡아 해줄 때, 사실은 아이를 망치고 있는지도 모른다. 아이가 자신에 대한 감각 곧 자기감을 만들어 갈 능력을 가로막는 꼴이기 때문이다.

상담실을 찾았던 소녀가 공허해했던 까닭은 '내 삶의 주인은 바로 나 자신'이라는 것을 느낄 수 있게 해주는 내면의 자신을 키워 나가지 못했기 때문이다. 이 소녀는 자신에게 일어나는 일들에 대해 자기 스스로 관리해 나가고 있다는 느낌이 거의 없었고, 예측할 수 없는 변화구처럼 날아드는 청소년기의 문제를 자신이 잘 다룰 수 있을지에 대해서도 자신감이 없었다. 그나마 자기 통제관리 하에 있다고 느끼는 몇 안 되는 일 가운데 하나가 바로 자기 손목을 칼로 긋는 일이었던 것이다. 갑자기 폭발하는 분노가 스스로 통제할 수 없는 일이라면, 손목을 긋는 일은 정확히 자신의 의도대로 할 수 있는 일이었다. 손목을 그으며 마음속 분노를 폭발시키지 않고, 자신의 의지대로 서서히 흘려보낼 수 있었던 것이다.

공허한 이유는 '진짜 나'가 부족하기 때문

상담실을 찾는 청소년들 가운데 상당히 많은 수가 공허함을 느끼는 이유는 안전하고 믿을 수 있으며 자신을 반겨주는 내적 구조, 흔히 '자아Self'라고 하는 것이 부족하기 때문이다. 심리적 발달의 기초라고 할 수 있는 이 부분에서 어려움을 겪는 아이들은 삶이 지루하고 공허하고 불행하다고 느끼며, 다른 사람에 대해 강한 의존을 보인다.

나의 어린 내담자들의 경우, 그들이 사는 집은 호화스러운 반면 내면의 집은 빈곤한 경우가 많다. 이런 경우, 많이 배우고 돈도 많은 부모는 좋은 뜻에서 하는 행동이지만 아이를 압박하고, 눈에 보이는 성공을 강조하고, 지나치게 비판적일 때가 많다. 게다가 정서적으로 아이에게 아무런 도움이 못 되거나, 오히려 심한 간섭을 통해 아이를 정서적으로 힘들게 한다. 그리하여 아이의 문제를 더 심각하게 만들고 만다. 이런 환경에서 살아가는 아이들은 독립적이 되고, 정체성을 만들어 가기가 특히 힘들어진다.

많은 언론들은 자신의 학식과 경제력을 과신한 나머지 자녀 교육도 자신이 가장 잘한다고 생각해 아이에게 지나치게 간섭하는 부모들이 오히려 버릇없고 오만하며, 천박한 가치관을 가진 아이를 만들어내고 있으며, 이러한 현상이 유행병처럼 번지고 있다는 식의 기사를 세상의 잉크가 바닥 날 정도로 써대고 있다.

하지만 내 경험으로 볼 때, 나는 사뭇 다른 결론에 이를 수밖에 없다. 내담자 중 대부분은 심하게 괴로워하고 있을 뿐 버릇없지 않다. 부모들 역시 대부분 자신들의 능력을 과신하지 않는다. 대신 자기 자신의 문제로 혼자 몸부림치는 경우가 흔하다. 이처럼 부모와 아이가 느끼는 고통은 둘 다 진짜이며 사소하지 않다.

내가 만나는 십대들은 물질적으로 많은 혜택을 누리고 살아온 아이들이다. 하지만 정작 자기 삶에서 닻이 되어줄 '진짜'는 하나도 없다고 느낀다. 이 아이들에게는 자발성과 창조성, 열정이 부족하다.

무엇보다 가장 걱정되는 점은 즐거움에 대한 수용력이 부족하다는 사실이다.

부모들은 아이의 문제를 인정하지 않다가 문제가 심각해지고 나서야 당황해하며 몹시 걱정을 한다. 부모는 간섭을 멈추고 뒤로 물러서거나 아니면 오히려 간섭의 정도를 더 높여 나간다. 그러면 아이는 아동기와 청소년기의 과업우정, 관심사, 자기 조절력, 독립심 키워 나가기 따위을 점점 더 성취하지 못하게 된다. 그 결과 청소년기의 전형적인 궤적이라 할 수 있는, 부모와 거리를 두거나 성마르고, 반항하고, 부모의 가치관을 거부하며 다양한 개성을 시도하고어떤 사람을 흉내 냈다가 이내 다른 사람을 흉내 내는 따위, 그러면서 자기만의 정체성과 개성을 만들어나가 마침내 한 개인으로서, 동시에 사회의 일원으로서 자신의 정체성을 유지해나가는 능력은 덜 중요한 다른 일들에 밀리고 만다.

부유한 집안의 십대들 가운데 더 잘해야 한다는 지속적인 압박을 견뎌낼 수 있는 아이들도 점점 줄어들고 있다. 나이보다 지나치게 앞선 선행학습, 지나친 교과외 활동들, 때 이른 고등학교와 대학교 입시 준비, 아이들의 능력을 마지막 한 방울까지 짜내려는 특별 코치와 과외 교사 속에서 많은 아이들이 자신의 삶이 조금의 여유도 없이 짜여져 있음을 알게 된다.

이렇듯 더 높은 성적, 더 높은 성취를 위해 부모가 아이를 계속 몰아 부칠 경우, 아이에 대한 비난 심지어 거부는 일상이 되고 만다. 그 결과 아이들은 내면을 탐구하며 보낼 물리적 시간도, 심리적 시간도 갖지 못하게 된다.

엉뚱한 생각하기, 공상에 잠기기, 자기 자신과 미래에 대해 생각하기, 심지어 그냥 '냉담하게 굴기'까지도 아이들에게는 중요한 발달 과정이다. 그러므로 서둘러서는 안 된다. 모든 아이들은 저마다 다른 시간표를 갖고 있다. 어떤 부분에서는 남들보다 빠르고, 또 어떤 부분에서는 느릴 수 있다. 아인슈타인 Albert Einstein이나 존 스타인벡John Steinbeck, 벤자민 프랭클린Benjamin Franklin, 톨킨J.R.R. Tolkein과 같이 늦게 피어난 꽃들을 기억하면 좋을 것이다. 이런 의미에서 가끔 어른이 아이의 옆구리를 살짝 찔러주는 정도의 자극은 도움이 될 수 있겠지만 아이를 밀어붙이는 것은 거의 도움이 되지 않는다.

참된 자아와 거짓 자아

아이가 가족이나 사회 속으로 건강하게 동화되어 가는 것처럼 보이는 모습들, 예컨대 높은 성적을 얻고, 부모와 사회의 가치관에 순응하고, 자신의 관심사와 활동을 다른 사람이 정해줘도 별다른 저항 없이 수긍하는 모습들은 오히려 아이에 대한 정확한 판단을 그르칠 수 있다.

이런 아이들은 아주 유능하고 모범적으로 보이지만 정작 자신이 누구인지, 어떤 사람인지에 대한 기본 감각이 부족하다. 심리학자들은 이것을 '거짓 자아false self, 거짓 자기'라고 부른다. 거짓 자아는 여러 가지 정서적 문제와 깊은 관련이 있다. 그 가운데서도 특히 우울과 관련이 깊다.[3]

아이가 자신의 가치관보다 다른 사람의 가치관을 더 중요하게 생각하도록 강요당할 때 심리적 발달은 어긋나게 된다. 한 여자 아이는 "만약 제 성적이 떨어지면 엄마는 신경쇠약에 걸리실 걸요."라며 자신이 그 때문에 높은 평점을 유지하기 위해 미친 듯이 노력한다고 했다. 다른 환경에서라면 이 소녀는 아주 열심인 학생이 되었을 테지만 엄마의 불안을 막아야 한다는 생각필요 때문에 소녀는 독립적으로, 그리고 열정을 갖고 노력할 수 있는 능력이 방해받고 있었다.

새로운 모험과 도전은 궁극적으로 그 동기가 자기 내면에서 생겨난 것이라고 느낄 때에만 가능한 일이다. 동기가 자기 내면으로부터 온 것일 때는 그것이 진짜라고 느껴지고, 외부로부터 온 것일 때는 가짜로 느껴진다. 아이가 다른 사람을 기쁘게 하고 그 사람에게 인정받는 것이 우선이 될 때, 아이는 거기에 신경을 쓰느라 자기 본연의 임무인 자신의 진짜 재능과 소질, 관심사가 무엇인지를 탐색하는 일에 쓸 시간과 에너지를 빼앗기고 만다.

이러한 거짓 자아는 청소년기에 특히 문제가 된다. 왜냐하면 이 시기에는 자아가 폭발적으로 증가하는 시기이기 때문이다. 예컨대 한 아이는 "저는 친구들이랑 있을 때는 아주 즐겁고 쾌활해요. 그런데 부모님이랑 있으면 전혀 딴 사람인 것처럼 불행한 기분이 들어요."라고 말한다. 그렇게 아이는 '진짜 나', 사실은 '불행한 나'를 깨닫게 된다.

이미 나름대로 틀을 갖춘 아이의 머릿속에 부모가 다른 모습들, 이른바 비현실적인 자아예컨대 성적이 우수한 학생이나 뛰어난 운동선수, 외모가 훌륭한 모습를 심어 넣으려고 할 때 아이는 이에 맞서 싸워야만 한다. 하지만 거짓 자아에 사로잡혀 있는 아이는 그렇게 하지 못한다. 왜냐하면 이 아이에게는 자신의 진정성을 지켜낼 힘이 없기 때문이다.

간섭과 지지

청소년기에는 엄청난 지지가 필요하다. 아이가 자신의 정체성, 곧 장차 자신의 모습을 열심히 파악하는 시기이기 때문이다. 하지만 이 시기에 지지보다는 간섭이나 침범을 받을 때가 더 많은 것 또한 사실이다.

사실 지지와 간섭은 근본적으로 과정 자체가 다르다. 지지는 아이의 필요와 관련이 있고, 간섭 또는 침범은 부모의 필요와 관련이 있다. 이 차이는 이 책 전체에서 강조하는 내용이기도 하다. 어떻게 하는 것이 바람직한 지지이고 적절한 개입이며 애정인지를 온전히 이해하지 못한다면, 그리고 부모의 간섭과 거부와 비난이 아이에게 어떤 손상을 가져오는지를 온전히 이해하지 못한다면, 부모는 비록 좋은 의도를 갖고 있다 하더라도 계속해서 아이의 정신적 발달을 훼손하게 될 수밖에 없다.

아이들이 자아를 형성해 갈 기회, 다시 말해 자신이 진정 어떻게 느끼는지를 알아낼 기회를 부모가 충분히 주지 않는다면 나 같은 치료자들은 깊은 우울과 불안, 공허감에 시달리는 아이들을 계속 만나게 될 것이고, 우리를 찾아오는 아이들의 나이 대도 점점 더 낮아질 것이다.

풍요롭게 자란 아이들의 문제가
더 심각한 이유

심리학자들은 어떤 결론을 내릴 때는 항상 주의해야 한다고 배운다. 예컨대 경제적으로나 부모의 관심 면에서 풍족함을 누리는 아이들, 그런데도 심각하리만치 불행감을 느끼는 아이들, 그래서 과연 어느 쪽으로 분류해야 할지 당혹스러운 사례들로 내 진료 시간이 채워지고 있다고 해서 청소년 문제에 있어 새로운 흐름을 발견했다고 말할 수는 없다.

심리학의 역사를 보면 관찰 자체는 정확했지만 그 관찰이 잘못된 결론으로 이어져 혼선을 빚은 경우가 많다. 예컨대 대학원 시절 나는 정신분열증의 지표 가운데 하나가 혈중 나트륨 농도가 높은 것이라고 배웠다. 하지만 이후의 연구에서, 시설들이 환자에게 식사를 제공할 때 음식 맛이 밋밋하기 때문에 소금을 지나치게 많이 쓰는 경향이 있다는 사실이 밝혀졌다. 이와 마찬가지로 내가 진료실에서 관찰한 사실에 대해 어떤 결론을 내리려면 이것이 단순히 이 지역만의 이상한 현상이 아니라는 것을 확신할 수 있어야 한다.

내가 사는 지역에서 경제적 풍요와 부모의 높은 관심이 오히려 아이의 정신 건강을 보호해주는 효과가 없었다는 것은 분명 이상해 보이지만, 과연 이러한 역설이 이 지역을 넘어 다른 지역까지 확대될 수 있는지에 대해서는 아무런 증거가 없었다. 아무튼 내가 사는 지역은 캘리포니아 주 마린 카운티였고, 이 지역에 대한 사람들의 고정관념은 무수히 많았다. 정확하지 않은 것들도 있었고, 정확히 맞는 것들도 있었다.

이 지역은 비교적 동질적인 집단으로 이루어져 있다. 주민 대부분이 백인으로 상위 중산층에 속하며, 이른바 많이 배운 사람들로 아이의 성취에 대해 많이 걱정하고, 지나치게 관여하며, 경쟁적인 편에 속한다. 하지만 내가 궁금한 것은 이곳 말고 다른 지역에서는 무슨 일이 일어나고 있는가 하는 것이었다. 내 진료실을 찾는 아이들 대부분이 많은 특혜를 누리고 있었지만 실상은 공허해하고 불행해하고 방황하고 있는 것처럼 다른 지역의 정신건강 전문가들 역시 나와 같은 상황일까? 내가 관찰한 사실, 곧 많은 특혜를 누리며 사는 아이들이 심리적 장애를 겪는 확률이 예전보다 높아졌다는 사실을 확증해줄 만한 다른 자료는 없을까? 그리고 이러한 심리적 문제 중 많은 부분이 자기 존중감이 제대로 발달하지 못한 데에 원인이 있다는 것이 확실할까?

광범위하게 퍼져 나가고 있는 물질적 풍요의 부작용
나는 이 지역에서 일하는 동료들에게 전화를 걸기 시작했고, 도시와 교외, 시골 지역에서 근무하는 정신건강 전문가들과도 이야기를 나누었다. 중산층 가족들만 상담하는 사람들뿐만 아니라 오로지 부잣집 아이들만 상담하는 전문가들과도 이야기를 나누었다.

사실 이 지역에서 특권 또는 특혜라는 말은 상대적인 용어이다. 일반적으로 미국인들의 경우, 가계 수입이 전국 기준 상위 1~2%에

드는 사람들을 부자라고 지칭하는 데 비해, 이 지역에서는 훨씬 많은 사람들이 상대적으로 부유하지만 그만큼 부자는 아니다.

이 지역의 연구자들은 부잣집의 기준을 연간 12만~15만 달러1억 4천만 원~1억 8천만 원의 수입으로 보고 있다. 그런가 하면 마케팅 잡지들은 1년 총 수입이 7만 5천 달러약 9천만 원이상인 가정을 부유층으로 분류하고 공략 대상으로 삼는다. 내가 사는 지역의 경우 4가구 중 1가구 조금 넘는 비율이 여기에 속하는데4, 이런 집의 아이들은 좋은 텔레비전과 컴퓨터, 비디오 게임, 최신 휴대폰을 비롯해 높은 수준의 물질적 혜택을 누리며 산다.

나와 비슷한 일을 하는 전문가들에게 한 달 동안 전화를 돌린 결과, 사정은 놀랍도록 일치했다. 지역에 따라 표현은 달랐지만, 예컨대 시카고에서는 '텅 빈 느낌', 뉴욕의 교외에서는 '허무하다', 버몬트의 시골 지역에서는 '삶이 밍밍하다'고 표현했을 뿐 똑똑하고 온갖 물질적 풍요를 누리며 살아온 아이들이지만 의존적이고, 단절감을 느끼고, 공허해하는 십대 내담자들이 모든 지역에서 나타나고 있었다. 그것도 이따금이 아니라 떼를 지어서.

아동·청소년 심리학자와 정신과 의사들에게 전화를 돌리다 보니 대다수의 전문가들이 나와 마찬가지로 자동응답 전화기에 "현재까지 상담과 진료가 꽉 차 있어 더 이상 새로운 환자를 받을 수가 없습니다."라는 메시지가 녹음되어 있었다. 모두 한계치까지 일하고 있었고, 상담은 넘쳐나고 있었다. 하지만 우리는 아이라는 개인은 도와주고 있을지는 몰라도 더 큰 문제는 간과하고 있었다.

- 왜 이 지역에서 가장 많은 혜택을 누리며 사는 아이들에게서 전례가 없을 정도로 정서적 불안과 정서적 고통이 늘어나고 있는 것일까?
- 혹시 아이들이 누리는 물질적 풍요와 부모의 과도한 개입, 높은 기대치, 이 세 가지 조합에 우리가 놓치고 있는 무언가가 있는 것이 아닐까? 이러한 결합이 일반적인 예상과 달리 아이를 보호해주는 효과가 있는 것이 아니라 오히려 독이 되고 있는 것은 아닐까?
- 온갖 물질적 풍요를 누리는 아이들이 청소년기에 있어서 가장 근본적이고 가장 중요하다고 할 수 있는 과업, 다시 말해 '자율성과 건강한 자아의 발달'이라는 과업을 완수하는 데 있어 유난히 힘든 시간을 보내는 이유는 무엇일까?

공부 못지않게 밥상 차리는 일을 돕는 것도 중요하다

아이를 기르는 것이 마음의 일보다는 점점 하나의 사업처럼 되어 가고 있다. 아이를 있는 그대로, 존재 자체로 보기보다는 아이가 어떻게 행동하는지, 다시 말해 결과에만 지나치게 관심을 쏟는 부모들이 많아지고 있다.

부모들은 아이가 공부는 물론이고 교과외 활동도 잘하게 하려고 돈과 시간과 관심을 지속적으로 쏟아붓는다. 하지만 아이가 저녁 밥상을 함께 차리는 일은 잘하든 못하든 신경을 쓰지 않는다.

부모는 계속해서 개입하고 자주 비판적인 태도를 보이지만, 마음만은 좋은 뜻을 갖고 있다. 부모는 자신의 그런 노력으로 인해 아이가 장차 이 험한 세상에서 성공하고 행복해지는 데 도움이 될 것이라고 믿는다. 하지만 부모의 믿음과 의도가 선하다고 해서 아이가 입는 손상이 줄어드는 것은 아니다.

우리는 물질적 풍요를 누리는 아이들, 곧 부유한 집안의 아이들이 불균형적이라 할 만큼 유난히 높은 수준의 정서적 문제를 겪고 있음을 보여주는 연구 결과를 눈여겨볼 필요가 있고, 왜 이런 사례들이 생기는지에 대해서도 더 많이 배워야 한다. 부모인 우리 자신들의 양육 방법이 어떤지를 똑바로 살펴봄과 동시에 아이들을 둘러싸고 있는 불안한 사회 구조, 곧 '풍요의 문화'를 꼼꼼히 살펴봐야 한다.

그리고 부모 자신의 심리적 문제, 행복 또는 행복의 부족에 대해서도 날카롭게 조명해야 한다. 그리하여 단지 문제가 있는 아이들만이 아니라 모든 아이들에게 안전망이 되어줄 수 있는 인간관계와 가정, 학교, 지역사회 유형을 개발해나가야 한다. 우리의 물질적, 정신적 에너지를 '문제'에 쏟아붓던 방식을 멈추고, 이제는 '해결'에 쏟아부어야 한다.

이 책은 아동 발달에 관한 논문을 백 편 이상 검토하고, 이 분야에 정통한 수십 명의 임상의와 연구자들을 인터뷰하고, 심리학자이자 동시에 부모로서 살아온 나의 25년 동안의 경험을 거르고 거른 것들의 결과물이다.

그리고 이 책은 부모들이 자신의 양육 방식과 자신들 역시 일조해온 오늘날의 교육 풍토를 날카로운 시각으로 살펴보고, 만약 우리 아이들이 자율적이고 도덕적이며, 능력 있고, 함께 소통하는 어른으로 자라나도록 돕기 위해 부모들이 새롭게 고쳐나가야 할 부분이 있다면 힘든 일일지라도 기꺼이 용기를 내려고 하는 부모들을 위한 책이다.

정신건강의 위기는 무시할 수 있는 일이 아니다. 그냥 넘겨버리면 조만간 다시 우리에게로 돌아와 기절할 만큼 추악한 형태로 돌아올 것이다 우리와 우리 아이들 그리고 지역사회를 맴돌며 괴롭힐 것이다. 손목에 칼로 '공허해'라고 새겼던 아이를 보며 내 마음에 커다란 느낌표가 찍혔던 것처럼 말이다. 이 책은 잘못 해석하거나 하찮게 보아서도 안 되고, 결코 벽장 속에 감춰둘 수도 없는 문제들을 우리가 깨달을 수 있도록 도와주는 하나의 느낌표가 될 것이다. 이제 더 이상 잘 가꾼 우리의 앞마당에서 심각한 정서적 문제가 만연하는 것을 지나쳐 버릴 여유가 없다.

Chapter 2

물질적 풍요와 값비싼 경험으로도 해결되지 않는 정서적 문제들

나는 몸담고 있는 지역의 아동·청소년 치료자들과 일일이 이야기를 나누면서 정보도 얻고 확신도 가질 수 있었다. 많은 물질적 풍요와 온갖 특권을 누리면서도 불행하다고 느끼고 심각하게 괴로워하는 십대들의 사례가 임상 현장에서 점점 늘어나고 있다는 사실을 말이다. 그런데도 우리 사회가 이러한 문제에 대해 진지하게 주목하지 못하고 있다는 사실에 곤혹스러워하는 사람은 나 혼자만이 아니었다.

　　내가 통화한 여러 심리학자들과 정신과 의사, 정신보건 사회복지사들 모두 자신들이 만났던 십대 내담자들의 사례를 열심히 들려주었는데, 그들은 오랫동안 정신적 문제에 있어서 발생 위험이 낮은 집단으로 분류되어 왔던 부유한 가정의 아이들 집단에서 최근 놀랄 만큼 정신적 문제의 발생률이 높아진 요인이 무엇인지 밝혀내고자 했다. 우리는 함께 어려운 사례에 대해 논의하고, 이러한 현상을 설명해 줄 큰 그림을 찾느라 몇 시간씩 통화를 이어가곤 했다.

　　하지만 이 지역의 임상 전문가들에게서 들은 이야기들은 흥미롭고 충격적이긴 했지만 여전히 연구자들이 다소 폄하하여 일컫는 '일화적인 근거'에 지나지 않았다.

어떤 결론을 도출하려 할 때 과학자들에게 개별 사례는 중요하지 않다. 그 설명이 얼마나 설득력 있느냐 하는 것도 중요하지 않다. 오로지 대집단을 대상으로 한 연구 결과만이 중요하다. 그렇다면 이러한 십대들에 대해 대대적으로 연구한 적이 있을까? 만약 그렇다면 왜 우리는 부유한 가정에서 '버릇없이' 자란 아이들에 대해서는 아주 많이 들어본 반면, 이런 아이들이 겪는 고통에 대해서는 들어보지 못했을까?

부잣집 아이들이
더 위험하다

나는 UCSF캘리포니아 대학 샌프란시스코 캠퍼스 도서관에서 몇 달 동안 자료를 조사하면서 부유한 집안의 청소년들이 겪는 정서적 문제에 대한 논의가 왜 이토록 드문지 그 이유를 분명히 알 수 있었다. 많이 배우고, 경제적으로 안정된 가정의 아이들이야말로 연구자들이 가장 연구하지 않는 집단이었던 것이다.

심리학계는 오랫동안 중산층 가정의 문제에 집중해왔다. 그리고 지난 수십 년 사이 연구자들의 초점은 관습적으로 위험 집단으로 여겨지던 가난한 집안의 아이들로 옮겨갔다. 가난한 사람들은 재정적으로, 정서적으로, 사회생활 면에서 극심한 어려움을 겪기 때문에 양육 기술, 곧 부모로서 아이를 잘 배려하고 가르치는 문제는 종종 뒷전으로 밀리게 된다. 그 결과 가난한 집 아이들은 정서적 문제와 행동 문제가 높은 수준으로 나타나게 된다.[1]

이런 식의 논리는 오랫동안 정설로 여겨졌다. 가정의 소득이 적다는 것은 제대로된 양육이 이루어지지 못하고 있음을 뜻하고, 넉넉한 수입은 훌륭한 양육을 의미했다. 그런데 사회학자들이 이런 식의 귀결에 대해 논리적이긴 하지만 맞지 않을 수도 있다고 보고, 마침내 초점의 대상을 많이 배우고 경제적으로 안정된 집안의 아이들로 바꾼 것은 최근의 일이다. 이러한 발견은 새롭고 놀라우며 무척 충격적인 일이었다.

고학력, 고소득 부모의 자녀들이 불행함을 더 많이 느낀다
콜롬비아대학교 교육대학원의 서니야 루터Suniya Luthar 박사가 이끄는 연구팀은 미국 아이들 가운데 새로운 위험 집단, 좀 더 정확히 말하면 이전까지 알려진 적도, 연구한 적도 없는 새로운 위험 집단을 발견했다. 이 집단은 이른바 위험 집단이라고 할 때 '위험'이란 단어에 흔히 붙게 되는 고정관념이 없는 집단이었다.

그들은 거칠고 혹독한 환경에서 자라는 도시 빈민가의 아이들이 아니었다. 집안 냉장고가 텅텅 비어 있지도 않고, 바퀴벌레가 기어 다니는 집에 살지도 않았다. 금속 탐지기를 휴대한 경비원이 있는 학교에 다니지도 않았고, 바로 옆집에서 살인 사건이 일어나는 그런 동네에 살고 있지도 않았다.

새롭게 규명된 이 위험 집단은 부유하고, 많이 배운 집안의 아이들이었다. 이들은 경제적으로, 사회적으로 유리한 점이 많은데도 불구하고 다른 어느 집단의 아이들보다도 우울증과 약물 남용, 불안 장애, 불행감, 신체 불편을 더 많이 호소했다.[2]

연구자들이 사회·경제 스펙트럼을 통해 아이들을 관찰해봐도, 가장 불행해하는 아이들이 가장 부유한 집안의 아이들인 경우가 흔하다.[3] 다만 부유한 집안의 더 어린 아이들까지 마찬가지로 위험 집단에 속하는지 아닌지는 아직 모른다. 왜냐하면 이 아이들의 정서적 문제에 대해서는 아직까지 체계적인 연구가 이루어진 것이 없기 때문이다.

하지만 만 11~12세 아이들의 경우, 물질적 부의 증가가 곧 정서적 건강 면에서 유리하게 작용하지 않는다는 점은 분명하다. 물론 이러한 발견 때문에 전통적으로 위험 집단이라고 여기는 빈민가 아이들에 대한 관심을 소홀히 해서는 안 된다. 그보다는 부와 교육, 권력과 특권, 물질적 풍요가 아이들의 불행과 정서적 질병을 막아주지 못한다는 사실에 우리의 닫힌 눈을 열어야 한다.

그리고 풍요와 부유함의 어떤 측면, 예컨대 물질주의와 개인주의, 완벽주의와 경쟁이 아이들의 심리 문제에 크게 영향을 미칠 수 있다는 가능성에 대해 생각해볼 필요가 있다.

한편, 풍요로운 사회 속에서의 양육에 대해서도 좀 더 이해할 필요가 있다. 고소득층의 자녀들이 자기 부모를 두고 애정이 많은 분, 나에게 힘이 되어 주는 분, 능력 있는 분이라고 생각할 확률이, 경제적·사회적 척도에서 바닥에 해당하는 가정의 아이들보다 낮은 이유

는 무엇일까?⁴

아이의 건강한 발달에 긍정적 요인으로 작용한다고 오랫동안 믿어왔던 요인들, 곧 부모의 높은 개입과 기대치가 왜 부유한 집안의 아이들에게서는 효과를 내지 못하는 것일까?

생각보다 심각한
부잣집 아이들의 정서적 문제

공립학교 학생들에 대한 연구 결과들을 보면 부유한 가정의 십대 여학생 가운데 무려 22%가 임상적으로 우울증을 앓고 있다. 이는 미국 전체 십대 여학생의 우울증 비율보다 3배나 높은 수치이다. 더 심각한 것은 고등학교를 마칠 즈음 부유한 가정의 십대 여학생 가운데 3분의 1이 임상적으로 심각한 불안 증세를 보인다는 사실이다.⁵

부유한 가정의 십대 남학생들 역시 여학생만큼은 아니어도 고등학교 초기에 불안과 우울증에 시달리는 비율이 전체 학생들의 평균에 비하면 훨씬 높다. 그리고 부유한 가정의 남학생들의 경우 11~12학년(고 2~3)에 들어가면 우울함을 달래기 위해 셀프 처방으로 약물(술과 담배가 대표적이다)을 정기적으로 남용한다는 사실이다.⁶

이것이야말로 특히 우려되는 부분인데, 왜냐하면 또래와 어울리기 위해 약물을 하거나, 호기심에 약물을 해보는 것보다 셀프 처방으로 약물을 남용하는 경우 어른이 된 뒤에도 오랫동안 약물을 남용할 위험이 아주 높기 때문이다.

또한 걱정되는 점은, 인기가 아주 좋은 남학생들 가운데 많은 수가 불법 약물을 과하게 남용하고, 또래 아이들은 그런 위험한 행동을 지지해준다는 사실이다. 십대 초기의 아이들에게 반에서 가장 좋아하는 아이가 누구냐고 물으면 대놓고 비행과 약물 남용을 일삼는 아이를 꼽는 경우가 흔하다.

규율을 어기는 행동에 대해 감탄하는 모습은 가난한 집 아이들이나 부잣집 아이들이나 '똑같이' 나타나는데, 이는 거친 환경 속에서 살아가는 도시 빈민 지역의 아이들이 교외의 잘사는 아이들보다 비행 행동을 더 흠모할 것이라는 일반적인 고정관념과 정면으로 맞서는 결과다.[7]

우울 외에도 불안과 약물 남용, 규율 어기기, 심신증psychosomatic disorders : 정신적인 원인에 의해 생기는 신체 질환. 옮긴이 모두 부유한 가정의 십대들에게서 더 높게 나타난다.[8] 또한 섭식장애와 자해 행동도 더 많이 보인다.[9] 그렇다면 이러한 문제들은 언제부터 시작되고, 이러한 아이들에게 가장 영향을 많이 미친 사람은 누구일까?

**보통 가정보다 부유한 편인 가정,
일반 학교보다 명문 학교 아이가 더 위험하다**

눈여겨볼 만한 연구로, 대단한 부자는 아니어도 적당히 부유한 편이라고 할 수 있는평균 가계 소득이 12만 달러. 약 1억 3천만 원, 뉴욕 교외 지역의 6, 7학년 학생들을 대상으로 한 연구가 있다.[10]

학생들은 모두 그 지역 공립학교를 다니고 있었다. 6학년 학생들은 유난히 착실해 보였는데, 이들의 정신병리학적 수치는 같은 나이 아이들의 전체 평균치보다 낮게 나타났다. 반면 7학년우리 식으로 하면 중학교 1학년 아이들은 뜻밖에도 높은 수준의 불안과 우울증, 약물 남용을 보였다.

가장 주목할 만한 점은 여학생들의 우울증 비율이었다. 7학년 여학생들의 우울증 비율이 같은 나이 미국 여학생들의 평균치보다 무려 2배나 높았던 것이다.[11] 그래도 부유한 가정의 여고생들의 우울증 비율인 22%보다는 낮았지만, 평균보다 낮았던 우울증 비율이 단지 1년 만에 현저하게 높아졌다는 것은 너무나 놀랄 만한 일이다.[12] 이것은 많은 연구자들이 지적하듯이 여학생들은 초기 청소년기에 쉽게 마음의 상처를 받게 되는데, 부유한 가정의 여학생들의 경우 약 12살부터 불안과 우울증이 시작될 위험이 특히 높은 것으로 나타났다.[13]

그런가 하면 명문 사립 고등학교에 다니는 아이들의 우울과 불안 수준은, 부모의 수입이나 교육 수준이 공립학교 아이들의 부모보다 훨씬 높을 가능성이 있는데도 불구하고 전혀 나을 바가 없었다.

사립 고등학교에 다니는 저학년1~2학년. 미국의 사립 고등학교는 보통 4년제이다. 옮긴이 남녀 청소년들의 경우 우울과 불안 정도가 일반 집단에 비해 높긴 해도 그 차이가 심하지 않았다. 그런데 고학년3~4학년이 되면 차이가 심하게 났다. 무엇보다 불안과 우울, 신체증상 호소, 사고의 어려움, 주의력 문제, 규율 위반의 경우 공립 고등학교 집단보다 2~5배 이상 높았다.[14]

불안과 우울, 신체 증상 호소에서도 남학생과 여학생 모두 앞섰는데, 다만 여학생들은 좀 더 내적으로 괴로워하고, 남학생들은 그러한 괴로움을 약물이나 문제 행동으로 쉽게 표출하는 것으로 나타났다.

명문 사립 고등학교 1,2학년생들은 초기에는 스트레스로부터 좀 더 보호를 받지만 3,4학년이 되면 성취에 대한 압박감이 특히 심해졌다. 고학년이 되면서 여러 가지 정서적 문제를 보이는 비율이 현저하게 높아지는 것은 이 때문인 듯했다. 그리고 남학생들이 더 쉽게 약물의 유혹을 받는 것은 부유한 사립학교 학생들의 경우 약물을 사는데 필요한 돈을 구하기가 훨씬 쉬운 데다, 부모들이 아이의 성적에 지나치게 신경을 쏟느라 정작 아이의 사회생활은 살피지 못하는 경우가 많기 때문인 듯했다.

캐서린은 만 17세로 경쟁이 심한 이 지역 사립 고등학교 4학년생이다. 캐서린은 지난 3년 동안 굉장히 열심히 노력했는데, 최종 목표는 국제은행 분야에서 일하는 것이다. 그래서 학부 과정을 운영하는 경영 대학원 중에서 랭킹 3위로 꼽히는 와튼Wharton이나, 슬로안Sloan 또는 하스Hass 스쿨을 마음에 두고 있었다.

내가 캐서린에게 이런 학교들은 들어가기가 정말로 힘들 뿐 아니라, 너에게는 음악과 글쓰기에 상당한 재능이 있으니 널 지원해줄 수 있는 다른 학교도 생각해볼 수 있지 않느냐고 묻자, 캐서린은 "바깥세상이 얼마나 경쟁이 치열한지 선생님이 모르셔서 그래요."라며 거의 날 비웃다시피 하면서 자기 의견을 굽히지 않았다.

캐서린은 주중에는 1분 1초를 아끼며 공부했지만 주말에는 많은 시간을 코카인을 흡입하며 보냈다. 코카인이 또래 사이에서 한창 유행이기도 했고, 코카인을 하면 파티 후에도 잠을 안 자고 공부를 할 수 있었기 때문이다. 하지만 코카인을 하면 반드시 따라오게 되는 후유증불안, 우울, 피곤 등. 옮긴이을 피하기 위해 반드시 일요일 밤에는 수면제를 먹고 잠이 들었다. 캐서린의 부모는 캐서린이 거의 밖으로만 나도는 아이라고 생각했을 뿐 약물을 하는지는 몰랐다.

부모는 둘 다 성공한 전문가로, 캐서린이 아주 공부를 잘한다는 사실은 알고 있었지만, 특별한 개입이 없는 한 자기 딸이 완전히 망가진 약물 중독자가 되기 십상이라는 사실은 전혀 모르고 있었다. 약물로 인해 오래지 않아 딸의 개인적 성공도, 학문적 성과도 모두 망가져버릴 텐데 말이다.

워싱턴 D.C의 질병관리센터는 어떤 병의 만연 또는 유행에 대해 이렇게 정의하고 있다. '구체적으로 건강과 관련된 행동이나 건강과 관련된 사건이 한 지역에서 정상적인 기대치를 확실하게 초과하여 발생하는 것'이라고.[15]

우울과 불안 장애, 약물 남용 모두 분명히 정상적인 기대치를 초과하여 단란한 가정의 아이들을 강타하고 있다. 가장 최근의 자료에 따르면 부유한 가정의 12~18세 아이들 가운데 무려 30~40%가 심리적으로 심각한 증상을 경험하고 있는 것으로 드러났다.[16] 이러한 현상은 아이에게 커다란 고통을 초래할 뿐만 아니라 죽음에 이르게까지 한다. 실제로 우울증에 시달리는 사람들 가운데 10~15%가 결국에는 자살을 하며[17] 이는 거식증과 연관이 있다.[18] 통계청에 따르면 한국의 십대 자살률은 2001년 인구 10만 명당 3.19명에서 2011년 5.58명으로 늘어났다. 2011년의 경우,

십대 자살자 수는 1만 4천 160명에 달하는데, 십대 전체 사망 원인의 1위다. 옮긴이

이처럼 부유한 가정의 아이들을 연구하는 사람들은 연구 결과를 보고 어김없이 '너무 놀랍다' 또는 '깜짝 놀랐다'는 반응을 보인다. 많은 면에서 풍요로움을 누려온 아이들이 극도로 가난한 집안의 아이들만큼은 아니라 해도, 보통 가정의 아이들보다 정서적 문제가 심각하리만치 크다는 사실은 아무도 예상치 못했기 때문이다.

그러나 이제는 분명해졌다. 물질적 풍요를 많이 누리는 아이들 사이에 정서적 문제가 만연하고 있고, 이러한 문제가 중학교 때 시작되어 청소년기를 거치면서 가속화된다는 사실 말이다.

이러한 발견은 나와 정신건강 분야의 많은 전문가들이 날마다 진료실에서 보아온 모습과도 일치한다. 그렇다면 부유한 가정의 아이들에게서 이토록 정서적 고통이 높게 나타나는 이유는 무엇일까?

문제의 원인을 알아야 아이들을 도울 수 있다

대부분의 미국 사람들은 1차적으로 미디어를 통해 공중 보건에 관한 정보를 얻는데, 미디어는 상류층 아이들에 대한 충격적인 이야기를 계속해서 보도하며 정신건강 위기를 알리고 있다. 이런 보도들은 충격적인 내용들을 다루다 보니 신문과 잡지 판매, 방송 시청률에는 도움이 되지만, 무엇이 아이들을 그토록 못된 행동과 심리적 고통 속으로 몰아넣고 있는지 그 맥락을 이해하는 데는 거의 도움이 되지 못한다.

다시 말해, 미디어는 문제를 정확하고 분명하게 분석하기보다는

독자를 확실히 낚을 수 있는 주제를 좋아하기 때문에 충격적인 사건만 보도할 뿐, 그런 행동의 밑바탕에 대해서는 깊이 있는 정보를 제공해주지 않는다. 예컨대 이런 식이다.

- 뉴욕 교외의 부유한 지역인 웨스트체스터Westchester에 있는 해리슨 고등학교는 교내 통제가 거의 안 되기 때문에 늘 일찍 파한다. 17살 남자 아이가 주먹으로 얼굴을 맞고 시멘트 바닥에 머리를 부딪치는 동안에도 즉흥 맥주 파티는 계속되었다. 아이가 의식을 잃자 같이 있던 십대들은 전화를 걸어 도움을 요청하기보다 파티가 있었다는 흔적을 숨기기에 급급했다. 결국 아이는 죽고 말았다.[19]

- 시카고 교외의 부유한 지역인 일리노이 주 노스브루크Northbrook, Illinois에서는 술에 취한 여중생과 여고생 사이에 '파우더-퍼프 풋볼 게임powder-puff football game : 남자 선배들이 치어리더 복장에 여장을 하고, 여자 선배들이 풋볼을 한다. 옮긴이'이 열렸는데 흉한 꼴이 되고 말았다. 여자 선배들이 후배들에게 똥물과 생선 내장을 뿌리고 페인트 통으로 때려 다섯 명이 뼈가 부러지고 살이 찢겨 병원으로 실려 갔다.[20]

- 미국 공영방송 PBS 특별팀은 조지아 주 애틀랜타 지역 외곽의 부유한 마을에서 매독이 폭발적으로 증가한 점을 조사했다. 그 결과 200명 이상이 이 병에 걸렸고, 그 중에는 12살, 13살도 있는 것으로 확인되었다. 인터뷰에서 십대들은 이러한 질병에 기여한 요인으로 폭음과 난잡한 성교, 또래 압력, 함께 어울리고 싶은 욕구, 어른들의

관리감독 부재를 꼽았다. 연구에 참여했던 한 연구자는 방송에서 "우리는 아이들로부터 허무하다, 공허하다는 이야기를 너무나 많이 들었다."라고 전했다.[21]

이러한 이야기에서 놀라운 점은 단순히 어른들의 감시가 없었다는 사실이 아니라 이러한 나쁜 행동들, 심지어 치명적이기까지 한 행동들이 한두 명이 아닌 또래집단의 동의 아래 일어났다는 사실이다.

대부분의 부모들이 자녀에게 선한 가치관을 심어주고, 아이가 정직하고 안전한 선택들을 하게끔 도와주려고 노력하지만 청소년기에는 또래집단이라는 강력한 사회적 힘이 도처에 산재하면서 비뚤어진 행동을 점점 더 칭송하고 있다.

한편, 연구자들은 학교에서 이른바 인기 있는 무리에 속하는 어린 청소년들이 놀라우리만치 높은 공격성을 보이며, 또래들은 그들의 모습을 동경하고 높게 인정한다는 사실을 발견했다.[22]

이러한 사실은 '킹카' 또는 '짱'이라 하여 약물에 손을 대거나 쉽게 규율을 어기는 남자 청소년들뿐만 아니라 흔히 '여왕벌'이라 하여 자기보다 못사는 아이들에게 일부러 못되게 구는 여자 청소년들에게도 나타났다. 이런 학생들은 중학교를 거치면서 나쁜 행동을 더 많이 했는데, 그럴수록 고등학교에 갔을 때 또래 사이에서 더욱 입지가 넓어지는 것으로 나타났다.[23]

잘사는 집안의 십대들이 약물 남용과 규율 위반, 비행을 좋게 보는 또래 문화에 점점 더 빠져들고 있다는 사실은 특히나 우려되는 일이다. 왜냐하면 청소년들은 우정이라는 이름으로 서로 탈선을 지지하고 가르쳐주는 경향이 강한데, 그렇게 될 경우 어른이 되어 비행과 약물, 폭력에 노출되고, 정신병리 현상도 증가할 것이 뻔하기 때문이다.[24]

바꿔 말하면 당신의 아이가 가장 많이 어울려 다니는 사람이 누구냐에 따라 아이의 인생이 달라진다는 이야기다. 특히 십대들은 가정이나 집 밖에서 스트레스를 많이 받을 때 가치관이 좋지 않은 아이들에게 끌리기 쉽다.[25] 이혼 후 여전히 사이가 좋지 않은 부모 사이에서 괴로워하는 중학생이나, 전 과목 모두 A만을 바라는 부모를 둔 공부 잘하는 고등학생 역시 안 좋은 친구를 사귈 가능성이 높다.

부유한 가정의 십대들에 관한 이러한 충격적인 이야기들을 들으면서 단순히 운이 아주 나빴던 예외적인 아이의 경우라거나, 부모의 지도 없이 자란 소수의 아주 버릇없는 아이들의 문제쯤으로 무시해버리고 싶은 마음이 들지도 모른다. 하지만 쉽게 무시해버리기에는 너무나 흔한 일이 되고 말았다.

연구 결과를 통해, 그리고 가정과 지역사회에서 보게 되는 아이들의 모습과, 신문을 읽으면서 확실히 알게 된 사실이 있다. 물질적 풍요를 충분히 누리며 살고 있는 십대들에게서 나타나는 심각한 심리적 문제들에 대해 우리가 그 원인을 정확하게 이해하지 않는 한, 아이들을 전혀 도울 수 없다는 사실이다.

그나마 다행스러운 점은 최근 심리학과 정신분석, 소아과, 신경생물학, 사회학, 교육학 분야에서 이를 걱정하는 전문가들의 관심이 쇄도하고 있고, 그 결과 많은 전문가들이 십대들의 정신건강 위기에 영향을 미치는 요인들을 찾아내 하나씩 퍼즐을 맞춰나가는 작업을 시작할 수 있었다는 것이다. 이러한 요인들을 하나씩 규명할 수 있게 되면, 아이들이 다시 제자리를 찾도록 도와주고 정서적으로 건강하게 자라도록 이끌어줄 개인과 부모, 사회적 차원의 해결책 역시 찾아낼 수 있을 것이다.

십대의 고통,
우습게 보면 평생 간다

십대의 우울증을 청소년기의 정상적인 불안이나 한때의 울적함 정도로 여기는 부모들이 있다. 심지어 약물 경험을 십대의 전형적인, 건강한 모험심 정도로 넘겨버리려고 하는 부모도 있다. 하지만 부모가 자녀의 이러한 문제를 방치할 경우 그 결과는 상당히 심각하다.

청소년기에 우울증이 발생하면 어른이 되어 우울증이 되풀이될 가능성이 높다. 우울증을 겪은 십대들 가운데 절반 이상이 5년 안에 우울증이 재발한다.[26] 우울증을 앓는 청소년들이 성인기에 접어들면 우울증과 관련된 사건이 늘어날 뿐 아니라 대인관계를 어려워하고, 나아가 불행한 결혼, 학업과 업무 수행능력의 부족, 약물 남용 가능성이 높아진다. 심하면 자살을 시도할 수도 있고, 정신적 문제뿐 아니라 신체적 문제로 입원을 하게 될 위험도 높다.[27] 따라서 자녀가 우울증에서 벗어나지 못하고 있거나, 부모로서 의구심이 든다면 반드시 전문가에게 도움을 구해야 한다.

약물 남용은 장기적으로 심각한 결과를 불러일으킨다. 많은 십대들이 자신의 부모가 그랬듯이 술이나 약물을 시험 삼아 해보곤 한다. 하지만 부모라면 청소년기 뇌의 특징을 감안할 때 시험 삼아 경험해보는 행동이 중독과 의존으로 발전할 수 있다는 사실을 명심할 필요가 있다.

오늘날 과학자들은 뇌 발달과 관련해 새로운 연구 결과들을 많이 내놓았다. 연구자들에 따르면 뇌는 지금까지 우리가 알고 있던 것과 달리 훨씬 더 오랫동안, 잘 하면 20대까지 계속해서 발전한다고 한다. 이 말은 십대의 뇌는 잘 발달할 수도 있지만, 반대로 심각하게 손상 받을 수 있다는 뜻이기도 하다. 사실 십대의 뇌는 감각적인 것을 추구하는 경향이 있고, 충동 조절에 어려움이 있으며, 유해 환경에 취약하다. 유해 환경이란 술이나 담배, 코카인이 될 수도 있고 부모와의 불화가 될 수도 있다.

십대들이 우울과 불안한 감정을 줄이려고 술이나 담배를 습관적으로 사용하게 되면 짧게나마 편안해지는 것을 경험할 수 있다. 하지만 안타깝게도 뇌의 변화 역시 경험하게 된다. 처음에는 술과 약물을 하면 우울과 불안감이 줄어들지만 결국 오래 하다 보면 오히려 증상이 악화되고 만다.

그러므로 청소년기에 술이나 담배, 코카인 같은 약물에 손을 대는 것은 무서운 악순환 속으로 스스로를 밀어넣는 꼴이 될 수 있다. 따라서 부모라면 자녀에게 그런 일이 일어날 수도 있다는 사실에 민감해질 필요가 있다.

지난해 나는 메스암페타민필로폰, 흔히 히로뽕이라고 하는 마약에 중독된 십대 6명을 상담했다. 이것은 내가 지난 25년 동안 만났던 메스암페타민 중독 청소년보다 많은 숫자다.

코카인이나 엑스터시, 메스암페타민, 심지어 헤로인 같은 약물들은 부유한 집안의 청소년들에게 인기가 있다. 이러한 약물들은 불안장애와 강하게 연관이 있는데, 잠재적으로 뇌 발달에 심각한 악영향을 미치며 심지어 죽음에 이르게 할 수도 있다.[28]

십대의 뇌는 술과 담배, 약물에 너무나 민감하다. 심지어 마리화나를 정기적으로 사용한 청소년들은 집중력과 기억력, 복잡한 정보처리 능력 검사에서 기능이 현저하게 떨어지는 것을 확인할 수 있다. 이러한 인지적 결함은 마리화나 사용을 중단한 후에도 몇 달, 심지어 몇 년까지 지속되기도 한다. 그리고 십대들이 가장 많이 선택하는 약물인 술은 가장 오랫동안 남용하는 대표적인 약물이다. 그러다 보니 다른 약물보다 중독되기가 훨씬 쉽다.

알코올 중독자들은 개인적, 사회적, 인지적 능력이 거의 모든 기준에서 떨어진다. 이들 가운데 40% 이상이 15세~19세 사이에 심하게 술을 마시던 사람들이다.[29] 특히 잘사는 지역에서는 부모와 자녀 모두 술과 약물 의존이 높게 나타난다. 그런데도 알코올과 약물의 상습적 남용이 청소년의 뇌 발달에 어떤 나쁜 영향을 미치는지에 대해서는 사람들의 인식이 무척 부족한 상태다.

무엇보다 심리적 문제는 아무런 치료가 이루어지지 않을 경우 훨씬 더 오랫동안 지속되기 쉽다. 사람들은 부유한 가정의 아이들이 겪는 정서적 문제가 가난한 집 아이들의 문제보다 훨씬 쉽게 해결될 것이라고 생각한다. 하지만 이것은 아주 위험한 생각이다. 왜냐하면 부유한 가정의 아이들은 문제를 그럴싸하게 포장하거나 하찮은 문제로 넘길 위험이 있고, 마침내 자신의 문제를 깨달았을 때에는 이미 너무나 심각해진 상태라 해결하기가 훨씬 어려울 가능성이 높기 때문이다.

필요할 때 도움을 받지 못하는 부유한 가정의 아이들

부유한 가정의 아이들이 청소년기에 유난히 힘든 폭풍의 시기를 거친다면, 반대로 부모가 지닌 경제적인 힘과 학교와 부모의 높은 관심, 부유한 지역의 정신의료 서비스들이 결국에는 이 아이들이 어른이 되었을 때 심각한 문제로부터 이들을 보호해주지는 않을까? 대답은 '아니다'이다.

연구에 따르면 일반적으로 부모들은 아이가 뭔가 힘들어하면 금방 눈치를 채긴 하지만, 문제가 심각하거나 파괴적이지 않는 한 전문가의 도움을 구하지 않는다.[30] 그러다보니 학교를 땡땡이치거나 자주 싸움에 가담하거나 천식이 있는 아이가, 낙심하여 혼자 몰래 술을 마시거나 자해를 일삼는 아이보다 도움을 받을 가능성이 훨씬 높다. 실제로 부유한 부모들은 다른 부모들에 비해 아이 문제와 관련해 전문적인 도움을 구하기를 꺼린다. 사생활이 보호될지, 아이의 성적에 해가 되지는 않을지 걱정하기 때문이다.

심리학자와 학교 상담교사들에 따르면, 아이에게 정신 건강상의 문제나 약물 남용 문제가 있어 부모에게 따로 전문적인 도움을 받아보라고 권할 경우, 부유한 부모들은 소득이 보통이거나 그보다 낮은 부모들보다 훨씬 더 방어적이고 부정적으로 반응한다고 한다. 또한 심리학자들과 학교 상담교사들은 보통 부모들보다 소득이 높은 부모들을 대할 때 소송에 대한 두려움이 더 크다고 말한다. 그러다보니 부유한 가정의 아이들이야말로 전문가의 치료 서비스를 받을 확률이 가장 낮은 것이다.[31]

아이보다 체면이 더 중요한 부유한 부모들

안타깝게도 부유한 부모들은 자기 가정에 문제가 있다는 사실을 드러내고 사람들 앞에서 인정하는 것을 힘들어한다. 심지어 문제가 있다는 것을 알려준 사람을 비난하기도 한다. 그러다보니 아이에게 정서적 문제가 있다는 사실을 학교 쪽이 먼저 발견하고 부모에게 알려주어도 아무런 조치도 취하지 않다가 문제가 아주 심각해지고 나서야 전문가의 도움을 요청하는 일이 허다하다. 하지만 치료가 지연되면 적절한 치료 시기를 놓쳐버리게 되고, 발달상의 문제도 한층 복잡해져 치료는 힘들어진다.

내담자였던 14살 숀은 불행감이 점점 커져만 갔다. 숀은 이 문제에 대해 부모님이 관심을 갖게 하려고 2~3년 동안 무척 노력을 많이 했지만 소용이 없었다.

중학교에 들어간 지 얼마 되지 않았을 때부터 숀은 부모님에게 도움을 구하기 시작했다. 하지만 매번 돌아온 대답은 "이 시기에는 누구나 그렇단다. 이때만 지나면 다 괜찮아져."라는 말뿐이었다. 숀의 눈물어린 호소에도 부모님이 움직이지 않자 숀은 약물에 손을 대고 학교에서 나쁜 아이들과 어울리기 시작했다.

그런데도 숀의 부모님은 뭔가 대단히 잘못되고 있다는 것을 인정하지 않았다. 숀의 아버지 역시 '거친 사람들'과 어울려 다녔는데, 아들의 상황을 도움이 필요한 상황이라기보다는 오히려 아들이 뭔가 대단한 것을 해낸 것처럼 여겼다. 결국 숀은 총을 든 채 집에 들어갔고, 그날 밤 숀의 부모가 내게 전화를 걸었다. 숀은 치료 시간에 이렇게 말했다.

"부모님 머리에 총이라도 겨누어야만 저한테 문제가 있다는 것을 부모님이 알 것 같았거든요."

치료를 시작할 당시 숀은 그저 십대 시절의 흔한 우울증을 앓고 있는 정도가 아니었다. 약물 문제와 상당히 심각한 수준의 분노 문제 그리고 반사회적 태도까지 갖고 있었다. 만약 초기에 치료가 이루어졌다면 비교적 간단하고 성공적인 사례가 되었을 가능성이 높지만, 3년 동안 방치된 까닭에 숀은 아주 힘든 사례가 되고 말았다.

숀의 부모처럼 자녀의 고통에 귀를 기울이지 않는 부모가 있는가 하면, 어떤 부모들은 아이가 겉으로 볼 때는 대단히 성공적으로 보이기 때문에 아이의 문제를 인정하지 않기도 한다. 예컨대 이런 식이다.

"전 과목 A를 맞고, 응원단장에다 인기도 많고, 어딜 가나 환영받는 아이인데, 그런 아이가 미치도록 불행하다고요? 그게 말이 돼요?"

보스턴에서 근무하는 한 동료는 내게 그 지역에서 가장 잘사는 동네에 사는 한 여자 아이에 대해 들려주었다. 아이는 사립 고등학교를 다니고 있고 그야말로 촉망받는 학생이지만 사실은 아이들에게 마리화나를 팔고 있었다. 날마다 각성이 된 채로 학교에 가서는 점심시간에 주차장에서 장사를 했다. 마리화나를 하지 않을 때는 코카인이나 술을 조금씩 했다. 이를 걱정한 이웃들이 부모에게 전화를 걸었지만 부모는 말도 안 되는 소리라며 강하게 저항했다. 그러면서 아이가 공부도 잘하고, 학교에서 아주 인기도 많으며, 반듯한 친구들과 어울린다는 사실을 지적했다.

하지만 아이가 이웃의 페라리 열쇠를 복사해 차를 훔치고 달아나 경찰과 추격전을 벌이다 담벼락을 들이박고 한 달 동안 병원에서 집중 치료를 받고 나서야 부모는 자기 아이에게 심각한 문제가 있다는 사실을 인정했다.

아이에게 독이 되는
성취에 대한 압박감과 소외감

많이 배우고 부유한 부모를 둔 아이들이 정서적 문제를 겪는 비율이 더 높게 나타난다는 많은 연구 결과에 대해 전문가들은 놀라면서 원인이 무엇인지 관심을 갖기 시작했다. 그 결과 이들의 정서적 문제 발생률을 높이는 두 가지 중요한 요인이 되풀이해서 나타난다는 사실을 발견했다. 첫째는 성취에 대한 압박이고, 둘째는 부모로부터의 소외였다.[32]

지나친 간섭과 소외가 공존할 때 어떤 일이 벌어질까
성취 압력과 부모로부터의 소외는 양립할 수 없는 것처럼 보이지만 성취에 대한 압박감을 느끼려면 누군가가 압력을 가해야 하기 때문에 실제로는 그렇지 않다. 사실 성취에 대한 압박감은 부모가 아이의 공부에는 지나치게 간섭을 하면서 정작 나머지 영역에서는 지도와 감독이 부족한 경우 자주 발생한다. 예컨대 많은 부모들이 아이가 잘못한 일에 대해서는 지나치리만큼 관여하면서 아이가 잘한 일에 대해서는 무관심할 정도로 신경을 쓰지 않는다.

내가 사는 지역에서는 파워 스쿨이라는 인터넷 프로그램을 통해 학부모들이 아이의 그날 학습 상태를 24시간 확인할 수 있다. 학교 쪽은 이 프로그램을 분별없이 사용하지 말라고 권고하지만, 아이들은 집 현관문을 열기도 전에 자기가 그날 학교에서 어땠는지를 부모님이 다 알고 있다며 불만을 토로한다. 한 십대 내담자는 이 프로그램을 '파워 스파이'라고 불렀다. 이 프로그램만 있으면 그날 아이가 쪽지 시험을 어떻게 쳤는지, 그날 숙제는 잘 해 갔는지 날카로운 매의 눈으로 볼 수 있기 때문이다.

전반적인 학업 과정이나 진척 정도를 모니터링하는 것은 분명 아이에게 도움이 될 수 있지만 이를 날마다 확인하는 것은 그렇지가 않다. 진정한 배움이 이루어지기 위해서는 독창성과 유연성이 필요한데 점수 1, 2점이 높아지고 낮아지는 것에 지나치게 신경을 쓰다 보면 독창성과 유연성은 억제되고 만다. 그러므로 이런 프로그램으로 아이를 단속할 수 있을지는 몰라도 아이가 공부를 정말 좋아하게끔 만들 수는 없다.

많은 연구 자료들은 '걱정하는 부모가 걱정하는 아이를 만든다'는 사실을 잘 보여주고 있다. 아이들이란 늘 부모에게서 단서를 찾기 마련이다. 어떤 부모는 이 세상이 인정이 많고 살 만한 곳이라고 느끼고, 또 어떤 부모는 위험하고 도무지 예측할 수 없는 곳이라 느낄 수도 있다. 부모가 어떻게 느끼든지 간에 부모의 이러한 느낌은 아이에게 영향을 미친다. 다시 말해 아이가 '내가 세상에 나가 과연 잘해낼 수 있을까?'에 대한 느낌 또는 감각이 형성되는 데 있어 부모의 평소 감정이 영향을 미친다는 것이다. 예컨대 평소 "그래, 해보는 거야."라고 말하는 부모를 둔 아이는 뭔가 도전해야 하는 상황에 처했을 때 가능한 한 모든 최악의 결과를 모두 생각해보는 부모를 둔 아이에 비해 상당히 다른 태도를 갖게 될 가능성이 높다.

십대 자녀에 대해 부모들이 걱정할 만한 일들은 많지만 그 중에서도 학업 성취는 변함없이 1, 2위를 달린다. 학업 성취에 대한 부모의 불안으로 인해 아이는 압박감을 느끼고 걱정하게 된다. 그러나 아마도 가장 위험한 일은 그런 아이가 완벽주의자가 되는 일일 것이다.

연구에 따르면 부모가 학업 성취를 심하게 강조할 경우 이는 아이가 '부적응적 완벽주의 추구자maladaptive perfectionist strivings'가 되는 것과 관련이 깊다.

부적응적 완벽주의란 오히려 기능을 해치는 완벽주의로, 예컨대 시험에 대한 걱정 때문에 전혀 잠을 자지 못하거나 음식을 토하고, 아니면 아픈 척을 하는 것 따위를 말한다. 이러한 부적응적 완벽주의는 우울이나 자살과도 깊은 관계가 있다.[33]

부모가 뛰어난 성적에 지나치리만치 높은 가치를 둘 경우, 아이는 조금이라도 완벽에 못 미치면 전부 실패라고 여기게 된다. 성취에 대한 이런 비현실적인 압력정규 분포로 볼 때, A를 맞는 학생은 지극히 작은 비율에 지나지 않는다 때문에 눈물을 머금고 잔뜩 움츠린 아이들, 나름 열심히 하고 늘 B를 맞아 성적도 좋은 편이지만 "제가 부모님을 실망시켰어요."라며 말하는 아이들을 나는 진료실에서 자주 만난다.

눈여겨볼 만한 점은, 재능이 뛰어난 십대들의 자살과 완벽주의 사이에 강력한 연관성이 있다는 사실이다.[34] 이런 청소년들은 실패했다고 느끼면 자살로 치닫는 경우가 많다. 이때 실패란 학교에서 또는 부모님과의 문제나 다른 대인관계에서 오는 실패일 수도 있다.

일반적으로 청소년들은 이상적이고 지나치게 자기 비판적이다. 여기에다 높은 성적을 바라는 부모의 기대를 채워줘야 한다는 압박감까지 더해질 경우, 일시적으로는 공부를 잘하게 될지라도 궁극적으로는 파괴적이 된다. 그렇다고 자녀에 대한 부모들의 높은 기대치가 언제나 치명적이라는 뜻은 아니다. 오히려 반대로, 기대치는 아이들의 성취와 능력을 촉진하는 것으로 드러나기도 한다.

진짜 문제는 아이들이 부모의 사랑을 좋은 성적이나 성취에 따라 달라지는 조건적인 사랑이라고 느끼는 것이다. 이런 경험이 아이들을 심각한 정서적 위험 속으로 밀어넣고 있다.[35] 아이들은 부모의 사랑과 인정을 얻고 싶은 바람에서 완벽해지려고 노력한다. 하지만 인생에서 실패나 실수는 불가피한 일이다. 그런데도 이런 아이들은 작은 실수나 실패 앞에서도 강한 수치심과 무기력감을 느낀다.

간섭은 하지만 소통하지 않는 부모

부유하지만 너무나 불행해하는 십대들에게서 일관되게 발견되는 또한 가지 사실이 있다. 어른들 특히 부모로부터 신체적으로 그리고 심리적으로도 단절되어 있고 소외되어 있다는 사실이다.[36]

부유한 십대 집단이 가난한 십대 집단보다, 그리고 다른 어떤 십대 집단보다도 부모와 가깝다고 느낄 가능성이 낮다는 사실에 나는 깜짝 놀랐다. 어찌 됐든 내 책장에는 부모들이 아이의 삶에 지나치게 관여하는 '과잉 양육'의 문제를 지적하는 책들로 가득한데 말이다.

그렇다면 왜 부유한 십대들은 주변에 어른들이 넘쳐나는데도 단절감을 느끼는 것일까? 15살짜리 내담자인 카일은 나의 이러한 혼란스러움을 아주 간단히 풀어주었다.

"정말로 이상한 건요, 어딜 가나 엄마가 있는 것처럼 느껴지는데 동시에 어디에도 엄마가 없는 것처럼 느껴진다는 거예요."

부유한 가정의 아이들은 어른들이 자신의 세계로 살금살금 기어들어와 마땅히 자신들의 영역인 곳을 침범해서는 거의 군대식에 가깝게 하나하나 지시하고 감독한다고 느끼는 경우가 많다. 하지만 그렇다고 해서 아이들이 어른들과 소통하고 있다거나 유대감을 느끼는 것은 아니다.

부모가 지나치게 관여하지만 아이는 여전히 고립감을 느낀다. 부모가 통제하고 지나치게 간섭할 경우, 아이는 분노 또는 소외감을 느끼게 되는데, 이 두 가지 감정 모두 아이가 부모와 정서적으로 가까워지는 데 전혀 도움이 되지 않는다. 대신 정서적 친밀함, 특히 엄마의 따뜻함이야말로 자녀의 심리적 손상을 치유할 수 있는 특효약과 마찬가지다.

이 대목에서 우리는 직장 엄마들의 딜레마를 생각해볼 필요가 있다. 수많은 책과 연구 결과에서 볼 수 있듯이 일하는 엄마들은 직장에서 일하는 시간 외에도 육아와 집안일에서도 가장 큰 책임을 짊어지고 있다.[37] 아이를 이 학원에서 저 학원에 차로 데려다주고, 그 와중에도 일 때문에 귀에서는 휴대폰이 떨어질 새가 없이 바쁘다.

이렇게 정신없이 바쁜 엄마의 모습은 공감보다는 도리어 비웃음을 사기 쉽다. 하지만 엄마들은 가정과 직장 사이에서 상충된 욕구를 모두 만족시키기 위해 최선을 다하고 있을 뿐이다 일반적으로 사회적 지원이나 지역사회의 도움은 놀라우리만치 부족한 것이 현실이다. 이처럼 정신없이 바쁘고 뭔가에 사로잡혀 있는 엄마를 보며 아이가 진짜로 엄마가 자기에게 신경을 쓰고 있다고 느끼기는 쉽지 않다.

단절은 단지 일하는 엄마들만의 문제가 아니다. 그보다는 정서적으로 정신이 없거나 말 그대로 뭔가에 사로잡혀 있는 모든 부모에게 해당되는 문제다. 아이를 이 학원에서 저 학원으로 정신없이 데리고 다니지만 정서적으로는 여전히 단절된 모습이야말로 나의 총명한 내담자 카일이 했던 말 '모든 곳에 있지만 동시에 아무데도 없는 엄마'의 좋은 예라고 할 수 있다.

미친 사람마냥 정신없이 바쁘게 뛰어다니는 것은 아이에게도, 부모인 우리에게도 스트레스다. 그리고 가장 중요한 것은 이러한 모습, 즉 아이에게 전혀 도움이 되지 않는 양육 방식이 우리 아이들뿐만 아니라 우리 아이의 아이에게까지 대물림될 수 있다는 사실이다.

부모가 얼마나 바쁘든 간에 아이를 위한다면 가능한 한 '현재'에 함께해주는 것이 필요하다. 아이가 자신의 내면과 접촉하고, 한참 발달 중인 자아의 연약한 부분을 드러내는 순간은 언제일까? 그것은 거의 항상 똑같다. 평온하고 아무런 압박감도 느끼지 않을 때다.

아이와 친하다고 착각하고 있는 부모들
거듭되는 연구들을 살펴보면 십대들은 부모와의 시간을 줄이고 싶은 것이 아니라 실은 더 많은 시간을 함께 보내고 싶어 한다. 그런데 부모들은 십대 자녀와 보내는 시간을 실제보다 과대평가하는 양상을 보인다.[38]

부유한 부모의 경우 사회생활과 전문직 일에 많은 시간을 쓰기 때문에 가족과 보내는 시간이 부족한 경우가 많다. 그래서 가슴 아프게도 부유한 집 아이들은 자신이 부모의 '해야 할 일 목록'에서 아래쪽에 해당한다는 사실을 잘 알고 있다. 연구자들은 이를 두고 '금수저 증후군'이라고 한다.[39] 그 결과 부모와 자녀의 친한 정도는 부모의 수입과 반비례하게 된다.[40] 그러다보니 사회·경제적으로 낮은 층에 속하는 아이들이 높은 층에 속하는 아이들보다 훨씬 더 부모와 친하다고 느낀다고 응답할 가능성이 높은 것이다.

사춘기 전 단계인 만 11~12세 아이들을 대상으로 조사한 연구결과를 보면, 단지 13%가 부모와 친하다고 느끼고 부모와의 관계가 '아주 좋다'고 응답한 반면, 27%는 '보통이다'라고 대답했다.[41] 그리고 나머지 60% 아이들은 부모의 차갑고 가혹한 양육 방식이나 지나치게 방관하는 양육 방식을 언급하며 부모가 멀게 느껴진다고 응답했다.

이를 단순히 사춘기 전 단계 아이들이 엄살떠는 소리쯤으로 넘길 수 없는 이유가 있다. 부모와 별로 친하지 않다고 응답했던 60% 아이들을 대상으로 한 후속 연구 결과, 우울과 불안, 비행, 약물 남용 비율이 특히 높은 것으로 나타났기 때문이다.[42]

부유하고 학벌이 높은 부모들은 양육과 관련된 문제에 있어서도 자신이 많이 알고 있다고 생각하기 때문에 주변 사람들의 말을 잘 듣지 않는다. 그러다가 정작 딸이 한마디 의논도 없이 낙태를 했다는 사실을 알게 되거나, 아들이 경찰에 체포되어 가는 모습을 보고서야, 또는 아들이 약물을 한다는 사실을 알고 나서야 큰 충격에 휩싸이곤 한다. 하지만 부모와 친하지 않다고 느끼는 아이들이 부모에게 고민이나 문제를 털어놓을 가능성은 아주 낮다. 부유한 부모들은 자신들이 아이와 함께 있어주지 않는 문제에 대해서는 과소평가하는 반면, 아이가 부모에게 느끼는 친밀함에 대해서는 실제보다 과대평가하는 경향이 있다. 따라서 부모들은 이러한 점을 주의해야 한다.

부모의 부재 아래 아이가 자랄 수는 없다. 물질적인 풍요로움도 필요할 때 부모가 없는 아픔을 덜어주지는 못한다. 아무도 관심을 기울이지 않을 때 아이들은 문제가 생긴다. 서니야 루터Suniya Luthar 박사는 경제력 측면에서 양 극단에 해당되는 가정들을 대상으로 광범위한 조사를 실시했는데, 그 결과 이런 말을 했다.

"부모의 정서적·신체적 부재는 아이들의 행복 훼손과 관련이 있으며, 이런 점에서 슬럼가 아이들과 부잣집 아이들은 무척 비슷하다."

친구나 유모, 가정부, 베이비시터, 형이나 언니가 부모의 자리를 채워줄 수는 없다. 가정생활을 들여다보면 바쁜 부모들이 활용하면 좋을, 충분히 본전을 빼고도 남을 활동들이 분명히 있다. 예컨대 부모들은 아이들이 자기 가족만의 의식을 좋아하고, 그러한 의식을 통해 가족에 대한 소속감과 결속감을 강하게 느낀다는 사실을 기억해야 한다.

가족이 지킬 수 있는 가장 간단하면서도 중요한 의식 가운데 하나는 저녁밥을 함께 먹는 것이다. 일주일에 다섯 번 이상 같이 식사를 하는 집안의 아이들은 주 2회 이하인 아이들에 비해 담배나 술, 마리화나와 같은 약물을 남용할 가능성이 적고, 성적은 더 높으며, 우울증 증상이나 자살 시도를 하는 일이 더 적다.[43]

함께 식사를 하는 것은 가족 구성원들이 서로에게 관심이 있고, 필요할 때 도움을 청할 수 있고, 서로를 걱정하고 있다는 생각을 강하게 만들어준다. 그리고 아이들은 자신의 성취나 도전, 걱정거리에 대해 부모, 형제들과 함께 나누고 점검할 수도 있다. 아니면 단순히 아이가 가족의 일원이라는 느낌을 만끽할 수 있도록 안정적인 시간과 장소를 제공해주는 기회가 되기도 한다.

부모의 좋은 의도만으로는 충분하지 않다

아이에게 성취에 대해 압박감을 주는 것은 왜 좋지 않을까? 사실 아이에게 열심히 공부하면 어떤 점이 좋은지, 그리고 힘든 일을 해냈을 때의 기쁨이 어떤 것인지를 가르쳐주고, 아이를 위해 높은 기준을 세워주는 것 역시 부모의 책임 중 하나가 아닌가? 그런데 이러한 격려가 어떤 경우에 건강하지 못한 압력이 되고 마는 것일까?

부모와의 단절이란 문제만 해도, 아이들 특히 십대들이 자기만의 옷 입는 방식과 태도, 언어를 구사하면서 자기만의 세상을 만들고, 그 결과 어른들은 십대의 문화에 친숙하지 못하게 되고, 그러면서 서로 고립되고 단절되는 것은 아닐까?

또 부모와 아이 사이란 친했다 나빠졌다를 되풀이하는 것이 지극히 정상인데, 이것이 어떤 때를 계기로 서로 간의 단절로 이어지는 것일까? 양육이란 것 자체가 연속적인 과정이기 때문에 아이와 단절이 일어나는 어느 한 시점을 딱 꼽기란 아주 힘들겠지만 이렇게 말할 수는 있을 것이다. '부모인 당신이 문제를 향해 가고 있을 때' 라고.

부모라면 자녀가 슬픔이나 불안, 동기 부족, 성마름, 자기 파괴적인 행동 가운데 어느 하나라도 계속해서 되풀이되는 패턴을 보이는지 잘 관찰할 수 있어야 한다. 이러한 패턴은 아이에게 심각한 문제가 있고, 제대로 된 치료나 상담이 필요하다는 신호이기 때문이다.

청소년 우울은 성인 우울과 비슷하다. 자주 눈물을 흘리고, 자기 파괴적이며, 아무런 희망이 없다고 생각하는 경우가 많다. 그리고 사람들과 동떨어져 혼자 있으려 한다. 하지만 어른들의 우울과는 상당히 다른 면도 있는데, 슬픔보다 분노의 감정이 훨씬 큰 경우가 흔하다.

아이에게 얼마만큼 개입해야 할까?

모든 가정은 다르다. 그래서 어떤 아이는 그 정도의 간섭이나 압력을 받아들일 만하다고 느끼는 반면, 어떤 아이는 엄청 힘들어한다. 이때 부모가 자녀의 정서적 발달을 위해 할 수 있는 가장 훌륭한 일이 있다. 아이에 대한 집착에서 벗어나 충분히 자유로워지는 것이다. 그리하여 내 아이, 세상에 하나밖에 없는 고유한 존재인 내 아이가 정말로 필요로 하는 것이 무엇인지 거기에 초점을 맞추는 것이다.

부모라면 반드시 아이의 일에 관여해야 한다. 아이에게 지켜야 할 규범을 알려주고, 적절한 지도와 목표를 제공해야 한다. 그런가 하면 아이는 발달 과정을 거치면서 점차 부모로부터 분리되어야 하고, 또래와 어울리고, 심지어 부모가 제시해주는 기준과 지침, 목표 가운데 어떤 것은 버릴 수도 있어야 한다.

이 책은 아이에게 낮은 기대치를 가져야 한다거나 무관심해야 한다는 얘기를 하려는 것이 아니다. 오히려 반대로 아이가 진정한 삶의 기술을 개발해나가도록 돕고, 그리하여 아이가 자기만의 기준을 세울 수 있도록 부모가 이끌어줄 수 있게 돕기 위한 책이다.

부모들은 이러한 과정을 잘 이해할 때도 있지만, 때로는 좋은 의도이긴 하지만 이런 점을 놓치고 행동할 때도 있다. 그 이유는 계속해서 아이에게 간섭하고 신경을 쓰지 않으면 아이가 뒤처질 것이고, 그래서 어느 순간 낙오자가 될지도 모른다는 불안 때문이다.

내가 만나는 대부분의 청소년들뿐만 아니라 많은 부모들 역시 뭔가 심하게 잘못되어 있다는 사실을 잘 알고 있다. 내가 부모에게 높은 기대치가 아이에게 심한 스트레스가 되니 기대치를 좀 낮춰주자고 하면, 자기 아이가 남들보다 뒤처지게 될 것이라며 반대하는 부모도 있지만, 그렇지 않은 부모들도 점차 많아지고 있다. 대단한 외적 성취에도 불구하고 많은 아이들이 죽을 만큼 불행해할 뿐만 아니라 자율적으로 생각하고 행동하는 능력이 손상되어 있다는 사실을 부모들도 알게 된 것이다.

물질적 풍요에 대한 선입견을 내려놓고 현실을 직시하기

자율성을 잘 발달시킨 아이는 부모를 실망시킬지도 모른다는 두려움에서 벗어나 자신감을 갖고 자기만의 눈으로 세상을 볼 수 있게 된다. 그런데 부유한 가정의 이른바 '잘나가는' 아이들한테는 이러한 것이 불가능한 것까지는 아니더라도 아주 힘든 일이다. 부모들은 아이에게 최고 수준의 성취를 기대하고, 게다가 아이가 그것을 쉽게 해내기를 기대한다.

그 결과 아이들은 겉으로 보이는 성공에 지나치게 의존하게 되고 결국 자기 삶의 진정한 목적을 갖지 못한 채 양심과 너그러움과 연대가 있어야 할 자리가 텅 비게 된다. 부모들도 이러한 사실을 지역 사회와 지역 신문을 통해 잘 알고 있다.

내가 사는 지역의 어느 고등학교 남학생의 이야기다. 유명한 운동선수이기도 한 그 학생은 한 여교사의 사진을 컴퓨터로 조작해 포르노 사진으로 만든 뒤 학교 주차장에 세워진 자동차 앞 유리에 붙였다. 아이는 이 때문에 졸업을 못하게 되었지만, 같은 학교 친구들은 그 학생을 위해 성대한 파티를 열었다.

그런가 하면 세 명의 남자 고등학생이 같은 반 여학생을 납치한 뒤 강간한 혐의로 체포되기도 했다. 그런데 놀랍게도, 깜짝 놀란 부모들은 자신들의 아이들이 저지른 추악하고 개탄스러운 행동에 격분하기보다는 자기 아이들을 변호해줄 변호사를 찾기에 급급했다. 적어도 부모가 제정신이라면 그러한 양육 방식이 아이를 건강하고 책임감 있고 사랑할 줄 아는 어른으로 자라게 해줄 거라고 믿지는 않을 것이다.

자녀의 미래가 아무리 걱정된다 하더라도 부모라면 언제나 특혜보다 진실함정직성을 강조해야 한다. 부유한 가정에서 태어나 다양한 기회와 많은 특권을 누리며 성장기를 보낸 아이들은 훗날 어른이 되어 의사나 변호사, CEO, 고위 공무원이나 국회의원 같이 권위와 인류애가 필요한 자리에 오를 가능성이 더 많다. 그러므로 견고하고 도덕적이며, 내면의 동기로 가득한 자아야말로 아이들에게 있어 최고의 자산이자 우리의 자산이다.

많은 특권을 누리고 있는 아이들의 정서적 문제가 유행병 수준으로 치닫고 있는 이유가 부모들의 많은 돈 때문이라고 하면 선뜻 이해가 가지 않는다. 옛말에 '돈으로는 행복을 사지 못한다' 고 했는데, 이제는 좀 더 그 뜻이 넓어져 '돈으로 불행을 산다' 가 된 것 같다.

다 찢어진 그물로 복잡한 사회 문제를 잡아낼 수는 없다. 특히 그 문제가 정서적 건강이나 심지어 우리 아이들의 인생과 관련된 것이라면 더더욱 그렇다. 연구자들이 말하는 정밀 분석 또는 심층 분석처럼, 문제를 세밀하게 살피고 문제의 복잡성을 더 잘 이해해 실천 가능한 최선의 해결책을 도출하려는 노력이 필요하다.

그리하여 돈, 흔히 경제력에 대해 우리가 갖고 있는 선입견을 내려놓고, 물질적 풍요를 누리고 있는 아이들이 정서적 어려움을 겪는 비율이 폭발적으로 늘어나고 있는 현상이 정말로 돈 때문인지, 아니면 그와 관련된 다른 요인이 있는 것인지 심층적으로 분석할 필요가 있다.

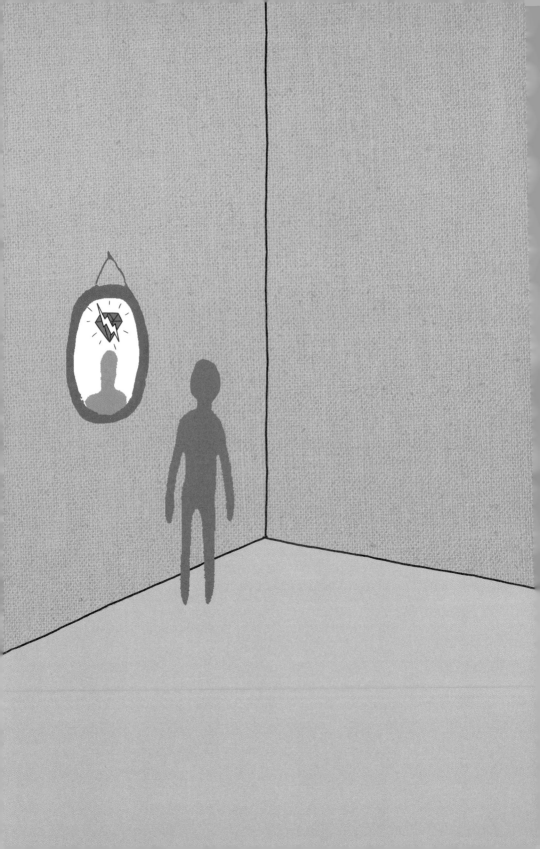

Part 2

부는 어떻게
아이에게 독이 되는가?

Chapter 3

행복은
돈으로
살 수 없다

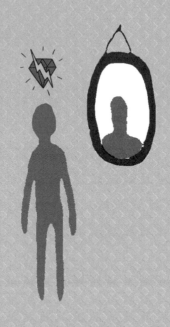

많은 학자들의 연구 결과를 보면 오늘날의 양육 방식으로 인해 부모와 아이 모두 정신적인 면에서 톡톡히 대가를 치르고 있다는 것을 알 수 있다. 하지만 부모들은 그 대가가 무엇이든 간에 장기적으로는 유익한 점이 훨씬 더 많다고 생각하는 것 같다. 아이의 일에 심하게 개입하고, 중압감을 주고, 통제하듯 간섭하는 모습이 결국에는 아이에게 개인적으로, 곧 학업이나 경제적인 면에서 노다지가 되어줄 것이라고 기대하는 것이다. 그런데 과연 그것이 가능할까?

사실 너무나도 많은 연구 자료에서 부모의 지나친 간섭이나 침범, 통제와 압력이 아이에게 심리적으로 부정적인 영향을 미친다고 되어 있다. 과연 이런 부모를 둔 아이들이 자라서 결국에는 직업적으로 또는 경제적으로 남다르게 성공하는 것이 가능할까? 만약 성공한다고 해도 행복한 어른이 되어 있을까?

'돈으로는 행복을 살 수 없다' 는 격언에도 불구하고 점점 더 많은 부모들이 더 많은 돈을 벌기 위해 시간과 노력과 자원을 쏟아붓고 있다. 열심히 일한 만큼 분명히 좋은 보상이 있을 거라고 믿는 것이다. 하지만 현실은 격언이 맞다는 것이다.

돈으로는 결코 행복을 사지 못한다. 좀 더 정확히 말하면 이미 기본적인 필요를 채울 수 있을 만큼 충분한 돈을 갖고 있다면 돈 때문에 더 행복해질 일은 없다. 물론 돈이 있으면 온갖 물건을 살 수 있고, 특별하고 흥미로운 경험도 더 많이 할 수 있다. 하지만 그것이 행복으로 직결되는 것은 아니다.[1]

만약 돈 자체가 정신건강 면에서 본질적으로 중립적인 것이라면, 그렇다면 왜 부유한 가정의 아이들이 불균형적이라 할 만큼 그토록 불행해하는 것일까?

돈에 대해 냉철한 시각으로 바라보는 것은 그 자체가 힘든 일이다. 왜냐하면 우리는 태어난 이래 지금까지 줄곧 돈이 불안을 만들어내고, 그 불안을 달래기 위해 돈으로 차를 사고, 집을 사고, 옷과 향수를 산다는 식의 광고에 노출된 채 살아왔기 때문이다. 사람들이 돈에 대해 갖고 있는 생각들은 자기만의 생각이기보다 대부분 소비지상주의를 통해 가장 이득을 많이 보는 사람들에 의해 영향을 받은 것이라 할 수 있다.

"누군가 돈으로는 행복을 사지 못한다고 말한다면, 그 사람은 돈 쓰는 법을 모르는 사람입니다."

이 말은 렉서스 자동차 광고 문구로, 이 말을 당신의 귓가에 전해준 것은 미국심리학회가 아니라 광고업계다. 그 결과 돈에 대한 우리의 지각은 조작되고 왜곡되는 반면, 심리 연구자들이 발견한 돈에 대한 진짜 정보에 대해서는 접할 기회가 없다.

게다가 돈에 대한 우리의 생각은 현재 자신의 사회·경제적 지위만이 아니라 과거의 사회·경제적 지위에도 영향을 받는다. 예컨대 현재 중년의 나이이자 상위 중산층에 속하는 나는, 상위 중산층의 시각만큼이나 가난했던 어린 시절, 곧 블루칼라의 시각으로 세상을 바라볼 가능성이 높다.

아무튼 나는 부유한 가정의 아이들로 하여금 정서적 고통이 높아지게 하는 요인이 무엇인지 그 실타래를 풀기 위해 인생에서 돈에 대한 시각도 조사할 것이다. 그 중에는 서로 상충되는 내용도 있을 수 있다.

사실 우리 안에는 이미 돈에 대한 편견과 모순된 생각들이 공존하고 있고, 그렇기에 이 주제는 다루기가 쉽지 않다. 그런 면에서 볼 때 돈과 심리적 적응, 행복의 관계를 이해하는 데 도움이 되는, 30년 넘게 진행된 대규모의 연구 자료가 있다는 사실은 우리에게 행운이 아닐 수 없다.

돈이 아이를
더 행복하게 만들어주는 것은 아니다

심리학 연구자인 에드 디너Ed Diener와 데이비드 마이어스David

Myers 박사는 '돈과 행복'이란 주제를 연구하기 위해 45개 나라의 1백만 명이 넘는 사람들을 대상으로 자료를 수집했다. 연구 결과, 대부분의 나라에서 대부분의 사람들이 스스로 '꽤 행복하다'고 응답했다. 소득과 더불어 글을 읽고 쓸 줄 아는 능력, 정치적 자유, 시민권과 같은 요인들 모두가 연구자들이 흔히 웰빙이라고 일컫는 개인의 행복에 영향을 미치는 것으로 나타났다.[2] 놀랄 일도 아니지만 가난의 정도가 심하고 시민의 권리는 낮은 나라의 경우, 사람들의 행복 수준은 더 낮았다.

하지만 세계 사람들의 대다수는 나이나 인종, 사회·경제적 지위와 관계없이 기본적인 필요가 채워지는 한 비교적 행복한 것으로 보였다. 반드시 행복이 그 나라의 부유함 정도에 직접적으로 비례하지는 않았던 것이다. 이것은 눈여겨볼 만한 점이다.

예를 들어 1990년대에는 일본과 서독 사람들의 소득이 아일랜드보다 2배 정도 많았는데도 삶의 만족도는 아일랜드 사람들이 일본뿐만 아니라 서독 사람들보다도 높은 것으로 나타났다. 돈과 행복의 관계에 대한 수십 년간의 자료를 요약하면서 어느 유명한 연구자는 이렇게 말했다.

"평균적으로 볼 때 작업복 차림에 버스를 타고 일터로 향하는 사람들은 정장에 고급 벤츠 승용차를 몰고 직장으로 가는 사람들만큼이나 행복하다."[3]

이러한 발견에도 불구하고 이 땅에서 살아가는 대부분의 사람들은 돈이 더 많으면 정말로 더 행복해질 거라고 믿는다. 흥미로운 사실은, 사람들은 수입이 많아질수록 최소한의 기본 생활을 유지하기 위해 더 많은 돈이 필요하다고 생각한다는 것이다.

'행복해지려면 당신에게 얼마만큼의 돈이 필요할까요?' 라는 질문을 던질 경우, 가난한 사람들의 대답과 부유한 사람들의 대답은 너무나 다르다. 연구 결과를 보면, 1년에 수입이 3만 달러 미만인 사람들은 5만 달러만 되면 꿈이 이뤄질 거라고 대답한 반면, 1년에 10만 달러 이상을 버는 사람들은 25만 달러는 되어야 만족할 거라고 응답했다.[4] 이런 결과를 두고 돈 많은 사람들이 돈 없는 사람들보다 탐욕스럽기 때문이라고 쉽게 결론내리고 싶을 수도 있지만 실제로는 또 다른 중요한 요인이 있다.

대부분의 부모들은 자식에게 최고의 것을 주려 하고, 많은 중상류층 부모들이 이를 위해 열심히 일터로 내몰리고 있다. 하지만 부모들이 우선적으로 주고자 하는 것은 물질적인 것이 아니라 최고의 교육 기회다. 부유한 가정에서 교육이라는 우산은 상당히 넓은 의미를 지니는데, 경제적으로 풍족하지 않은 가정들은 상상할 수도 없는 여러 가지 여행과 문화적 기회까지 교육에 해당된다.

소득이 2배로 는다고 2배로 행복해지는 것은 아니다

미국에서 가장 부유한 사람들, 곧 포브스가 선정한 100대 부자에 드는 사람들 가운데 행복 수준이 평균적인 미국 사람들보다 더 행복한 사람은 일부에 지나지 않으며 그것도 아주 살짝 더 행복할 뿐이다.[5] 오히려 대부분의 사람들은 수입과 개인 행복 간의 상관관계가 사실

상 무시해도 좋을 수준이다.[6]

기분의 변화라는 것이 원래 오래 가지 못하는 것이기도 하지만, 돈이나 재물을 더 많이 쌓는 것은 우리가 어떻게 느끼는가에 본질적으로 영향을 미치지 못한다. 복권 당첨자에 관한 연구 결과들을 보면 이들 중 대부분이 약 8주 안에 복권 당첨 전의 상태로 돌아간다고 한다.[7] 분명 월급이 오르거나 새 물건을 사면 행복감에 도취되겠지만 그런 식의 만족은 일시적이며 그야말로 쏜살같이 사라진다. 우리는 저마다 행복에 대한 설정 값을 갖고 있고, 그래서 경제적 상태에 상당히 긍정적인 변화가 생겨도 금세 원래 상태로 돌아가게 된다는 것이다. 데이비드 마이어스 박사의 연구는 이러한 논의와 관련해 많은 정보를 제공해주는데, 그는 이렇게 말한다.

"훨씬 더 큰 명예와 부에 적응하는 인간의 탁월한 능력 덕분에 어제의 사치는 이내 오늘의 필수품이 되고, 내일의 유물이 될 수 있다."[8]

나는 작은 집에 화장실도 하나뿐이고 마당도 그야말로 손바닥만한 집안에서 자랐다. 그리고 지금은 남편과 함께 객관적으로 봐도 성공한 전문인으로서 마당이 넓은 큰 집에서 살고 있다. 그렇다면 지금의 나는 더 행복할까? 전혀 아니다. 이것은 내 결혼생활이나 생활환경에 대한 논의가 아니다. 다만 나의 경제적 지위가 올라간 것으로 인해 내 행복 수준이 실질적으로 달라진 것은 없다는 사실을 말하고 있을 뿐이다.

잠시 시간을 갖고 각자 자신의 인생을 생각해보자. 변화하는 경제 수준이 내 행복에 지속적인 효과를 미쳤는지 아닌지를 말이다. 사실 당신이 느끼는 행복 수준 가운데 상당 부분은 이미 태어나기 전에 결정되었다. 당신의 유전자와 부모에 의해서 말이다.

많은 연구 결과들에 따르면 행복을 느끼는 감정의 약 50%는 유전적으로 타고나고, 나머지 50%는 부모의 양육과 인생 경험, 그리고 운에 의해 결정된다고 한다.[9] 그리고 낙관주의·비관주의 분야의 연구자들에 따르면, 개인이 좀 더 낙관적인 견해를 기르는 것은 가능한 일이지만, 어디까지나 개인적 노력과 치료적인 도움을 통해서 가능한 일이지 경제적인 노력으로 되는 것이 아니라고 한다.[10]

1958년 경제학자 갤브레이스 John Kenneth Galbraith가 미국의 번성과 관련해 표석이 될 만한 책을 썼다. 그가 『풍요로운 사회』를 썼을 당시 미국인의 1인당 평균 소득은 9천 달러였는데, 오늘날은 그 몇 배에 이른다. 대부분의 미국인들은 경제적으로 잘사는 것이 매우 중요하다고 믿기 때문에 돈과 여가, 자동차, 집, 에어컨, 텔레비전, 컴퓨터를 비롯해 모든 것이 더 풍요롭고 많이 가지게 된 만큼 행복도 그에 맞춰 늘어났을 것이라고 기대한다.[11] 그렇다면 갤브레이스가 그 책을 쓸 당시보다 훨씬 부유해진 미국인은 그만큼 더 행복할까?

사실은 전혀 그렇지 않다. 오히려 우리 가운데 많은 수가 그만큼 더 불행하다. 십대의 자살률은 4배로 뛰었고, 이혼율은 2배로 높아졌으며, 우울과 불안 증세는 무섭게 치솟고 있다.[12] 뿐만 아니라 우울증, 불안 장애, 행동 장애, 자해, 약물 남용처럼 심각한 정서적 질병도 훨씬 많이 생겨나고 있다.

분명한 것은 경제 성장이 우리의 정신 상태를 손톱만큼도 향상시키지 못했다는 사실이다. 그리고 역설적이게도 심리적 손상의 위험이 가장 높은 집단은 바로 생활수준의 향상으로 많은 덕을 볼 것이라 예상했던 우리의 아이들이다.

부유한 가정의 아이들이 누려온 많은 풍요와 기회들이 어떻게 아이들에게 정서적으로 오히려 독이 될 수 있었는지 그 이유를 이해하기란 쉽지 않다. 분명 가정교사, 사립학교, 상위권 대학, 해외에서의 경험은 아이들에게 경험의 폭을 넓혀주고 더 많은 기회를 제공해줄 수 있다. 하지만 그렇다고 이것이 불행한 아이를 행복한 아이로 바꿔주지는 못한다는 것 역시 분명하다.

그렇다면 부유한 생활방식과 관련된 무언가로 인해 아이들이 행복하고, 안정감 있고, 흥미로운 삶을 이끌어나갈 가능성이 적어지고 있다는 것이 정말 사실일까? 경제적으로 풍요로운 부모들이라면 이런 생각을 품기가 특히나 어려울 것이다. 어찌 됐든 우리 중 많은 수가 아이에게 부유하고 성공적인 미래를 안겨주기 위해 젊은 날을 매일 일에 파묻혀 지내기 때문이다.

그런데 부모인 우리가 열심히 일해서 얻은 풍요가 아이들의 삶의 질에 부정적인 영향을 미친다는 것이 어떻게 가능할까? 많은 연구 결과들을 보면 정신 건강에 영향을 미치는 것은 돈 그 자체가 아닌 것으로 나타났다. 그렇다면 우리의 풍요로운 생활방식과 관련해 어떤 점이 아이들의 정서에 그토록 독이 되는 것일까?

다음 내용을 보면 이 질문에 대한 대답이 어느 정도는 '부유한 문화가 갖고 있는 가치관'에 있다는 사실을 알 수 있을 것이다.

부는 어떻게
아이의 정서적 발달을 방해하는가?

상담실을 찾은 앨리슨은 16살로, 예전에는 볼 수 없었던 새로운 십대의 전형이라 할 수 있었다. 아주 유쾌한 아가씨인 그녀는 말도 똑부러지게 하고 매력적이며 영리했다.

그런 그녀가 부모의 손에 이끌려 상담실을 찾게 된 이유는 전형적인 내담자들과는 달랐다. 뭔가 심리적 문제가 있어서가 아니라 그녀의 친구들 때문이었다. 앨리슨이 어울려 다니는 친구들 가운데 여러 명이 문제를 일으켰고, 이 사실을 알게 된 부모가 만약의 경우를 대비해 앨리슨에게도 이야기 나눌 상대가 필요할 것이라며 상담실로 데려온 것이다.

앨리슨의 부모는 두 사람 모두 스트레스가 많은 직업을 갖고 있었고, 앨리슨이 필요로 할 때 함께 해주지 못하는 일이 잦았다. 나는 몇 년 전만 해도 부모가 이렇게 사소한 요청을 해오면 어찌 해야 할지 고민하곤 했지만 이제는 그러지 않는다.

부모가 상담자에게 아이와 공감해주고, 아이에게 조언해주는 역할을 요구할 때는 두 가지 의미 중 하나다. 전형적으로 부모가 지나치게 바쁘고 너무 불안하든지, 아니면 단순히 그런 역할이 자기에게 맞지 않거나 힘에 부치든지.

부모들 가운데는 자신의 우울이나 불안, 소원함 등이 아이를 기르는 데 방해가 되는 것 같다며 자신의 문제를 정확히 짚어내는 부모들이 있다. 그러면 나는 부모에게 하나의 방편이 되어 주고, 동시에 아이에게는 귀가 되어 아이의 말을 들어준다.

앨리슨의 부모는 구체적으로 딸의 어떤 점이 걱정인지 꼬집어 말할 수는 없지만 딸이 너무 의존하는 것 같다고 했다. 부모가 딸의 삶에서 세세한 일들을 대부분 알아서 관리해주거나 다른 사람에게 맡긴 것 때문에 딸의 의존성이 커진 것 같다며 걱정을 했다.

하지만 앨리슨은 아무런 말썽도 일으키지 않는 아이였다. 사람들도 앨리슨을 좋아했고 학교 성적도 좋았다. 그런 딸에게 부모가 딸의 삶을 가능한 한 쉽고 편하게 만들어주면 왜 안 되는 것일까? 게다가 부모는 일이나 사회생활 때문에 집을 비우는 일이 잦았고, 그로 인해 미안하고 죄책감을 느낄 때가 많았는데 말이다.

부모는 앨리슨에게 물질적인 것들을 쏟아붓는 반면 딸에게 요구하는 것은 거의 없었다. 최근에서야 부모는 앨리슨이 다소 의기소침하고 자신감 없어 하는 듯한 모습을 발견했다. 하지만 몇 시간 짬을 내어 함께 쇼핑을 하면 엘리슨은 금세 즐겁고 유쾌한 아이가 되었다. 덕분에 앨리슨의 옷장에는 사서 한 번도 입지 않은 옷들이 수두룩했다.

하지만 부모는 그런 것에 크게 신경 쓰지 않았다. 왜냐하면 딸아이가 쇼핑을 하면서 기분이 좋아지는 것 같았고, 쇼핑에 쓰는 돈은 그 기쁨을 위해 지불하는 '작은 돈'에 지나지 않는다고 생각했기 때문이다.

자신의 이야기를 할 줄 모르는 아이

앨리슨은 상담실에 오는 걸 좋아했다. 우리는 금세 편안한 사이가 되었다. 앨리슨에게는 흔히 상담실을 찾는 아이들에게서 볼 수 있는 걱정스러운 모습이 전혀 없었다. 나도 앨리슨과의 상담 시간이 기다려졌다. 앨리슨은 물질 만능주의적인 생각을 갖고 있는 아이였고 하고 싶은 것을 마음껏 하고 살았지만, 나는 앨리슨이 나와 더 편안해지고 신뢰하는 관계가 만들어지면 피상적인 것에 대한 관심도 조금씩 줄어들 것이라 생각했다.

앨리슨의 생활은 다른 사람을 기쁘게 하고, 다른 사람의 눈치를 보고, 다른 사람의 눈으로 자신을 평가하는 것을 중심으로 돌고 돌았다. 빠른 시간 안에 나와 쉽게 편안한 관계가 될 수 있었던 이유도 앨리슨이 놀라우리만치 고분고분하고 나를 의지해서였다.

대부분의 십대와 달리 앨리슨은 약속을 깜박하는 법이 결코 없었고, 자랑스럽게 학교 성적을 내게 보여주는가 하면, 선수과목 Advanced Placement : 고등학교 재학 중에 대학에서 배우는 과목을 미리 이수하고 학점을 인정받는 제도. 옮긴이을 몇 개나 들어야 할지부터 최신상 운동복 세트를 어떻게 구해야 할지에 이르기까지 매사에 내 의견을 알고 싶어 했다. 어떤 면에서 보면 앨리슨은 그야말로 최고의 아이이자 내담자였다. 화를 내거나 대드는 일도 없었다.

반면 앨리슨에게는 확연하게 없는 모습이 있었다. 상담 시간에 말을 많이 하면서도 정작 자신의 관심사나 중요한 일에 대해서는 거의 말을 하지 않았다. 실체가 빠진 듯 보이긴 해도 앨리슨은 옷과 자동차, 휴가에 대해 이야기하며 즐겁고 신나 했다. 하지만 마음속 갈등이나 소망에 대해서는 거의 말이 없었다.

청소년을 대하는 치료자들은 끝도 없이 이어지는 십대들의 자질구레한 이야기들을 듣는 일에 아주 익숙하다. 그런 소소한 이야기들을 진심으로 관심을 갖고 들어주면 대개 어린 내담자들은 더 깊은 감정을 내보이기 시작한다.

치료는 늘 내담자한테 '중요한 것'에서부터 시작되는데, 십대들에게 중요한 것은 남들 눈에 자기가 어떻게 보이는지, 또는 어떤 친구랑 어울릴지, 두 아이가 사귀게 될지 아닐지 같은 것들이다. 이런 관심사를 중심으로 치료를 해나가다 보면 대체로 의존과 독립, 자존감, 대인관계와 같은 주제로 이어지기 마련이다. 하지만 앨리슨은 한 발짝도 깊이 들어가지 못했다.

앨리슨의 정체성은 전적으로 자신이 소유한 물건과 자기를 둘러싼 사람들에 의해 부여받은 것이었다. 그녀는 한 번도 청소년기의 핵심 이슈인 자율성 문제로 괴로워한 적이 없었다. 그녀의 자기감은 외부 세계에 의해, 그녀가 그토록 기분 좋게 하고 잘 보이고 싶어 했던 사람들에 의해 만들어진 것이었고, 그녀는 어린 아이에 지나지 않았다.

앨리슨과의 상담 시간에 점점 흥미를 잃어 가는 나 자신을 보며, 나는 치료 과정에서 별다른 변화가 일어나지 않고 있고, 앨리슨에게 맞지 않는 접근방식이라는 것을 깨달았다. 앨리슨이 생각하는 자기 자신의 모습에 대해 내가 인정해주는 한, 그리고 내면생활에 대한 직면을 피하도록 그냥 놔두는 한, 앨리슨은 착하고 말 잘 듣는 아이로만 남아 있을 것이다. 그 아이의 옷차림에 대해 감탄해주고, 좋은 성적을 받았을 때 안아주고, 아이의 수더분한 성격을 칭찬하며 등을 토닥여주었던 것 모두가 내 실수였던 것이다.

나름 노련한 심리학자인 내가 앨리슨의 '끝이 잘려나간 발달 문제'를 너무나 쉽사리 방조했다는 사실을 깨닫고 나자, 그야말로 비참한 마음이 들었다.

자아 발달을 방해하는 의존

사춘기를 그렇게 쉽게 쏙 빠져 나가는 아이는 세상에 없다. 청소년기가 질풍노도의 시기라는 신화가 수그러들긴 했지만 분명 자아를 확인하고, 재정의하고, 조율하는 시기임에는 틀림없다.

이 책에 나오는 많은 사례들 곧 심리적 고통과 손상이 명백한 사례들과 달리 앨리슨의 사례에서 중요한 점은 앨리슨이 사춘기를 너무 쉽게 통과하고 있다는 사실이다. 대충 봐서는 앨리슨에게 무슨 문제가 있는지 보이지 않을 것이다. 하지만 나는 부모의 우려가 무엇인지 잘 알 수 있었다. 다만 앨리슨의 사회기술이 뛰어나 그것에 잘 가려져 있었을 뿐, 앨리슨의 자아가 공기처럼 가볍고 가냘프다는 것은 정말로 걱정할 만한 일이었다.

내가 앨리슨에게 내 견해를 열심히 알려주던 식의 태도를 중단하고, 앨리슨의 물건이나 성과에 대해 감탄하는 일도 줄이기 시작하자 앨리슨은 처음에는 당황하더니 다음에는 화를 냈고, 결국에는 우울해하면서 나를 만나러 오는 것도 그만두고 싶어 했다. 그러면서 내가 더 이상 자기에게 뭘 원하는지 모르겠다고 했다.

나는 솔직하게 내 생각을 이야기했다. 치료 과정에서 내가 몇 가지 실수를 했으며, 이제는 초점을 딴 데로 돌릴 필요가 있다고. 곧 치료자인 내가 원하는 것이 아니라 앨리슨이 바라는 것이 무엇인지를 좀 더 찾아볼 필요가 있다고 했다. 그러자 앨리슨은 짜증을 냈다.

앨리슨의 피상적이고 편안한 겉모습에 무게를 두지 않고 진짜 앨리슨을 찾아내는 일은 그야말로 힘든 일이었다. 앨리슨이 진짜 자기를 숨기고 있어서가 아니라 그럴 듯한 겉모습 뒤에 자기 자신을 감춘 상태에서 자아 발달이 거의 이루어지지 못했기 때문이다.

앨리슨은 자기 자신이 정말로 원하는 것에 대해서는 생각할 기회를 빼앗긴 채 삶 전체가 좋은 뜻을 지닌 부모, 친척, 교사에 의해 규정되어 왔다. 앨리슨의 삶에서 물질적인 것들이 진정한 유대감을 대신해주었던 것처럼, 다른 사람들에 대한 의존이 자아 발달이라는 정신적 행위를 대신해버렸던 것이다.

내가 앨리슨에게 했던 실수를 바로잡기에는 이미 너무 많이 늦은 상태였다. 어느 날 앨리슨은 정말로 노력했지만 지겨워서 더는 못하겠다며 상담실 문을 쾅 하고 닫고 나가버렸다. 앨리슨이 정말로 지겨웠던 것은 자기 자신이었다. 지금까지 복잡하고, 원기왕성하고,

갈등을 겪는, 그야말로 정상적인 청소년으로 자라가는 것을 피해 왔던 것이다.

앨리슨은 자기가 느끼고 생각하는 것이 참으로 자신의 것이 맞는지 확인하기 위해 끊임없이 다른 사람들에게 의존해왔기 때문에 자신의 모습을 다루는 작업을 시작할 내적 힘도, 더 중요하게는 그럴 동기도 없는 상태였다.

사실 부끄러운 사례인데도 이 이야기를 하는 이유가 있다. 부모인 우리가 아이들을 좋게, 성공한 듯 보이게 만들려고 얼마나 열심인지, 그리고 부모인 우리가 아이 삶에 중심으로 남아 있는 것이 얼마나 기분 좋고 달콤한 유혹인지를 이 사례가 가르쳐주고 있기 때문이다. 안타깝게도 부모의 이러한 희열을 위해 아이들이 지불하는 대가는 독립적인 사람이 되는 능력이 심각하게 훼손되는 것이다.

어느 순간, 나는 다른 사람에게 의존하는 앨리슨의 모습이 상당 부분 많은 부유한 청소년 내담자들의 공통적인 현상이라는 생각이 머리를 스쳤다. 그렇다면 실제로 부유한 가정의 생활 속에 아이들을 좀 더 의존적으로 만드는 무언가가 있는 것일까? 부유한 부모들이 실제로는 그렇지 않은데도 모든 것이 잘 되고 있다며 훨씬 쉽게 속아 넘어가고 있는 것일까?

앨리슨의 사례는 궁극적으로는 실패한 사례였지만 내가 경제적 부유함과 정서적 문제라는 주제에 관심을 갖게 된 사례 가운데 하나다. 그렇게 훈훈하고 유익해 보였던 우리 두 사람의 관계가, 내가 앨리슨에게 자기 힘으로, 자기 두 발로 서라며 지극히 작은 압력을 가하자마자 어째서 그토록 쉽게 깨질 수 있었던 것일까?

앨리슨의 발달을 손상시킨 것은 돈 자체가 아니다. 그보다는 청소년기에 해야 할 힘겨운 개인적, 대인관계적 과업을 물질 만능주의로 대신하도록 조장하고, 그러면서 외적 동기를 강조한 부모의 양육 방식이었다. 이러한 양육 방식이 부유한 가정에만 해당되는 것은 결코 아니지만 더 흔한 것은 사실이다.

돈 많은 부모들은 자기 문제나 스트레스로 인해 아이와의 결속감^{유대감}을 빼앗길 것 같을 때 물질주의라는 버튼을 눌러 상황을 다시 세팅할 수가 있다. 이것은 모든 면에서 안 좋은 거다. 왜냐하면 아이에게 천박한 가치관을 전염시키고, 아이를 정서적으로 저버리는 것이 되기 때문이다. 동시에 아이는 내적 동기를 키우지 못하게 되고, 자존감이 약해져 다른 사람들이나 물질적인 것에 의존하게 된다.

외적인 성공의 표시 그 자체를 중요하게 생각하는 부유한 부모들에게 물질 만능주의는 아이가 잘하고 있는 듯 보이지만 무언가 살짝 불안하고 우려될 때 이러한 불안을 잠재울 수 있는 유혹이 될 수 있다.

풍요로움의 어두운 면, 물질 만능주의

돈이 많다고 모두 물질 만능주의는 아니다. 앞서 이야기했듯이 일단 기본적인 욕구가 충족되고 나면 돈과 행복 사이에는 아무런 관계가 없다. 반면 물질 만능주의는 행복과 만족의 결핍을 예견하게 한다.[13]

물질 만능주의는 부와 지위, 이미지와 소비를 강조하는 가치 체계다. 다시 말해, 삶에서 친구나 가족, 일 같은 것보다 물질적인 것에 얼마나 더 많은 가치를 두는가에 대한 표시다. 자신의 존재감을 확인하기 위해 어른들은 명성과 권력과 돈에 집착하고, 아이들은 성적과 옷차림, 최신 전자 기기에 매달린다.

먼 옛날, 우리 선조들이 살던 시절에는 재물을 쌓고 명성을 얻으려는 경향이 삶에 많은 도움이 되었을 수도 있다. 더 많이 가진 집단, 특히 가축과 연장, 무기를 더 많이 가진 집단은 이런 것에 가치를 두지 않거나 추구하지 않는 사람들보다 살아남을 가능성이 분명히 더 컸다. 자원이 많고 명망 있는 지도자가 있으면 그 집단은 두 가지 면에서 유리했다. 조직화된 리더십이 제공되고, 집단이 지닌 자원을 호시탐탐 노리는 놈들에게 맞설 강력한 대항세력을 가질 수가 있었다.

하지만 지금 우리가 살고 있는 세상은 생존을 위해 재물을 쌓아야 했던 시절과는 다르다. 생존에 대한 개념을 "프라다 가방을 안 사주면 죽어버릴 거야."까지로 넓히지 않는다면 말이다.

경험이 부족했던 젊은 치료자 시절, 나는 상담팀의 일원으로 이혼 절차 중인 부잣집 부인을 상담하게 되었다. 상담실을 찾은 그 부인은 자신의 생활방식을 잃어버렸다며 몇 시간씩 한탄하곤 했다. 그녀가 가장 많이 울었던 이유는 침대 시트와 관련해서였다. 그녀는 수년째 곱디고운 이집트 무명 시트에 누워 잠을 잤는데, 세탁부가 깨끗하게 다림질해놓은 시트는 향기까지 좋았다. 그런데 더 이상 그런 시트 위에서 잘 수 없게 되자 그녀는 너무나 슬펐던 것이다. 당시 28살로 경제적으로 쪼들리는 학생이었던 나는 시트에 대한 그녀의 슬픔이 도무지 이해가 되지 않았다.

하지만 지금은 이해한다. 시트는 그녀가 잃은 많은 것들, 즉 결혼 생활과 집, 가족, 친구, 지위 대신이었다는 사실을 말이다. '어제의 사치품이 오늘의 필수품이 된다'라는 카피처럼 누구에게나 그런 것들이 있다. 실은 사치품이지만 너무 애착이 생긴 나머지 이제는 그것이 없으면 너무 가난하고 궁핍한 기분이 들 것 같은 그런 물건 말이다.

물건을 좋아하는 것은 문제가 아니다. 하지만 사람보다 더 좋아하는 것은 문제다. 그녀는 평생을 유대감을 잃은 채 살아가고 있었지만 여전히 그 슬픔은 자신이 잃어버린 사람이 아닌 물건에만 집중되어 있었다. 물질 만능주의는 부유함과 관련이 있을 때가 많지만 모든 사회ㆍ경제 집단의 사람들에게서 발견되기도 한다.

부유한 사람들은 대부분의 사람들보다 물건을 쌓아 두고자 하는 욕구가 강하고, 이러한 욕구를 채워 나가게 된다. 그러면서 물질 만능주의는 더 심해지게 된다.

이웃 동네에 사는 한 남자는 딸에게 약물 문제가 있었다. 사람들이 딸의 문제에 대해 걱정하자 그는 이렇게 말했다. "결국 아이를 재활 시설에 한 달 정도 보내야 했지요. BMW 차 한 대 값이 들더군요."[14] 돈이 전혀 문제가 안 되는 사람들이 노골적으로 물질 만능주의를 표현할 때면 듣는 사람들은 자동으로 얼굴을 찡그리게 된다.

물질주의가 팽배해질수록 정서적 질병이 치솟는다

물질주의가 호소력이 없고 피상적인 가치를 제시한다고 한다면, 어째서 물질주의가 개인의 불행이나 심리적 문제로까지 이어지는 것일까? 물질주의의 어떤 점이 사람들을 불행하게 만드는 것일까?

지난 40년 동안 UCLA캘리포니아 대학 로스앤젤레스 캠퍼스와 미국 교육 협회는 해마다 설문조사를 실시했다. 젊은이들 가운데 물질 만능주의적인 경향이 점점 더 심해지는 추세에 대해 대규모 연구를 진행한 것이다.

결과는 충격적이었다. 대학에 입학하는 학생들을 대상으로 40년 동안 약 25만 명을 대상으로 대학에 가는 이유를 물었다.[15] 1960년대와 1970년대 초기에는 학생들 대부분이 '교양 있는 사람이 되는 것'이나 '인생 철학을 만들어가는 것'에 가장 많은 가치를 두었다. 대학에 가는 주된 이유로 돈을 많이 벌기 위해서라고 대답한 학생들은 소수에 지나지 않았다.

그런데 1990년대를 시작으로 지금까지 대다수의 학생들이 '돈을 많이 버는 것'이 대학에 가는 가장 중요한 이유라고 대답하고 있다. 이는 '나만의 분야에서 권위자가 되고 싶어서', '어려움에 처한 사람들을 도와주고 싶어서', '가정을 잘 꾸리고 싶어서'보다 우위였다.

대학생들의 가치 변화와 함께 나타난 현상은 이들 집단에서 우울증과 자살, 그 밖의 심리학적 문제 발생률이 급격히 치솟았다는 사실이다. 스스로를 홍보하고 다녔던 미국의 실업가 아먼드 해머Armand Hammer는 언제가 이런 말을 했다.

"돈은 나의 첫사랑이자, 마지막 사랑이요, 유일한 사랑이다."[16]

돈이 사랑이나 유대감, 상호주의와 똑같은 기능을 할 수 있다고 믿는 것은 말할 것도 없고, 우리의 모든 에너지 곧 정신적, 신체적, 성적, 정서적 에너지를 아무런 실체가 없는 물질주의에 바쳐야 한다고 생각하는 사람들도 있다. 하지만 돈이 지나치게 중요해지면 다른 목표나 노력, 추구는 돈에 밀려나고 만다. 우정이나 일, 결혼, 취미, 양육, 영적 성장, 지적 도전과 같은 것들도 무시되고 만다.

부모들 가운데 돈이 자신의 첫 번째이자 마지막이요 유일한 사랑이라고 믿는 사람은 거의 없지만, UCLA의 연구 결과에서 눈에 띄는 점은, 더 많은 젊은이들이 개인적, 도덕적, 지적 성장보다 돈을 우위에 둔다는 사실이다.

앨리슨의 사례에서 보았듯이 물질주의는 손상된 자아 발달의 원인이자 증상이다. 물질주의는 얄팍한 가치관을 갖게 되는 것뿐만 아니라 관계의 복잡한 본질보다 물건이라는 단순한 유혹 쪽을 얼마나 쉽게 선택하게 되는가에 관한 일이기도 하다. 아이들은 점점 더 자기중심적이 되어 가고, 다른 사람들의 필요에 무관심해진다. 이처럼 물질주의는 목적과 이타주의의 피를 빨아먹는다.

아이는 부모의 태도를 통해 물질주의를 배운다

대부분의 심리학자들은 인간의 기본적인 욕구에 대해 거의 비슷한 생각을 갖고 있다. 가장 중요한 욕구는 의식주에 대한 것으로 기본적인 생물학적 욕구들이다. 이와 더불어 인간은 진정한 자기표현, 친밀한 관계, 공동체에 대한 기여, 어려운 일을 해낼 수 있다는 느낌처럼 더 상위의 욕구이긴 하지만 여전히 기본적인 욕구들을 갖고 있다고 본다.[17]

돈은 '더 상위의 욕구'를 성취하는 데 기여할 수도 있지만, 반드시 그런 것은 아니다. 알다시피 돈이나 물질적인 면에서 가진 것이 거의 없는데도 행복하고 성취감을 느끼며 살아가는 사람들이 있는가 하면, 돈으로 살 수 있는 모든 것을 가졌는데도 파괴적이고 부정적이고 불행한 사람들도 있다.

분명 돈은 교육의 기회를 제공해줌으로써 뭔가에 정통하다는 느낌을 갖게 해준다. 또는 여행할 기회를 주어 인간관계가 넓어지는 식으로 상위 욕구의 계발에 도움이 될 수도 있다. 아이들에게 자동차나 비싼 옷을 사주고 고급 휴양지에 데려간다고 해서 이런 행동이 반드시 아이의 정서적 문제에 부정적인 영향을 끼친다고 할 수는 없다. 진짜 문제는 아이들이 부모의 행동이나 가치관을 지켜보면서 물질적인 것이 인생에서 가장 중요한 것이라고 믿게 되는 것에 있다.

가장 나쁜 점은 물질 만능주의가 우리의 가장 소중한 관계마저 상품으로 전락시켜 버리는 것이다. 시티 그룹 본사 게시판에는 "당신의 가장 중요한 '자산'은 안 그래도 용돈을 올려주어야겠다고 생각하고 있는 당신에게 용돈을 올려 달라고 말하는 사람이다."라는 글귀가 있다. 피와 살로 이루어진 우리 아이들이 생명이 없는 자산으로 바뀐 것이다.

노골적인 물질 만능주의는 알아차리기가 쉽지만 그것이 우리 문화를 뒤덮게 되면 알아차리기가 어려울 수 있다. 그러므로 부모라면 많은 광고들이 사물이 인간과 맞먹는 가치를 갖는다는 식의 메시지를 교묘하게 또는 유머러스하게 전달하고, 그 결과 부모와 아이 모두 그런 식의 태도를 갖도록 만들 수 있다는 사실에 경계심을 가져야 한다.[18]

부모의 물질 만능주의 정도가 아이의 물질 만능주의 수준에 엄청난 영향을 미친다는 사실은 많은 연구 결과가 분명히 보여주고 있다. 부모 특히 엄마가 협력이나 공동체, 자기 수용보다 경제적 성공에 가치를 더 높이 둘 경우, 아이 역시 이러한 가치관을 갖게 될 가능성이 높다.[19] 반대로 엄마가 친사회적이면 아이도 친사회적이 된다.

물질주의와 친사회적인 가치는 서로 정반대로 작용한다. 물질주의는 개인주의와 획득, 경쟁에 지나치게 치중한다. 반면 친사회적인 가치는 집단의 욕구는 적어도 개인의 욕구만큼 중요하고, 운이 좋은 사람들은 상대적으로 그렇지 못한 사람들을 도와줄 책임이 있으며,

진보란 공동의 노력에 의해 가장 잘 이루어질 수 있다는 생각을 장려한다.

물질 만능주의적인 가치를 지향하는 경향은 우리 사회의 안 좋은 징조일 뿐만 아니라 물질 만능주의자가 박애주의가 될 가능성은 거의 없다, 아이들에게도 좋지 않다. 물질 만능주의적인 아이들은 그렇지 않은 아이들보다 성적이 낮고, 우울증과 약물 남용의 발생률도 더 높다.[20]

삶에 대한 가치를 물려주는 것이야말로 가장 중요한 부모의 역할이다. 아이에게 다음에 무엇을 쇼핑할 것인지 말해주는 대신, 당신이 열정을 가지고 있는 일들과 집중해서 그 일을 해냈을 때의 기분에 대해 아이와 함께 이야기를 나누어보자. 당신이 직업적으로 하고 있는 일일 수도 있고, 독서 모임이나 자원봉사 활동, 신청하려고 생각 중인 문화 강좌일 수도 있다.

한편 집에서든 밖에서든, 윤리적인 선택을 하는 방법에 대해 아이와 함께 이야기해야 한다. 아이가 건강한 경쟁과 건강하지 못한 경쟁 간의 차이를 이해할 수 있게 부모로서 도와야 한다. 하위문화가 그릇된 방향으로 향하고 있을 때 키를 돌려 올바른 방향으로 돌리는 것은 더 큰 문화 속에서 살아가는 어른들에게 달려 있다.

청소년들의 하위문화가 범죄를 부추기고 있다면, 부모들은 안전을 부추겨야 한다. 하위문화가 십대들을 물질 만능주의와 자기도취로 몰아가고 있다면, 부모들은 이타주의와 관용으로 그들을 몰아가야 한다.

물질 만능주의의
거짓된 약속

미국인들은 거의 모두가 어느 정도는 물질 만능주의적일 가능성이 높다. 어찌 됐든 미국인들은 세계에서 가장 잘사는 나라에 살고 있고, 재미있고 모양도 예쁘면서 자신의 신분을 순식간에 상승시켜 줄 것만 같은 온갖 물건들이 즐비한 나라의 국민들이기 때문이다.

주류 문화와 동떨어져 소비를 줄이는 삶을 선택한 소수의 사람들을 제외하면 우리 대부분은 날마다 '저 물건을 사면 내 인생이 훨씬 더 행복해질 거야'라고 속삭이는 메시지의 폭격 속에서 살아가고 있다. 고급 백화점의 광고 전단지들은 대개 여러 단으로 접힌 채 하나씩 펼치게 되어 있는데, 첫 면에 이런 질문이 있다. '무엇이 당신을 행복하게 하나요?' 다음 종이를 펼치면 이런 대답이 보인다. '구두, 가방, 보석.'

사실 자본주의는 소비자를 필요로 한다. 그러므로 9.11 사태 이후 부시 대통령이 말한 것처럼 쇼핑을 할 때 우리는 애국을 하고 있는 셈이다. 하지만 가끔 쇼핑을 하는 것과 물질 만능주의가 삶의 중심 가치가 되는 것은 전혀 다른 이야기다.

물질주의적인 가치를 아이들에게 대놓고 전달하는 부모들도 이따금 있긴 하지만, 대부분의 부모들은 미묘하게 그리고 본의 아니게 물질주의적인 가치를 아이에게 심어줄 때가 훨씬 많다.

'쇼핑 치료Retail Therapy' 라는 말을 들어보았을 것이다. 우리는 복잡하고 무서운 세상에 살고 있다. 그래서 많은 사람들이 자신이 통제할 수 있는 것이 거의 없다고 느낀다. 그리고 확고한 자기감이 없다면, 또 가족이나 공동체, 종교의 도움이 없다면 이 세상은 너무나 거대하고 두렵게 보일 수 있다.

이런 상황에서 쇼핑은 우리가 환경을 통제하는 하나의 방법이 된다. 쇼핑을 할 때 우리는 거래를 주도하게 되고, 자신이 힘 있는 존재라는 느낌을 받는다. 하지만 이것은 착각일 뿐이다. 진짜로 힘을 발휘하는 것은 거대 기업과, 그 상품이 구매자에게 마법 같은 힘과 보호하는 힘을 안겨줄 것이라고 속삭이는 광고 회사일 뿐이다.

미국의 경우 소비를 결정할 때 대부분 여성이 결정하게 된다. 여성을 겨냥한 광고는 우리의 정서적, 신체적, 성적, 경제적 불안감에 맞추어 만들어진다. '이 머리 염색약을 쓰면 더 섹시해질 것' 이라고, '이 세정제를 쓰면 더 깨끗해질 것'이라고 설득한다. '이 차를 타면 더 힘 있어 보일 것' 이라고 선전한다. 지구상에서 가장 해가 되는 담배 광고에서는 담배가 암, 심장병, 폐기종이 아닌 자유를 안겨줄 것이라고 약속한다.

광고는 우리로 하여금 불안감을 갖게 만들고, 그런 다음 물건을 통해서 그러한 불안감을 해결하도록 부추긴다. 이는 이미 몹시 불안해하는 청소년들에게 특히 문제가 된다. 무엇보다 여자 청소년들은 남자 청소년들보다 쇼핑을 더 좋아하는 경향이 있기 때문에 물질 만능주의와 소비주의의 유혹에 특히 취약하다.

십대들 사이에서 인기 있는 잡지들을 보면 완벽한 여성 이미지, 곧 현실상에는 없고 오직 컴퓨터로 멋지게 조작해야만 가능한 여성의 이미지를 제시함으로써 관계에 대한 개념을 왜곡시킨다. 진 킬보른Jean Kilbourne과 매리 파이퍼Mary Pipher 같은 심리학 연구자들과 임상의들은 많은 광고들이 십대 소녀들에게 소비를 조장하기 위해 소녀들이 스스로에 대해 안 좋은 감정을 갖도록 유도하는 광고를 하고 있으며, 이러한 광고로 인해 십대 소녀들이 특히 많은 피해를 입고 있다는 사실을 멋지게 밝혀냈다.

그렇다면 아이와 함께 쇼핑하는 것이 과연 재미있을까? 물론이다. 필요한 물건을 사거나, 특별한 날이 다가오거나, 아니면 그냥 단순히 둘러보거나 또는 아이와 함께 몇 시간 돌아다니는 것이라면 말이다. 시장에서 함께 쇼핑을 하는 것은 어린 십대 소녀들이 관계를 발전시키고, 유능감을 느끼는 방법 가운데 하나이기도 하다.

하지만 심적 괴로움을 줄이기 위한 방편으로 쇼핑을 자주 이용하게 될 때는 문제가 된다. 남자와 여자 아이들 모두 이런 식의 해결책을 사용하지만 이 안 좋은 해결법은 엄마와 딸들에게 특히 인기가 좋다. 딸의 우울함을 날려주기 위해 또는 쇼핑을 하면 늘 딸의 얼굴이 밝아지기 때문에 아이를 쇼핑에 데려갈 경우, 이는 아이에게 물질 만능주의적인 가치를 심어주는 것일뿐 아니라 아이에게 슬픈 감정을 다루는 기술이 자라나는 것을 막아버리게 된다.

문제가 있을 때 물질적인 것을 던져주는 것은 너무나 안 좋은 해결 방법이다. 문제가 있으면 구두와 지갑이 아니라 생각과 통찰, 공감으로 그 문제에 더욱 가깝게 접근해야 한다. 외적인 물질이 정서적 고통을 줄여줄 것이라는 생각이 약물이나 섹스 역시 그럴 것이라는 생각으로 옮겨가는 것은 그야말로 순식간이다.

아이를 기르는 부모라면 힘든 감정을 다루는 데 도움이 되는 것은 외적인 것이 아니라는 사실, 그보다는 힘들 때 안전망이 되어주는 내적 자원을 계발하는 것이 도움이 된다는 사실을 아이에게 분명히 알려줘야 한다.

아이가 자신의 괴로운 감정을 이해하고 관리하며 잘 처리하는 방법을 찾아내는 것이야말로 아이에게 평생의 재산이며 가장 좋은 선물이다. 반면 유명 디자이너의 청바지는 그저 한순간일 뿐이다.

건강하지 못한 경쟁과 물질주의

물질 만능주의와 경쟁은 함께하기 마련이다. 소비재는 그것을 가진 사람이 많지 않을 때에만 마법 같은 치유의 힘을 갖는다. 만약 루이비통 가방과 똑같은 모조품을 3만원에 살 수 있다면 루이비통 가방의 명성은 흐려질 것이다.

세상에는 언제나 승자와 패자, 가진 자와 못 가진 자가 존재한다는 식의 생각은 물질 만능주의의 파생물이다. 부모들은 정기적으로 자기 자신을 점검할 필요가 있는데, 아이들끼리 서로 경쟁하게 하거나, 자원이 너무 부족하므로 끊임없이 경쟁해야만 한다는 식의 생각이나 가치관을 지지하는 모습을 아이들에게 보여서는 안 된다.

일반적으로 아이들은 서로를 경쟁자가 아니라 잠재적인 협력자로 보는 것이 더 좋다. 지나치게 경쟁에 신경 쓰는 모습은 부유한 가정에서 쉽게 볼 수 있는데, 여기에는 다양한 원인이 있다. 곧 물질주의와 함께 불안, 나르시시즘, 불안전감이 원인에 속한다.

하지만 물질주의와 경쟁 사이에는 특히 관련성이 강하다. 한 흥미로운 연구에서는 친구와 협력하는 아이들과 친구보다 앞서려고 하는 아이들에 대해 조사했는데, 물질 만능주의에서 높은 수치를 보인 아이들은 친구와 협력하기보다는 친구보다 앞서려고 할 가능성이 훨씬 높은 것으로 나타났다.[21]

내가 사는 곳에 있는 한 명문 사립학교에서는 소수의 아이들이 부정행위를 저지른 것이 발각되는 바람에 약 300명이 대학수학능력시험SAT 점수가 폐기된 적이 있다. 그 소수의 아이들 중 한 명이 내 내담자였다. 장담하건대 이 어리고 겁많은 소녀는 양심이 없는 아이가 아니었다. 그 소녀는 "부모님이 저를 위해서 많은 애를 쓰셨어요. 부모님을 행복하게 해드려야 한다는 책임감이 심하게 느껴져요."라고 했다.

아이는 상담실 소파에 몸을 구기고 앉은 채 눈물을 흘리고 있었고, 손가락을 'L' 모양으로 만들어 자신의 머리를 누르고 있었다. L자는 십대들 사이에서 실패자Loser라는 표시였다. 충분히 총명하지만 별처럼 빛나지는 못했던 아이는 부모님을 실망시키지 않으려면, 그리고 아이들에게 실패자로 비쳐지지 않으려면 부정행위를 할 수밖에 없다고 생각했다. 남들보다 앞서야 한다는 압박감이 너무 컸던 나머지 도덕적인 문제는 완전히 무시되었고, 보통 때는 사려 깊은 아이였지만 그 순간에는 자신의 행동이 다른 여러 학생들에게 영향을 미칠 수 있다는 사실을 전혀 생각하지 못했던 것이다.

흥미로운 점은, 내가 만났던 일류 대학 합격생 가운데 상당히 많은 수가 자신의 성취_{합격}에 대해 죄책감을 갖고 있었다는 사실이다. 이런 아이들은 남들이 모두 탐내는 학교에 갈지 아니면 경쟁이 덜한 학교로 갈지를 결정하기 위해 몇 주씩 고민한다. 이 과정에서 부모들은 답답해서 미치려고 한다. 이 빛나는 십대들은 자기가 들어갈 학교가 정말로 자신이 '선택한' 것이라고, 이미 옛날에 정해진 것이 아니라고 느끼고 싶은 것이다. 또한 이 아이들은 자신의 성공이 어느 정도는 다른 사람을 희생시켜 얻은 것이라는 사실을 직관적으로 알고 있다.

따라서 만약 당신의 자녀가, 경쟁하는 상황에서도 다른 사람에게 진실되고 관심을 보이기를 기대하는 부모라면, 개인적 성취뿐만 아니라 협력의 중요성에 대해서도 부모가 아이에게 본보기가 되어야 한다. 그리고 아이가 자신의 성공에 대해 갈등하지 않도록 도와주어야 한다.

우리 시대의 자녀들, 특히 부유한 가정의 아이들은 물질이 전혀 부족하지 않다. 미국에는 대학에 들어가고 싶은 아이들 모두가 들어갈 수 있을 만큼 대학이 많이 있다. 인가받은 대학만 해도 4천 개가 넘는다. 부모들이 몇 안 되는 명문 대학만을 인정하는 태도를 고집하다 보니 있지도 않은 위기를 만들어내고 있을 뿐이다.

사람들이 일류 대학, 사치스러운 운동복, 값비싼 자동차를 좋아하는 이유는 그처럼 희소한 것들이 우리에게 가질 수 없는 기회를 안겨줄 것이라 믿기 때문이다.

하지만 명심해야 한다. 최고로 고운 캐시미어나 최고로 빠른 차, 아이비리그 대학에 들어가는 것은 행복과 관련이 없다. 이러한 물건이나 목표를 추구하는 나름대로의 타당한 이유들이 있겠지만 캐시미어는 느낌이 좋고, 자동차에 열정이 있을 수도 있고, 훌륭한 교육은 정신과 생각을 넓혀줄 수 있다 이것들은 우리 아이들이 행복하고 잘 적응하며 살아가는 사람이 되는 것과는 아무런 관련이 없다.

아이를 망치는
물질적 보상

아이를 가르칠 때, 개인의 행복을 책임지는 것은 주로 외적인 보상이라고 가르치는 부모는 거의 없을 것이다. 그렇다고 외적인 것이 전혀 위로가 못 된다는 뜻은 아니다. 사람은 누구나 어떤 물건을 살 때 기분이 살짝 좋아지는 경험을 갖고 있다.

하지만 또 한 가지 알아야 할 점은, 쇼핑이 주는 이러한 기분 전환이 사실은 자신을 괴롭히는 문제에다 새로운 물건의 획득이라는 1회용 밴드를 붙이는 것에 지나지 않는다는 사실이다. 겉만 살짝 베였을 경우에는 1회용 밴드도 충분하다. 하지만 상처가 깊으면 1회용 밴드로는 치료가 안 된다. 밴드는 곪아서 상당한 주의를 요하는 상처를 일시적으로 감춰줄 뿐이다.

아이들이 인생에서 경험하는 깊은 상처를 효과적으로 다루기 위해서는 시선을 내면으로 돌리고, 힘든 시기를 잘 헤쳐갈 수 있게 도와줄 다양한 내적 기술들을 자기 안에서 찾아낼 수 있어야 한다.

돈이 있으면 문제를 외적인 것으로만 보기가 쉽고, 그러면 다시 물질 만능주의가 자라게 된다. 부유한 가정의 십대들은 국어 에세이 과제를 온라인에서 돈을 주고 산다. 친구에게 돈을 주고 개봉 영화관 앞에서 대신 줄을 서게 하고, 과외 교사를 꾀어 숙제를 대신하게 한다. 그러면서 돈으로 살 수 있는 물건과 외적인 성취들이야말로 마음의 위안과 만족을 안겨주는 근원이라고 여기게 된다.

상담실을 찾은 한 어머니는 아들에게 약물만 그만두면 새 차를 사주겠다고 했고, 다른 어머니는 딸에게 살을 1킬로그램씩 뺄 때마다 십만원을 주겠다고 했다. 부유한 가정은 돈과 물건이 풍부하다. 그래서 부모들은 아이의 행동을 바꾸고 싶을 때 돈과 물건을 이용하곤 한다.

이러한 접근법은 두 가지 면에서 아주 안 좋은 방법이다. 첫째로 아이에게 물질 만능주의의 본보기가 된다. 둘째로 여전히 판단과 충동 조절 능력이 부족한 십대들에게는 너무나 유혹적일 수 있다. 삶에서 뭔가 변화를 가져오고 싶을 때 자기 자신보다는 오히려 다른 사람에게 의존하는 패턴을 몸에 익히게 될 수 있다는 이야기다.

아이에게 말을 잘 듣게 하려면 뭔가 보상을 해줘야만 한다고 생각하는가? 그런 생각이 강하면 강할수록 부모의 뜻대로 성공할 가능성은 더욱 낮아진다. 부모가 아이에게 물질적인 것들로 보상해주려고 애쓰고 있다는 사실이야말로 부모가 자기 자신을 무능하고 무력하게 느낀다는 사실을 말해준다.

물건은 아이에게 있어 부모의 관심, 부모의 자리, 부모의 지도를 절대 대신할 수 없다. 자기 부모가 자녀 양육이란 문제를 물질과 외적인 보상으로 싸게 해결해왔다는 사실을 깨달았을 때, 십대들이 역겨워하며 진료실 바닥에 내던졌던 베르사체 선글라스, 프라다 가방, BMW 자동차 키의 행렬은 지금도 계속되고 있다.

물질적 보상이 아이의 내적 동기를 죽인다

상담을 하면서 나는 이런 식의 검은 거래를 수없이 봐 왔다. "이것만 하면, 또는 이것만 안 하면 뭐든지 다 사줄게." 하지만 이런 전략은 실패할 수밖에 없다. 단기간의 몇 가지 행동 변화는 만들어낼지 몰라도 이를 통해 아이에게서 장기간 유효한 변화를 만들어내는 경우를 나는 한 번도 본 적이 없다.

양육 과정에서 발생한 문제를 물건을 사주는 것으로 해결하려는 전략은 부모의 권위를 무너트리고, 아이의 탐욕만 키워줄 뿐이다. 이러한 접근법은 특히 아이로 하여금 독립심, 자기 조절, 또래의 압력을 무시할 수 있는 힘 등 다양한 내적 자원을 키워 갈 기회를 빼앗기 때문에 청소년들에게는 무엇보다 큰 독이 된다.

담배를 끊고, 몸무게를 줄이고, 약물에 손을 대지 않을 때 자기에게 어떤 점이 유익한지를 아이가 스스로 볼 수 있을 때, 아이는 담배를 끊고 살을 빼고 약물을 멀리한다.

안타깝게도 부모가 오랫동안 물질적 보상을 통해 아이의 행동을 교정해 왔을 경우, 아이는 외적인 곧 유혹적인 보상이 없을 때는 자신이 과연 합리적인 선택을 할 수 있을지 자신감을 갖기가 힘들어진다.

내적 동기는 아이가 자신만의 관심과 능력, 열정을 찾아내도록 추진시키는 발전기와도 같다. 내적 동기는 보상에 얽매이지 않는다. 아이로 하여금 아이 자신이 만족할 수 있는 활동에 전념하도록 몰고 갈 뿐이다. 역사책에 빠진 아이, 몇 시간째 스케이트보드를 타는 아이, 자전거 수리에 시간 가는 줄 모르는 아이가 그런 경우다.

우리는 누구나 이런 무아지경의 경험이 있다. 연구자들은 이를 가리켜 몰입이라고 하는데, 몰입은 강한 흥미와 의욕을 불러일으키는 무언가이다.[22] 따라서 내적 동기야말로 진정한 배움의 근본이다.

반면 외적 동기는 아이들이 어떤 활동에 참여할 때 그 이유가 1차적으로 활동 그 자체 때문이 아니라 그와 연관된 이득, 예컨대 성적이나 트로피, 지역 신문 기사 때문에 참여하게 만든다. 외적 동기는 배움의 기쁨과 흥분을 앗아간다. 왜냐하면 가장 귀중한 것이 경험을 배우는 것 자체가 아니라 그에 수반되는 단물이 되어버리기 때문이다. 이처럼 외적 동기는 성취를 배움과 반대되는 개념으로 몰고 간다.

내가 사는 지역에서 가장 유능한 교사로 소문난 한 초등학교 교사는 내게 이런 이야기를 했다. 길었던 한 주가 끝나가는 어느 금요일 오후 그녀는, 조만간 있을 시험에 온 신경이 쏠린 나머지 시험과 채점 방식, 이번 시험이 최종 성적에 얼마나 영향을 미칠지에 대해 알고 싶어 불안해하는 아이들 때문에 수업이 계속해서 방해를 받자 아이들에게 학습 플래너날짜별로 공부 계획을 적어 놓은 수첩는 치워버리고 남은 시간 동안 그림을 그리라고 했다. 그러자 열대여섯 명이 동시에 손을 들고는 어떤 기준으로 그림 성적을 매길지 알고 싶다고 했단다. 그녀는 내게 이렇게 말했다.

"그 순간 '가르치는 일도 이제 끝이구나' 라는 걸 깨달았죠."

성공에 대한 외적 잣대가 아이들이 생각하는 전부가 되는 순간, 아이들은 자기가 하는 일에서 의미를 찾는 능력이 소멸되고 만다. 성적에 열의가 있다는 것과 노벨문학상이나 계산법, 원소 주기율표에 열의가 있다는 것은 같지 않다.

최근 몇몇 유명 대학의 입학 상담 전문가들은 똑똑하고 유능한 학생들이 많이 들어오지만 그들에게는 열정이 부족하다고 논평했다. 브라운 대학에서 입학 책임자로 일했던 윌리엄 캐스키William Caskey는 이런 말을 했다.

"흥미나 열정이 부족한 부잣집 가정의 학생들을 많이 보게 됩니다. 역설적이게도 많은 경우 학과 성적은 뛰어납니다. 하지만 그것이 지식에 대한 탐구 때문인 경우는 거의 드뭅니다. 학생들은 학업 성취를 훗날의 부유한 생활과 묶어서 바라봅니다." [23]

부유한 부모들은 겉으로 보이는 성공의 표시, 특히 성적에 대해서는 그 중요성을 자주 과대평가하는 반면, 성적 향상에 직접적인 영향을 미치지는 않지만 아이가 훌륭한 사회인으로 성장하는 데 있어서 도움이 되는 부분에 대해서는 무시하는 경우가 많다.

하지만 외적 동기에 따라 움직이는 아이들은 성과와 배움을 자주 혼동한다. 그리고 내적 동기에 의해 움직이는 아이들보다 성적이 낮고, 수행평가 점수도 떨어진다. 또한 배움에 대한 흥미도 부족하고, 창의적으로 그리고 유연하게 생각하는 능력도 떨어지며, 심리적으로 손상된 모습을 더 많이 보인다.[24]

「South Park」미국의 성인 시트콤 만화. 옮긴이의 뛰어난 제작자 중 한 사람인 매트 스톤Matt Stone은 지나치게 성과에 치중하는 것이 얼마나 비합리적이고 어리석은 것인지를 잘 요약해주고 있다. 그는 자신이 6학년 때 수학 시험에서 맞닥뜨렸던 불안을 떠올리며 이렇게 말했다.

"모두가 저에게 절대 시험을 망치면 안 된다고 했어요. 이번 시험을 망치면 7학년 때 수학 우수반에 들지 못할 것이고, 7학년 때 수학 우수반에 들지 못하면 8학년, 9학년, 10학년, 11학년에서도 그럴 것이고, 결국 가난뱅이로 살다가 혼자 외로이 죽게 될 거라고 했어요."

부모라면 이런 상황에서 아이를 안심시키기 위해 우수반에 들지 못하거나 졸업생 대표가 되지 못해도, 또는 하버드나 예일 대학에 들어가지 못해도 가난뱅이로 살다가 혼자 외로이 죽지 않는다고 말해주어야 한다.

아이들은 좋은 성적, 높은 성과가 중요하다는 메시지를 학교는 물론 집과 방송에서까지 그야말로 융단 폭격처럼 받고 있다. 하지만 아이들에게 정말로 필요한 것은 인내와 멀리 내다 볼 줄 아는 시각, 배움이 성과와 늘 똑같은 것은 아니라는 사실을 이해하는 것이다. 그러려면 부모가 아이들에게 노력과 호기심, 지적 용기를 가치 있게 여기는 모습을 자주 보여주어야 한다.

내적 동기가 '진정으로 뛰어난 아이, 행복한 아이'를 만든다

내적 동기와 외적 동기는 서로 배타적인 것이 아니다. 어린 아이들은 내면의 호기심뿐만 아니라 부모를 기쁘게 해주고 싶다는 강한 욕망에 의해 움직인다. 그러면서 점차 부모의 생각과 관심과 가치관을 받아들이고, 그 가운데 자기에게 잘 맞는 것들을 찾아내고, 자신의 기질과 발달 수준, 관심과 능력에 맞게 그것들을 맞춰 나가는 작업을 하게 된다. 그리고 이런 과정을 거치면서 외적 동기는 내적 동기로 바뀌게 된다.

중요한 것은, 높은 성적이나 뛰어난 성과에 높은 가치를 두는 것을 멈추게 하는 것이 아니라 잘해내고 싶다는 욕망과 배움에 대한 흥미를 아이가 스스로 내면화하도록 돕는 것이다. 그렇게 하기 위해서는 부모가 최종 결과보다 과정에 더 많은 가치를 두어야 한다. 그리고 무턱대고 외우게 하거나 높은 성적을 바라기보다는 부모가 지적 호기심과 창의성에 더 가치를 둔다는 것을 아이가 느끼고 알 수 있게 해주어야 한다.

여러 연구에 따르면 내적으로 동기화된 아이들은 더 많이 배우고 성과도 더 좋을 뿐 아니라, 가장 중요한 부분이겠지만 이런 아이들은 자신이 하는 일을 더 즐기고, 좀 더 자발적이며, 한층 더 어려운 문제에 열심히 도전하는 경향을 보인다.[25]

부모가 아이에게 "당연히 너는 법대에 가야지. 우리 집안 남자들은 모두 변호사란다."라며 부모의 관심과 가치, 심지어 직업까지 그대로 따라 하라고 하는 것은 아이의 인생을 심하게 방해하는 것이다. 당신의 아들이 싫어하는 직업에 10년 넘게 종사하면서 인생을 낭비하고 우울증 약으로 하루하루를 버티게 되기 전에 자신에게 변호사라는 옷이 맞지 않는다는 것을 일찌감치 깨닫게 하는 것이 아들에게 훨씬 좋은 일이다.

부모는 언제나 부모의 환상 속에 그려진 아이가 아니라 지금 자기 앞에 있는 아이를 다루어야 한다. 부모는 PTA학부모교사연합회에 가서 이야기하는 것을 좋아할지 몰라도 아이는 여러 사람들 앞에서 이야기하는 것이 큰 고통이고, 대신 그림이나 만들기 같이 말없이 하는 공간적인 작업이 더 좋을 수도 있다.

부모인 우리는 아이들이 자기만의 강점과 흥미에 맞는 활동을 찾아내도록 도와주어야 한다. 다만 부모 자신이 열정과 기쁨을 느끼는 활동이 있다면 아이의 유능감을 길러주는 데 도움이 될 것이다.

예전에 나는 자칭 '4차원'이라고 하면서 오로지 열대어 이야기만 하는 12살 소년을 치료한 적이 있다. 아이는 해양 생물에 대한 열정으로 가득했지만 가족 중 아무와도 이런 마음을 나누지 않았다. 부모는 아이가 지능지수는 좋은데 성적은 보통이라며 걱정을 했다. 아이는 지금도 가끔 내게 연락을 해오는데, 그 범상치 않던 아이는 현재 유명 대학에서 해양 생물학 박사 과정을 밟으며 건강하고 행복하게 지내고 있다.

당신의 아이가 특이한 데에 관심이 있다면, 거기서 기쁨을 찾을 수 있도록 도와줘 보라. 아이의 내적 동기와 부모의 지지, 아이의 커져 가는 관심이 서로 교차하는 지점에서 아이의 자아는 꼴을 갖추고 구체화된다.

돈 자체는 범인이 아니다. 우리 아이들이 보이는 정서적 문제는 돈 때문이 아니다. 돈으로 인해 아이들이 우울증과 불안 장애, 약물 남용이 불꽃처럼 치솟는 것도 아니다. 진짜 범인은 이 시대의 부유한 문화다. 곧 물질 만능주의를 온몸으로 받아들인 문화, 배움보다는 성과를, 내적 동기보다는 외적 동기를 중요시하는 문화, 경쟁을 지나치게 강조하는 문화, 연민과 진실성을 갖고 행동하는 어른들을 볼 기회가 부족해진 문화, 이것들이 우리 아이들을 병들게 하고 있다.

이러한 손상된 상황을 바로잡기 위해서는 우리 아이들에게 물질이 결코 인간관계를 대신할 수 없다는 사실을 가르쳐주어야 한다. 아이가 내적 동기를 발전시킬 수 있도록 격려하고, 외적 동기의 중요성을 낮춰야 한다. 그리하여 마침내 가족과 지역사회 안에 이타주의와 호혜주의가 넘쳐나도록 만들어나가야 한다.

이 책은 분명 많은 물질적 풍요를 누리며 사는 아이들 가운데 점점 더 많은 숫자가 정서적 문제에 부딪치고 있고, 그래서 이를 이해하고 치료하는 것에 목표를 두고 있다. 그렇다고 해서 힘들어하는 자녀를 둔 부모들만을 위한 책은 아니다.

지난 10년 사이 아동과 청소년 발달에 대해 많은 것들이 밝혀졌다. 우리가 기존에 알고 있던 아동 발달에 대한 많은 이론들이 뒤집어졌다. 예컨대 지난 수년 동안 경쟁적인 부모들은 이제 막 걸음마를 시작하는 유아와 취학 전 아이들에게 너도나도 플래시 카드를 들이대며 글자를 일찍 읽히려고 애썼다. 하지만 이제는 안다. 취학 전 나이에 글 읽기를 배운 아이들이 초등학교에 들어간 지 2년 후에 글 읽기를 배운 아이들보다 공부를 더 잘할 가능성이 높지 않다는 사실을 말이다. 괜히 부모들이 아이의 발달 과정과 맞지 않는 일에 시간과 돈과 에너지만 낭비했을 뿐이다. 아동 발달의 기본 지식들을 다시 배우면 부모 자신에게도 많은 도움이 될 것이다.

부모인 우리는 아이를 보면서 건강한 자아가 어떤 모습으로 나타나는지를 이해하고, 자아 발달이 잘 안 되고 있는 부분이 무엇인지를 민감하게 살필 수 있어야 한다. 마지막으로 아이가 발달 단계마다 직면하게 되는 과업들이 무엇인지 부모가 이해할 때, 아이의 가장 중요한 과업인 건강한 자아의 발달을 부모가 도울 수 있을 가능성이 크다. 삶이란 변화무쌍한 것이지만 건강한 자아의 발달은 그와 상관없이 언제나 돌아갈 집을 제공해줄 것이다.

Chapter 4

물질적 풍요는
어떻게 자아 발달에
불리하게 작용하는가?

몇 년 전까지만 해도 새로운 십대 내담자를 만나 인사를 건네며 "자기 자신에 대해 이야기해줄래요?"하고 말하면, 아이들의 전형적인 반응은 침묵하며 저항하거나 아니면 완전 까칠하게 굴거나 둘 중 하나였다.

"박사님이시잖아요. 그러니 내 문제가 뭔지 말씀해보세요."

이런 식의 오프닝은 치료 작업의 서막이었다. 내 편에서 보면 이것은 아이에 대한 관심을 시사했고, 아이 편에서는 나름 적당하다고 생각하는 대답을 골라 나와의 만남을 애매모호하게 시작하는 방법이었다. 간혹 자기 집안 문제나 우울증 문제로 곧장 뛰어드는 아이들도 있지만 대부분은 자신의 연약한 부분을 드러내기 전에 내가 과연 믿을 만한 사람인지를 시험하며 기다리는 식이었다.

그런데 최근 들어 부유한 십대 내담자들은 자기 자신에 대해 이야기 해 달라는 나의 요청을 엉뚱하게 이해한다. 그러고는 자신이 성취한 일들을 조목조목 나열한다.

"공부를 아주 못하는 건 아니에요. 세 과목을 우수반에서 듣고 있고, 야구 대표팀의 선발선수이기도 해요."

반대로 공부를 잘 못하는 아이들은 이렇게 말한다.

"그야말로 찌질한 인생이죠. 엉덩짝은 너무 크고, 가슴팍은 너무 작고. 이런 내 모습이 정말 싫어요."

일반적으로 자신에 대해 말해보라고 했을 때 사실적인 내용을 이야기하는 것은 아이들에게서 흔히 불 수 있는 모습이다. 6살짜리 아이에게 자신에 대해 이야기해보라고 하면 아이는 대개 이런 식으로 말할 것이다.

"저는 달리기를 잘하고요, 눈은 갈색이고요, 브로콜리를 싫어해요."

하지만 10년 후 이 아이에게 똑같은 질문을 던진다면, 질문을 한 사람은 10년 전과는 다른, 좀 더 통찰력 있고 자각 있는 대답을 기대할 것이다. 그런데 요즘 나를 찾는 십대 내담자들은 내면 생활에 살을 붙이고 구체화하는 것을 무척 어려워한다. 사회기술 면에서는 세련되게 훈련되어 있는데도 불구하고 아이들은 놀라우리만치 미숙해 보인다. 상담이 진행되면서 분명해지는 사실은, 이러한 많은 십대들이 자아 발달이 아동기의 어느 시점에서 멈춰 있다는 사실이다.

외적 성취를 가장 가치있게 여기는
풍요의 문화

자아의 발달 과정은 고무적이고, 복잡하며, 창조적이고, 때로는 예측 불가능한 과정이다. 어린 아이들의 자아는 대체로 부모의 견해에 의해 만들어진다. 부모의 승인찬성이나 인정 또는 불찬성못마땅해함. 불인정은 아이에게 있어서 자신이 어떤 사람인지와 사랑스러운 존재인지 아닌지에 대한 감각이 생겨나기 시작하는 밑바탕이 된다. 자신이 사랑스러운 존재라는 감각이야말로 건강한 자아 발달의 핵심이다.

자아 발달 : 부모에게서 시작해서 자기만의 것을 찾아가는 과정
아이가 태어났을 때 처음 몇 달을 기억해보라. 그 엄청난 시간 동안 부모는 지루한 줄도 모른 채 그저 아기 얼굴만 쳐다보고, 엄마 품에 안겨 있는 이 세상에 하나밖에 없는 특별한 존재로 인해 엄청난 경이로움을 느꼈을 것이다. 기억해보라, 어린 아이가 부모인 당신의 얼굴을 뚫어져라 쳐다보며, 마치 거울을 비추듯 당신의 심각한 표정이나 기쁜 표정, 당신의 미소나 웃는 모습을 따라 하던 당신의 어린 아기를.

아이가 새로 태어났을 때 부모가 느끼는 사랑이라는 심오한 감정은, 아이에게 있어서 세상이 자기를 어떻게 여길지 그리고 아이가 자신을 어떻게 여길지에 대한 본보기로 작용하게 된다. 사랑이 가득한 눈, 아이가 지닌 독특함을 알아봐주고 기뻐해주는 눈을 계속 바라보며 자란 아이는 건강한 자아 발달에 도움을 받게 된다.

부모의 한결같은 사랑과 지지절대적이고 완전한 사랑과 지지가 아닌 일관된 사랑과 지지가 주어질 경우, 아이는 자신을 향해 손짓하는 세상으로 혼자 들어갈 수 있는 용기를 갖게 된다. 자신만이 지닌 재능호기심 많고, 매력적이고, 생각이 깊고, 모험을 좋아하고, 온화한 성품 등뿐만 아니라, 단지 자신의 존재 그 자체만으로도 자신이 가치 있다고 느낀다. 아이의 타고난 성향과 이를 사랑으로 수용해주는 부모의 모습, 이 교차점에서 아이의 자아는 꼴을 갖추고 무럭무럭 자라게 된다.

하지만 분명한 사실은 아이의 자아 발달이 계속해서 부모또는 그 밖의 중요한 어른에게만 의존할 수는 없다는 것이다. 이것은 비현실적일 뿐만 아니라 건강하지도 않다. 아이는 앞으로 나아가면서 점점 더 독립적이 되고 자신의 내적 자원을 끌어낼 필요가 있다. 부모와 교사 모두 자기만의 관심사가 있고 몰두하는 일이 있다. 그들은 언젠가는 떠나가고 또 죽을 것이다.

자아를 잘 발달시키는 것이 정말로 중요한 까닭은 이 때문이다. 아이들이 커가다 보면 필연적으로 외부의 지지가 사라지는 시기가 올 수밖에 없고 그것이 바람직하다. 그리고 이처럼 힘든 상황에 처했을 때 건강한 자아는 아이에게 편안한 안식과 함께 내면의 나침반을 제공해준다.

인생은 결코 완벽하지 않다. 부모인 우리의 인생도, 우리 자녀들의 인생도 마찬가지다. 하지만 자아가 건강하면 인생이 흥미롭고,

만족스럽고, 자신이 감당할 수 있을 것이라고 확신하는 데 도움이 된다. 그러므로 아이들로 하여금 스스로 생각할 수 있도록, 부모와 교사, 친구들의 관점을 아울러서 아이 자신만의 관점을 만들어나갈 수 있도록 북돋아야 한다.

자신이 어떤 사람인가에 대한 인식과 자신의 강점과 약점에 대해 점점 더 편안해질 때, 아이들은 실패를 딛고 일어서고 시련을 이겨낼 수 있는 자기만의 믿을 만한 레퍼토리를 만들어갈 수 있다.

"마음이 울적할 때면 저는 늘 달리기를 해요."라고 말하는 십대 여자 아이는 괴로운 감정을 다루는 효과적이고 믿을 만한 방법을 자기 안에서 찾아낸 것이다. 이러한 해결책이 처음에는 "나가서 좀 걸어보렴."이라는 부모의 제안으로 시작되었을 수도 있지만, 그것을 받아들여 독특하게 자기만의 방법을 만들어낸 것, 곧 걷는 것이 아니라 달리기라는 방법을 찾아낸 아이는 힘든 감정을 다룰 수 있는 자기만의 전략을 개발해낸 것이라 할 수 있다.

다루기 힘든 감정들을 잘 해결해가는 경험이 쌓여갈수록 아이의 자아는 더욱 견고해진다. 아이는 부모와 함께하되 부모의 삶이 아닌 자기 자신의 삶을 살게 되는 것이다.

풍요의 문화가 아이의 자아 발달에 해가 되는 이유

어른을 의지하던 아이가 점차 자기 자신을 의지하는 쪽으로 옮겨가는 모습을 부모가 그다지 권장하는 분위기가 아닐 때, 부유한 가정에서 많은 것들을 누리며 살아온 아이들은 흔히 자아 발달 문제에 부딪치곤 한다. 부유한 문화가 위험한 이유는 단순히 피상적이거나 물질주의적이어서가 아니다. 그것이 아이의 자아 발달을 방해하기 때문에 아주 위험하다.

부유한 문화, 부유한 지역사회, 부유한 가정에서는 성취를 아주 귀중한 가치로 여긴다. 그러한 문화 속에서 살아가는 아이들은 자율성을 추구하는 내적 열망을 분명히 갖고 있지만, 성취에 대한 부모의 강한 요구로 인해 그러한 열망이 밀려나 설 자리를 잃고 만다.

사회적으로 능숙해야 하고, 경쟁을 강요하고, 성과 중심의, 하나의 오점도 없는 사람, 곧 어른들이 공식화한 인간형이 되어야 한다는 압박감을 끊임없이 받는 상황에서 아이들이 건강한 자아를 발전시키기란 쉽지 않다.

어쩌면 일부 아이들은 그로 인해 뛰어난 성취를 이뤄낼지도 모르지만, 더 중요한 것은 이것이 대부분의 아이들에게 의존과 불안, 잘려버린 자아를 조장한다는 사실이다.

부모들은 아이에게 뛰어난 사람이 되라고 압박하지만 정작 뛰어난 아이가 만들어지는 과정에 대해서는 관심을 두지 않는다. '뛰어나다'는 것은 높은 성적이나 멋진 트로피, 높은 지위, 사람들에게 받는 인정 같은 것이 아니다. 물론 이러한 것들도 포함될 수는 있겠지만 말이다. 사실 이러한 것만 봐서는 아이가 시련에 대처하고, 관계를 발전시키고, 스스로 위안을 찾을 줄 아는 내적 능력을 갖고 있는지 알 수가 없다.

사실 성공했다고 하는, 곧 부유하고 힘 있는 사람들이 황량하고 쓸쓸하며 비참한 삶을 살 수도 있다. 실제로 이들의 자살률은 경제적으로 좀 더 가난한 사람들의 자살률과 크게 다를 바 없다.

심리학자의 관점에서 볼 때 '뛰어난 아이들'이란 진실하고, 능력 있고, 사랑할 줄 알고, 창조적이고, 자신을 조절할 줄 알고, 도덕적인 자아를 발전시킨 아이들이다. 이런 면에서 건강한 자아를 이루는 요소에는 무엇이 있으며, 건강한 자아는 어떻게 발달하는지 자세히 살펴볼 필요가 있다.

자아가 건강한 케이트, 연약한 자아를 가진 마리사

만약 아이가 겉으로는 아주 좋아 보이지만 건강하지 못한 자아로 힘들어하고 있다면, 자아가 건강한 아이와 손상된 아이의 차이를 우리는 어떻게 알 수 있을까?

케이트는 16살이다. 수줍음이 많지만 일단 상대방이 편안하다고 느껴지면 상냥하게 대한다. 성적은 대체로 B점 대로, 간혹 C를 맞기도 하고 드물게 A를 받기도 한다. 학교를 좋아하지만 공부는 그리 열심히 하는 편은 아니며, 오랜 관심사인 클래식 기타에 시간 쓰는 것을 더 좋아한다.

음악을 하는 같은 반 친구들은 그녀에게 대중 헤비메탈 밴드에서 전자 기타를 연주해보라고 적극 권유했지만 케이트는 별로 내켜 하지 않았다. 그 일로 친구들은 실망했고, 케이트의 독특한 음악적 취향과 사람들의 스포트라이트를 받는 것에 대한 케이트의 무관심 때문에 케이트는 아이들 사이에서 또라이로 비쳐지고 말았다. 하지만 케이트에게는 관심사를 공유하는 몇몇 친한 친구들이 있었고, 조용하고 상냥한 그녀를 그 자체로 좋아해주는 친구들도 있었다.

케이트는 일부러 관심을 기울여야만 알 수 있는 아이들 중 한 명이다. 그렇지 않으면 배경 속으로 섞여 버리기 쉬운 그런 아이다. 그리고 약간의 학습장애가 있었기 때문에 눈맞춤이 쉽지 않고, 그 결과 누군가가 말을 걸어왔을 때 관심이 없는 것처럼 보일 수 있다.

반면 케이트는 재빠르고 위트가 있으며, 청소년기의 딜레마에 대해 너무나 이야기하고 싶어 한다. 이따금 마리화나를 피우고 또 좋아하지만 혹시 그것이 문제가 되지는 않을런지 걱정하기도 한다. 부모와의 갈등은 그냥 보통 수준이며, 부모는 케이트가 공부에 더 집중해야 한다고 생각하지만 정작 케이트는 공부보다는 다른 주제에 대해 부모의 조언을 듣고 싶어 한다.

남자친구는 아직 없고, 일주일에 한 번씩 무료급식소에 자원봉사를 가는데 그곳에 찍어 놓은 남자 아이가 한 명 있다. 케이트는 자신이 아직 성적인 문제에 대해서는 준비가 되어 있지 않다고 느끼고, 그래서 이성 친구 사귀기를 주저한다. 물론 서랍에 피임약은 챙겨 놓았지만 아직 먹어본 적은 없다. 이런 케이트에게 내가 자신의 행복 지수를 이야기해보라고 했을 때 케이트는 "매우 행복해요."라고 했다.

마리사 역시 16살이다. 뛰어난 학생으로 반에서 가장 높은 평점을 받았다. 국어를 특히 잘하고 저널리즘과 관련된 직업을 생각 중이다. 세련되고 아주 깔끔하게 차려입고 다니는 마리사는 뛰어난 글솜씨와 빼어난 외모 때문에 여러 교사들이 방송 저널리즘을 전공해보라고 권했다.

마리사는 분명 여러 과목에서 뛰어났지만 주변 사람들 모두가 방송 저널리즘이 완전 딱일 것이라고 말하기 때문에 마리사도 대체로 방송 저널리즘 쪽으로 마음을 정한 것처럼 보인다.

마리사는 인기 있는 친구들 무리에 끼어 있고, 그 속에서 자신의 위치를 유지하기 위해 열심히 노력한다. 이따금 무리 밖의 친구들을 무시할 때도 있지만, 자신의 우월한 지위를 지키기 위해서는 인기 있는 집단에 속해 있어야만 하고, 그러려면 성적도 뛰어나고, 외모도 매력적이며, 아이들 사이에서 인지도도 높아야만 한다고 생각한다. 다른 여자 아이들한테 야비하게 굴 때 그런 자신의 모습이 싫긴 하지만 '고등학교란 원래 그런 곳'이기 때문에 마음이 많이 불편하지는 않다.

이렇듯 뛰어난 마리사지만 부모와의 관계만큼은 팽팽한 긴장 그 자체이다. 부모가 가혹하리만치 모든 영역에서, 곧 교과와 교과 외 모든 분야에서 아주 뛰어나기를 요구하기 때문이다. 그래서 매주 토요일마다 한바탕 싸움이 벌어지는데, 마리사는 축구 시합이 싫어 빠지려고 하고, 부모는 반드시 가야 한다고 고집을 피운다. 그러면 마리사는 코카인 한두 줄을 코로 흡입한다. 그 정도 양이면 축구 시합을 후딱 해치울 수가 있기 때문이다.

축구가 끝나면 마리사는 얼른 친구들이 있는 곳으로 달려가 부모의 압박이 없는 세상에서 행복해하며 주말에 있을 파티와 음주를 손꼽아 기다린다. 이런 마리사에게 행복 지수를 묻자, "아주 행복해요."라고 답했다.

케이트와 마리사 둘 다 부유한 지역에서는 유별난 아이가 아니다.

마리사는 2년 동안 나의 내담자였다. 마리사의 경우 처음에 보였던 우울증은 사라졌지만 약물 남용은 여전히 걱정되는 문제로 남아 있다. 마리사는 뛰어난 성적과 매력적인 외모를 갖고 있지만 청소년기라는 바다를 제대로 항해하지 못하고 있다.

마리사의 인생은 내면의 삶은 발전시키지 못한 채 온통 피상적인 것들로 가득 차 있다. 다른 사람들에게 지나치게 의존하고, 어떤 친구들에게는 상당히 잔인하게 굴기도 하며, 자신의 독립성을 주장하기보다는 갈등을 피하기 위해 불법 약물을 자가 처방 하면서 상황을 모면하려 한다.

마리사는 자신의 문제를 부모에게 말할 수가 없다. 그 이유는 부모의 기대치가 유난히 높기 때문이고, 한편으로는 마리사가 느끼기에 부모님이 그렇게 걱정할 것이라고 생각하지 않기 때문이다.

마리사의 부모는 딸의 문제를 알려주는 경고 신호, 예컨대 축구 시합 전에 마리사의 확대된 눈동자나, 주말 파티 후 돌아온 마리사의 숨결에서 느껴지는 민트 냄새를 간과하고 말았다. 그 결과 '부모님은 나를 전혀 신경 쓰지 않아' 라는 마리사의 생각은 더욱 굳어지고 말았다.

마리사는 친구가 많은 듯 보이지만 실은 상당히 외롭고 공허함을 느낀다. 그런 그녀가 위안을 얻을 곳은 뛰어난 학업 성적이다. 공부야말로 가장 자신 있는 영역이기 때문이다.

바라건대 나는 일반적인 예상과 달리 마리사가 지적 능력을 활용해 신나고 진실된 경험을 했으면 좋겠다. 대학 입학 전까지 남은 2년이란 시간 동안 겉치레를 벗어버리고 지금부터라도 청소년기의 이슈들을 정면으로 마주할 수 있기를 바란다. 그리고 자기 조절능력을 키워 약물에서 멀어지고, 내면생활에 대해 관심과 호기심을 갖게 되기를 바란다. 마리사가 이것들을 해낼 수 있다면 약한 자아도 튼튼해질 수 있을 것이다. 하지만 그렇지 못할 경우 대학 시기의 과제, 곧 혼자 힘으로 서야 하는 인생의 과제를 잘해내지 못할 가능성이 높다.

그런가 하면 케이트는 내 내담자는 아니고 이웃집 친구의 딸이다. 이따금 내 서류 정리 작업을 도와주거나 도서관에서 필요한 자료를 찾는 일을 도와준다. 케이트는 나와 수다 떠는 걸 좋아하는데 그 이유가 '아줌마는 애들에 대해 많이 알기 때문'이란다. 나 역시 그런 케이트가 좋고 그녀를 대하는 동안은, 미치도록 불행해하는 나의 소녀 내담자들에게서 잠시 벗어나 작은 쉼을 느끼곤 한다.

내가 아는 한 케이트는 전혀 상담 치료를 받은 적이 없고, 치료적 개입이 필요해 보이지도 않는다. 케이트는 자기 외모에 대해 전전긍긍하지도 않고, 특히 다른 사람들 눈에 자신이 어떻게 비춰질까 신경 쓰지도 않는다. 물론 거절당하는 것으로부터 자기 자신을 방어하는 한 방법일 수도 있지만, 내가 볼 때 좀 더 정확한 설명은 케이트가 자기 자신에 대해 편안하게 느끼고, 몇몇 좋은 친구들로부터 관심과 지지를 충분히 받기 때문에 더 인기 있는 아이들의 요구에 굴복할 필요가 없는 것 같다는 것이다.

케이트는 내게 털어놓기를, 자기는 어쨌거나 그런 아이들을 그다지 좋아하지도 않으며, 그저 기타를 연습하고 친한 친구들과 어울려 다니는 것만으로도 충분히 만족한다고 했다. 다만 학업에 대한 케이트의 동기 부족은 우려할만 했다. 하지만 이것은 케이트의 성적이 우려할 만한 수준이라는 것과는 다른 이야기다. 부모라면 케이트가 좀 더 노력할 수 있도록 아이를 독려하는 것이 옳다. 하지만 그 과정에서 아이와 갈등하기보다는 아이가 무엇 때문에 자신의 능력을 충분히 발휘하지 못하고 있는지 아이가 스스로 생각하고 찾아낼 수 있도록 독려할 수 있다면 더욱 좋을 것이다.

케이트는 다소 내성적으로 보일 수도 있지만, 수줍음이 많은 것은 유전적 기질일 가능성이 높고, 어쩌면 그 때문에 수업 시간에 덜 적극적으로 보일 수도 있다. 다행히도 케이트는 자신을 사랑해주고 지지해주는 부모가 있고, 그 결과 자신에 대해 전반적으로 좋게 느끼고 있었다. 그렇지만 여전히 약물이나 이성에 대한 호기심, 걱정 등 청소년기의 전형적인 고민거리를 가지고 있었다.

케이트 역시 마리사처럼 가끔 약물에 손을 대기는 하지만, 마리사처럼 문제를 해결하기 위해 일종의 자가 처방으로 약물을 하는 것이 아니기 때문에 마리사에 비하면 덜 걱정스러운 편이었다. 게다가 케이트는 약물 문제에 대해 나름 진지하게 고민하고 있었다.

내가 케이트에 대해 가장 크게 걱정하는 부분이 있다면 지역사회가 케이트와 같은 아이들에게는 거의 가치를 두지 않는다는 사실이다. 케이트는 지역에서 열린 여러 콘서트에 나가 클래식 기타를 연주했지만 한 번도 학교 신문에 실리지 않았다. 이 때문에 케이트는 이따금 자신이 투명 인간처럼 느껴진다고 했다.

케이트는 앞으로 나름 준수하지만 일류는 아닌 대학에 들어가 그곳에서 잘 적응하며 지낼 가능성이 높다. 지금 다니는 고등학교에서는 다들 비슷하고 피상적인 아이들과 많이 어울리지만 대학에서는 더 다양한 학생들을 만나게 될 것이다. 케이트는 건강한 자아를 갖고 있다. 다른 사람에 대한 진정성과 연민도 있고, 자기 감정을 이겨낼 수 있는 역량도 가지고 있다. 그렇기에 케이트는 정서적으로 건강한 성인으로 계속해서 발전해나갈 것이다.

아이들은 저마다 모두 다르다. 자아가 손상된 아이나 자아가 견고한 아이의 모습을 한 가지로 딱 잘라 말할 수는 없다. 중요한 것은 건강한 자아를 가진 십대들도 때로는 문을 쾅 닫고 나가버린다든가, 호기심에 약물을 해보거나, 대화를 원하는 부모 앞에서 입을 닫아버릴 수 있다는 사실이다.

반대로 자아가 약한 아이지만 어른들의 레이더망에 전혀 잡히지 않는 아이들도 있다. 어른들이 자기에게 원하는 바가 무엇인지를 잘 알고 그것에 절묘하게 적응해나가기 때문인데, 이런 아이들은 진짜가 아닌 위장되고 꾸며낸 자아를 진짜인 것처럼 포장한 채 행동한다.

건강한 자아를 가진 아이란 무엇을 뜻하는가? 이를 이해한다는 것은 우리가 확실한 사실인 과거를 돌아보고, 아이가 여러 측면에서 발전하고 있는지 아닌지를 평가하는 것을 뜻한다. 아이가 자신이 이 세상에서 유능하다고 느끼는지, 아이가 스스로 자신의 마음을 잘 다스리고 있다고 느끼는지, 다른 사람들과 깊고 오래가는 관계를 맺을 수 있는지, 스스로를 가치 있게 여기고 수용하는지, 자기 자신을 돌볼 줄 아는지, 이러한 결정적 자질들이야말로 건강한 성인으로 잘 자라가고 있는 아이들이 지닌 공통적인 모습이며 이럴 때 건강한 자아를 가졌다고 할 수 있다.

풍요의 문화가 만들어내는 과잉보호와 지나친 개입

아동기와 청소년기의 끊임없는 관심사 중 하나는 모든 행위가 자기 내면에서 시작된 것이라고 느끼고 싶어 하는 욕구다. 예컨대 '나 혼자 할 수 있어', '나 스스로 처리할 수 있어', '나 혼자 해결할 수 있어' 같은 식이다.

그렇다고 아이들에게 외부의 도움이 전혀 필요하지 않다거나 아이들이 외부의 도움을 전혀 원치 않는다는 뜻은 아니다. 아이들은 분명 때때로 도움이 필요하고 또 도움을 원한다. 하지만 인생의 전반적인 흐름, 곧 욕구는 자기 마음속으로 할 수 있다고 느끼고 싶어 한다는 것이다.

당연히 아이들은 혼자 힘으로 해낼 때 자랑스러워하고, 자기주도적인 활동들을 열심히 넓혀 나간다. 아이들이란 기고 싶어 하다가 기고 나면 걷고 싶어 하고, 걷고 나면 달리고 싶어 하고, 달리고 나면 자전거를 타고 싶고, 결국 차를 운전하고 싶어 한다. 심리학자들은 아이들의 이러한 활동성과 호기심, 탐험에 대한 강한 욕구가 타고난 것이라 말한다.

아이가 침대에 누워 가만히 있는 때는 아프거나 졸릴 때뿐이다. 그런 경우가 아니라면 아이는 늘 주변 세계를 탐험하고, 그 세계에 자기가 뭔가 영향을 미치고 싶어서 끊임없이 주변을 쳐다보고, 깨물고, 웃고, 울며, 발로 차고, 몸을 뒹구느라 정신이 없다.

건강한 자아의 핵심은 자율성과 자기효능감이다

우리 삶에 영향을 미치는 것들에 대해 자신이 통제할 수 있다고 느끼고 싶은 마음은 인간의 보편적 욕구다. 풍작을 거두게 해 달라고 비의 신에게 빌었던 원시사회 사람이든, 좋은 수능 점수를 맞게 해 달라고 유명 입시학원에 애원하는 상위 중산층의 사람이든 간에, 인간은 자신에게 일어나는 것들을 통제하고, 예측하고, 이해하며, 영향을 미치기 위해 고군분투한다. 그 이유는 우리가 우리에게 일어나는 일들에 대해 제대로 영향을 미칠 때 좋은 결과를 얻을 가능성이 높아지고, 안 좋은 결과를 얻을 확률은 줄어들기 때문이다.

우리는 누구나 인생에서 자신의 선택이 진정으로 자신의 선택이며, 마음에서 우러난 것이라고 느끼고 싶어 한다. 이것은 다른 사람이 지시한 선택과는 반대되는 개념이다. 아이가 자신의 가치와 욕구, 관심거리를 찾아낼 기회를 거부당할 때, 그 결과는 흔히 자포자기 식의 의존으로 나타나는데 이것은 건강한 자율성과는 정반대다.

자율성은 우리가 독립적이고, 능력 있으며, 사랑스러운 존재라는 것, 그리고 이러한 자질들을 자유로이 선택하여 쓸 줄 안다는 것을 뜻한다. 예컨대 어떤 이는 글을 아주 잘 쓰지만 의사야말로 좀 더 이타적인 직업이라 믿기에 의학을 선택할 수도 있다. 그런가 하면 혼자만의 시간을 좋아하지만 장애가 있는 부모를 돌보는 것이 옳다고 생각하기에 자진해서 부모와 함께 살 수도 있다.

이 같은 선택 능력은 사람들로 하여금 자기가 자신의 삶을 어느 정도 컨트롤하고 있다는 느낌을 안겨준다. 다시 말해, 자신이 특정 성격이나 기질을 타고나긴 했지만 단순히 그것에 휘둘리는 존재가 아니며, 그 기질을 얼마나 사용할지는 어느 정도 스스로 결정할 수 있다고 느끼는 것이다.

자기효능감이란 우리가 세상에 성공적으로 영향을 미칠 수 있다는 믿음이다. 자존감이 자기 가치에 대한 판단과 관계되어 있다면, 자기효능감은 자신의 능력에 대한 판단과 관련이 있다.

자기효능감은 흔히 자존감과 겹치는 부분이 많지만 분명 똑같지는 않다. 그리고 자존감은 학문이나 개인적 또는 대인관계에서의 성공과 거의 관련이 없는 반면, 자기효능감은 아이들의 경우 긍정적인 결과와 강력한 관련이 있다.[1]

자기효능감이 높은 아이들은 자신의 이익을 위해 행동하는 것이 쉽다는 것을 알게 되는데, 이처럼 자신의 최대 이익을 위해 적절하게 행동하는 능력을 주체성agency, 주도성이라고 한다.

자기효능감은 믿음과 관련이 있고, 주체성은 행동과 관련이 있다. 다시 말해 둘 다 개인의 통제감내가 내 일과 환경을 통제할 수 있다는 느낌과 관련이 있다는 것이다. 분명 효능감과 주체성은 서로 밀접한 관계가 있다. 자신이 이 세상에서 효과적으로 통제력을 발휘할 수 있다고 느끼면 느낄수록 그 사람은 효과적으로 행동할 가능성이 높다. 주체성은 주도적인 사람들, 다시 말해 투지가 강한 야망가들, 일을 해내는 법을 아는 사람들한테서 두드러지게 나타난다.

아직 '자기효능감'이란 용어가 '자존감'만큼 우리에게 익숙한 말은 아니지만, 부모인 우리가 그토록 바라는 '정서적으로 건강한 아이'를 길러내는 데는 도움이 될 가능성이 훨씬 크다. 예컨대 독후감 숙제에서 형편없는 점수를 받은 12살 남자 아이가 두 명 있다고 치자. 두 아이는 자괴감을 느끼며 각자 집으로 돌아간다. 그리고 한 아이는 아무것도 하지 않는 반면, 다른 아이는 교사에게 해명을 요구한다면, 주도성을 보여주고 있는 것은 두 번째 아이다.

만약 이런 상황에 처한 사람이 적극적인 사람이라면 뭔가 변화를 가져올 수 있는 기회가 많아지게 된다. 반면 그런 상황에서 할 수 있는 것이 아무것도 없다고 생각하는 아이는 그저 무관심하거나 심지어 우울해질 수도 있다. 분명한 것은, 교사에게 이야기를 한 아이는 성적을 재고할 기회가 생길 가능성이 많다는 사실이다. 비록 성적이 달라지지 않는다고 해도 아이는 자신이 그래도 '뭔가 시도해봤다'라고 느낄 가능성이 훨씬 높다.

이런 상황에서, 경쟁을 중시하는 가정에서 흔히 볼 수 있는, 하지만 결과적으로는 더 안 좋은 시나리오라 할 수 있는 것이 부모가 교사에게 전화를 걸어 왜 아이의 성적이 낮은지에 대해 해명을 요구하는 것이다.

분명 아이들은, 특히 어린 아이들은 부모의 개입이 필요할 때가 있다. 하지만 그런 경우는 부모들이 생각하는 것보다 훨씬 적다. 그리고 개입의 목적은 언제나, 아이가 자신의 이익을 위해서 행동할 수 있도록 돕는 것이어야만 한다.

주체성은 아주 어릴 때부터 시작된다

주체성은 유아기 때부터 시작된다. 아기는 딸랑이를 흔들고 탁탁 치면서 자신이 멋진 소리를 만들어낼 수 있다는 것을 알게 되는데, 이 것은 아기가 자신의 행동이 주변 환경에 어떻게 영향을 줄 수 있는가를 배워가는 초기 과정이다. 만약 아기에게 딸랑이를 흔들어볼 기회를 주지 않고, 늘 부모가 아이를 대신해 딸랑이를 흔들어준다고 가정해보자. 아기는 주변이 종잡을 수 없게 변한다고 생각할 것이다. 물론 아기를 대신해 계속해서 딸랑이를 흔들어줄 부모는 없겠지만 이 러한 예는 아이들이, 심지어 아주 어린 아이들까지도 열성적인 부모의 개입 없이 독립적으로 주변 세계를 탐험하는 경험이 얼마나 중요한지를 잘 설명해준다.

놀이는 아이들이 가장 먼저 마음에서 우러나와 하게 되는 경험 가운데 하나다. 아이들은 주변 환경을 만지고, 맛보고, 이리저리 조작해보고, 탐험하도록 만들어졌기 때문에 놀이를 한다.

이때 아이의 안전을 위해서라면 부모의 개입은 당연한 것이다. 하지만 부모가 놀이에 지나치게 개입하면 놀이의 기본 가치, 곧 아이로 하여금 독립성과 유능감, 통제감을 키워나가게 하는 방편이라는 놀이의 기본 가치를 빼앗는 셈이 된다. 대신 놀이는 아이들이 지나치게 의존하게 되는 또 하나의 시합장으로 전락하고 만다.

내가 임상 현장에서 만난 수많은 부유한 가정의 아이들은 자발적인 놀이보다 형식이 딱 짜인 스포츠 활동을 훨씬 더 좋아했다. 이런 아이들에게 운동장에 나가 공을 차고 놀겠냐고 물어보면 아이들은 진심으로 당황해하며 "심판은 누군데요?"라고 묻는다.

사람들은 열두세 살 정도면 공차기 게임을 위해 스스로 팀을 나누고 역할과 규칙을 정할 수 있을 것이라 생각하겠지만 중상류층 가정의 아이들에게는 맞지 않는 이야기다. 이런 아이들은 적어도 자신들이 기억하는 한, 운동이나 신체 활동을 할 때마다 늘 어른들이 지시를 하고 정해주었다. 그 결과 아이들은 열심히 연습을 하고 지도를 받은 덕분에 운동은 잘할지 몰라도 스스로 통제감을 느낄 수 있는 영역은 넓히지 못하고 말았다.

나의 세 아들이 어린 아기였을 때 가장 좋아했던 장난감은 냄비와 솥 그리고 숟가락이었다. 값 비싸고 교육적으로도 훌륭한 온갖 장난감들을 마다하고 말이다.

아이들은 냄비와 솥, 숟가락을 이용해 소리와 부드러운 리듬을 만들어냈다. 물론 불협화음의 시끄러운 소리일 때가 대부분이었다. 그때마다 나는 소음을 피해 구석방으로 달아나야 했지만 결국 아이들은 내 신경과 고막이 견뎌줄 때까지 나의 최소한의 개입만 있는 상태에서 주변 세계를 마음껏 탐험할 수 있었다.

아주 단순한 예이지만 이것은 아이의 나이와 상관없이 아이에게 가치 있는 경험을 제공해주는 방법으로 좋은 본보기가 될 수 있다. 환경을 마련해주고 아이에게 몇 가지 도구를 준비해준 다음, 부모는 나가버리는 것이다. 내 세 아들이 냄비를 치면서 경험했던 기쁨에 나의 격려나 칭찬은 필요하지 않았다. 만약 내가 아이들 사이에 끼어들어 잘한다는 둥, 멋진 음악이라는 둥 이야기를 했다면 정말 웃기는 일이었을 것이다.

아이가 자신이 주변에 영향을 끼칠 수 있다는 그 경험, 세상이 어떻게 움직이는지를 조금씩 배워가는 그 경험이야말로 아이에게는 충분히 기쁘고 즐거운 일이다.

냄비를 두드린다, 내가 소리를 만들어냈다, 두드리지 않으면 아무런 소리도 나지 않는다. 곧 나의 행동이 세상에 영향을 미치고 있는 것이다. 내가 연습을 하면 축구 기술이 좋아지고, 내가 열심히 공부를 하면 성적이 좋아지고, 내가 이야기를 잘 들어주면 친구들이 나와 친하게 지내고 싶어 하는 것, 이처럼 '원인과 그로 인한 결과'의 영역이 확대되는 경험을 통해 아이들은 자기주도감이 발전하게 된다. 연구자들은 유아기 때 아이들로 하여금 자기주도감을 만들어 나가도록 도와주면 인지적, 지적 발달도 증가된다는 사실을 밝혀냈다.[2]

자율성을 키워주고 싶다면 부모의 불안부터 내려놓아라

부유한 부모들은 그렇지 못한 부모들보다 아이에게 다양한 기회와 경험을 제공해주기가 쉽다. 하지만 부모의 부유함이 아이의 자율성을 길러주는 심리적 경험 면에서도 유리한가를 묻는다면 딱히 그렇지는 않다. 부모의 경제적 수준 차이가 아이의 인지적 발달에 있어서 거의 특별한 차이를 만들어내지 못한다는 이야기다.[3]

사실 부유한 지역에서 흔히 볼 수 있는 부모들 유형, 곧 아이를 과잉보호하고, 불안해하며, 신경을 쓰고, 사사건건 간섭하는 부모는 실제로 아이에게 자기효능감과 자율성이 줄어들게 만든다.

아이에 대한 걱정은 흔히 지나친 개입과 간섭으로 이어지기 쉬운데, 이 조합이야말로 아이에게 치명적이다. 이러한 양육 방식의 문제점은 부모가 이 세상을 위험한 곳, 그리고 과정이 아닌 결과로서만 보기 때문에 아이는 적극적으로 세상에 다가가기를 주저하게 되고, 새로운 경험과 도전적인 경험을 시도하고자 하는 아이의 자연스런 열망이 제한되고 만다는 것이다.

나는 이런 책을 쓰고 있는 사람이기에 막내아들 제레미가 일주일 동안 집을 떠나 요세미티 국립공원에서 암벽 등반을 하겠다고 했을 때 그저 아이에게 잘 다녀오라며 손을 흔들어주어야 했다. 솔직히 속으로는 불안한 마음이 많았다. 어찌 됐든 제레미는 지금껏 야외에서 암벽 등반을 해본 적이 없었고, 아이에게는 천식이 있었는데 캠프장은 병원과 너무 멀리 떨어져 있었다.

이처럼 나의 하루하루는 여전히 내가 한 말들을 실제 행동으로 옮겨야만 하는 상황들이 비일비재하다. 하지만 나는 안다. 내게는 결코 쉽지 않은 이 일들이, 꽤 많은 노력을 필요로 하는 이 일들이 아이에게는 자존감과 자기효능감, 자기주도감을 키워가는 좋은 경험이 될 것이라는 사실을 말이다.

사실 나는 많이 걱정하고 불안해하는 가정에서 자랐다. 그 결과 항상 아이들의 안전에 대해 극도로 경계하고 조심하며 살았다. 하지만 나는 또한 알고 있다. 제레미가 이러한 경험을 잔뜩 고대하고 있다는 것, 그리고 아이의 천식은 잘 관리되고 있고, 아이는 약을 챙겨갈 것이며, 내 아이를 맡아줄 사람들도 유능하고 숙련된 전문가들이라는 사실을 말이다.

물론 아이를 못 가게 하는 편이 내게는 분명 훨씬 마음 편한 일일 것이다. 아이가 없는 일주일 동안 내가 숱한 걱정의 시간들을 보내게 될 것이란 사실도 잘 안다. 하지만 나의 걱정 때문에 아이로 하여금 가치 있는 무언가를 배울 기회, 단순히 암벽 등반을 하는 방법이 아니라 환경자연을 존중하는 법, 경쟁을 중시하는 공간을 떠나 또 다른 문화를 즐기는 법, 어려운 환경에서 혼자 헤쳐 나가는 법을 배울 기회를 빼앗는 것은 아이와 나, 둘 모두에게 해로운 일이 될 터이다. 그래서 나는 이를 악물고 아이를 보내기로 했던 것이다.

아이를 놓아주는 것, 아이를 떠나보내는 것은 꼭 필요한 일이다. 하지만 때로는 지극히 힘든 일이기도 하다. 하지만 아이가 혼자서 뭔가에 도전할 수 있도록 허용해주고, 부모인 내가 아이에 대한 걱정과 아이와 떨어져 지내는 것에 대한 불안감을 애써 참고 견딜 때, 아이와 나는 힘겨운 상황을 효과적으로 대처하는 기술을 찾아내고 발전시킬 기회를 갖게 되었다. 아이는 밧줄을 매는 법을 배웠고, 나는 심호흡을 배웠다. 그리고 우리 둘 다 각자의 세상을 잘 컨트롤하고 있다고 느끼게 되었다.

자기효능감이라는 이슈는 특히 청소년기에 중요해진다. 왜냐하면 이 시기가 아이들이 우정, 로맨스, 관심 직업, 독립적으로 처신하는 능력 등 성인기의 이슈들에 대해 어렴풋이 이야기를 시작하는 시기이기 때문이다.

청소년기에는 건강한 행동과 자기 파괴적인 행동 사이에서 선택할 일들이 점점 더 많아진다. 십대들이 이러한 사안들에 대해 성공적으로 대응하느냐 그렇지 않느냐는 아동기를 통해 길러진 튼튼한 자율성에 달려 있다.

청소년기에는 또래 압력이 점점 더 강력해진다. 이러한 때에 자기효능감이 부족한 채 청소년기로 진입한 아이들은 약물 남용과 난잡한 생활, 섭식장애, 자해와 같은 자기 파괴적인 행동의 희생자가 될 가능성이 훨씬 크다.[4]

자기 삶의 주인이 자기 자신이라고 느끼지 못하는 아이들, 자신의 감정과 생각과 행동이 자신의 마음에서 우러난 것도 있지만 외부에서 기인한 것이 더 많다고 느끼는 아이들은 다른 사람들에게 쉽게 조종당할 위험이 있다.

부모인 당신의 마음은 늘 아이의 이익을 가장 염두에 두고 있겠지만 세상은 그리 호락호락하지 않다. 아이가 느끼는 통제감이 아이의 건강한 자아발달을 위해 필수적이라는 사실도 알아야 하지만, 지난날 부모인 당신과 눈을 맞추며 당신의 사랑과 배려에 전적으로 의존하던 아기가 이제는 세상으로 나아갈 만큼 통제감을 느끼는 한 사람으로 성숙했다는 사실을 깨달을 때 그것은 또 하나의 짜릿한 전율이 된다.

자기조절 능력을 키우는 데
방해물로 작용하는 물질적 풍요로움

'자기관리'란 여섯 살짜리 아이가 유치원에서 화장실에 가고 싶으면 손을 들어 의사를 표시하고, 10살 먹은 소년이 1루에서 공을 놓친 아이에게 주먹을 날리지 않으며, 16살짜리 아이가 친구들과 파티에 가기 전에 적어도 숙제를 일부라도 마치고 가는 것을 뜻한다.

자기관리에 대한 이해가 없거나 또는 한 개인이 자신과 그리고 다른 사람들과 조화를 유지하기 위해 그에 필요한 조정과 적응을 해나가는 데에 대한 이해가 없다면 '자기'에 대한 이해는 완벽할 수 없다.

자기관리에는 자기조절, 충동 조절, 좌절을 견뎌내는 힘, 즐거움을 뒤로 미룰 줄 아는 힘, 주의집중 능력과 같은 기술들이 포함된다. 자기관리는 자기효능감이나 주체성과는 다르다. 왜냐하면 자기관리란 아이로 하여금 사람들과의 관계 그리고 자신의 내면 상태를 조절할 수 있게 해주는 여러 가지 기술들의 모음이기 때문이다.

아이의 자기관리 능력은 처음에는 외부 사람들, 곧 전형적으로는 부모에 의해 발달이 촉진된다. 아이들은 외부의 요구예:너는 교실에서 조용히 앉아 있어야 해를 내적인 자기관리 기술 예:나는 교실에서 조용히 앉아 있어야 해로 전환시킴으로써 점점 더 자기효능감을 경험하게 된다. 따라서 처음에 아이들은 부모가 중요하게 여기는 가치들과 부모의 금기들하면 안 된다고 말하는 것들을 내재화할 수밖에 없다. 아이들은 부모의 사랑과 칭찬을 원하기 때문이다. 따라서 아이가 좋은 자기관리 기술을 보였을 때 교사와 어른들이 칭찬해주고 보상해주는 과정이 오랫동안 계속되면 이러한 가치들은 강화된다.

하지만 궁극적으로 자기조절 능력은 아이가 내린 결정이 정말 자신의 결정이고, 자기 마음에서 우러난 것이라고 느끼게 될 때 진정한 보상이 된다.

자기관리 기술을 연마할 기회를 빼앗긴 아이들

당연한 이야기겠지만 아이가 좌절에 대한 내성 곧 욕구불만을 견뎌내는 힘을 습득한다는 것은 우선 아이가 좌절을 경험해야만 한다는 것을 뜻한다. 그리고 충동 조절을 배운다는 것은 아이가 어떤 충동을 보였을 때 거부당하는 경험을 해야만 한다는 것을 뜻한다. 또 즐거움기쁨을 뒤로 미루는 법을 배운다는 것은 아이가 원하는 것을 그 순간 전부 가질 수는 없다는 것을 경험하는 것을 뜻한다.

많은 시간을 아이들과 함께한 내 경험에 따르면 부유한 가정의 아이들은 버릇이 없다기보다물론 많은 경우 버릇없기도 하다 미성숙하다. 이는 부유한 가정의 많은 아이들이 자기관리 기술을 연마할 기회를 충분히 갖지 못했기 때문인데, 왜냐하면 돈 많은 부모들이 아이의 고민을 넉넉한 돈을 활용해 재빨리 해결해주기 때문이다.

이런 부모들은 대개 아이에게 지나치게 집착하고, 그 때문에 아이에게 안 좋은 결과가 생기는 것을 줄여주기 위해 열심히 뛰어다니고, 아이의 요구에 쉽게 항복한다. 그것이 슈퍼마켓 계산대 앞에서 사탕을 사달라고 필사적으로 조르는 아이에 대한 항복일수도 있고, 최근에 유행하는 옷을 사지 못하면 마치 인생이 끝날 것처럼 고집을 피우는 십대 아이에 대한 항복일 수도 있다.

하지만 고통스럽다고 해도 우리가 알아야 할 심리학적 진실은, 부모인 우리의 일차적 책임이 아이들을 만족시키는 것이 아니라 아이들이 삶에서 필연적으로 맞닥뜨릴 수밖에 없는 시련과 절망을 이겨내는 데 도움이 되는 일련의 내적 기술들을 아이에게 개발시켜 주는 것이라는 사실이다.

15살 먹은 아이가 자기가 원하는 대로 하기 위해 5살짜리 아이처럼 떼를 쓰고 거짓말을 할 수도 있다. 이것은 아이가 좀 더 어른스럽게 대처하는 기술을 개발할 기회를 갖지 못했기 때문이다.

나의 내담자 중 많은 아이들이 같은 학교에 다니고, 학년이 같은 경우도 여럿 있다. 그 중에서 같은 반에 다니는 두 아이가 있었다. 어느 날 밤 우리가 사는 지역에 갑자기 전기가 나가 몇 시간 동안 정전이 된 적이 있고, 두 아이는 똑같은 숙제, 곧 10쪽짜리 역사 리포트를 마쳐야 했다.

얼마 후 전기는 복구되었지만 두 아이의 숙제 대부분이 날아간 상태였다. 그런데 한 아이는 밤새 다시 숙제를 했고, 한 아이는 엄마에게 공책을 건넸고 엄마가 밤새 숙제를 대신 해주었다.

자기 자신이 어려운 문제를 헤쳐 나갈 능력이 있다고 생각하고 그렇게 아는 아이는, 자신을 대신해서 문제를 해결해줄 누군가에게 의존하는 아이보다 심리적으로뿐만 아니라 실생활에서도 굉장히 유리한 위치에 있다.

숙제를 대신 해준 엄마의 경우, 아들이 숙제를 다시 하려면 거의 밤을 새워야 한다는 사실을 알기에 그런 아들을 두고 혼자 잠자리에 들기가 무척이나 마음 아팠을 것이다. 하지만 아이가 스스로 해결책을 찾아낼 수 있도록 그냥 놔둘 때, 아이는 엄마가 자신의 자기관리 능력을 얼마나 많이 믿어주고 있는지를 느끼게 되고, 그로 인해 자신감도 더 커지게 된다.

부모이기에 아이가 힘들어해도 때로는 참고 기다려야 한다
부모가 자기조절에 대한 본보기가 되어주고, 이러한 기술들을 중요하게 여기는 모습을 보여줄 때 아이의 자기관리 기술은 발전하게 된다. 실제로 자기관리 능력은 심리적 적응과 성취 정도를 예측할 수 있는 중요한 요인이다. 연구 결과에 따르면 자기 앞에 놓인 단 음식을 먹고 싶은 충동을 조절할 줄 아는 4살짜리 아이들이 10년 후에 학업 면에서, 또 사회적으로도 성공할 가능성이 훨씬 높다고 한다.[5]

한편, 아이가 원하는 것을 얻지 못했을 때, 또는 아이가 어떤 문제를 혼자 힘으로 해결해야만 할 때, 또는 아이가 낙담했을 때, 부모는 아이가 느끼게 될 실망과 짜증, 심지어 분노까지 묵인할 수 있어야 한다. 힘들어하는 십대 내담자들의 부모들에게서 볼 수 있는 가장 흔한 문제 가운데 하나는 부모들이 아이의 불행을 참지 못한다는 것이다.

사실 자기조절 능력이야말로 성공적인 인생을 위한 결정적인 요소라는 사실을 모르는 부모는 없다. 하지만 부모로서 아이가 힘들어하거나 불행해하는 모습을 도저히 봐줄 수가 없다면, 그리하여 만약 아이에게 모든 것을 다 해줘야 한다고 느낀다면, 그런 부모는 아이에게 문제 상황으로부터 벗어나기 위해 필요한 자기관리 기술을 가르쳐주지 못하게 된다.

아이들이 맞닥뜨리게 될 좌절의 종류는 나이가 들면서 다양해지고 정도도 심해지기 마련이다. 그리고 대체로 아이들은 나이에 맞게 감당할 수 있는 종류의 도전어려움이 주어진다. 나는 아이로 하여금 좌절의 경험이 단계적으로 증폭되도록 해주는 것이 얼마나 중요한지 설명하기 위해 아이가 계단을 올라가는 상황을 비유로 들곤 한다.

걸음마를 시작한 아이가 첫 번째 계단에 발을 디딜 때, 당연히 우리는 아이가 혼자서 올라갈 수 있도록 기다려주어야 한다. 넘어져봤자 고작 10센티미터 정도이기 때문이다. 그런데 만약 "오, 이 아이는 아직 너무 어려. 다칠 수 있다고."라며 재빨리 개입한다면, 아이에게 다음 계단 오르기를 더 힘들게 만들 뿐이다. 부모가 불안해할 때 아이도 불안하게 되고, 그러면 아이는 끈기라는 자기관리 기술을 연습할 기회를 잃어버리고 만다.

이제 아이는 어찌어찌하여 한두 계단은 올랐을지 몰라도 이내 유치원에서 다른 아이의 장난감을 가로챈 것 때문에 타임아웃아이가 잘못된 행동을 했을 때 아이를 잠시 고립시키는 훈육 기법. 옮긴이이라는 벌을 받고 낙심할 수도 있다. 이때 만약 부모가 그 상황으로 뿅 날아가 교사에게 아이가 배워가는 단계이니 좀 더 부드럽게 대해 달라고 말한다면, 오히려 아이가 올라야 할 다음 계단을 훨씬 어렵게 만들 뿐이다. 아이는 자기 자신에 대해 불안해하게 되고, 어떤 어려움이 닥쳤을 때 자기 외부에서 해결책을 찾게 된다. 또한 아이는 자기조절에 실패했을 경우 실제 삶에서 자기에게 어떤 결과가 초래되는지를 배울 기회를 잃게 된다.

아이의 삶은 모든 단계마다 좌절, 실망, 도전, 기회가 함께 오기 마련이다. 부모가 아이의 고통을 묵인해주는 것이 힘들어 재빨리 그 상황에 끼어들어 아이의 문제를 해결해줄 경우, 아이는 계단을 오르는 법을 배우지 못하게 된다. 내면에서 실망과 좌절을 관리하는 방법을 찾아가는 경험을 계속해서 쌓아가지 못한 아이들은 겉으로 볼 때는 앞으로 나아가는 것처럼 보일 수 있어도 자기조절, 인내, 좌절에 대한 내성, 불안 관리 같은 삶의 기술들이 전혀 쌓이지 못한 상태가 된다.

아이는 커가면서 더 높은 곳을 오르고, 한층 더 복잡한 도전에 직면하게 된다. 그때마다 어려움에 맞설 수 있게 해주는 힘이 바로 자기관리 기술이다. 하지만 매번 부모가 해결해주었던 아이에게는 그런 기술이 없다.

넘어졌을 때 혼자 일어설 수 있는 능력이 자기 안에 있다는 것을 발견하고 견디는 아이들은 자기관리 기술이 발전하게 되고, 자신에게 회복탄력성이 있다는 느낌이 자라게 된다.

위험을 감수하는 것은 인생에서 필연적이며 심지어 바람직한 일이다. 유명한 작가이자 소아과 의사인 스폭 Spock 박사는 한 번도 붕대를 감아본 적이 없는 아이는 부모에게서 제대로 된 양육을 받지 못한 아이라고 했다.

부모한테는 어려운 일이 될 수도 있지만 아이로 하여금 세상 속으로 뛰어들고, 자기 손으로 시도하며, 어려움에 정면으로 부딪치고, 그리하여 넘어지고, 그런 다음 다시 일어나는 법을 배워가도록 허용해주는 것이야말로 부모의 의무이자 책무이다. 이러한 기회를 아이에게 줄 때 부모는 아이의 내적 조절력뿐만 아니라 아이에게 자신이 독립된 개체라는 인식을 길러주고 있는 것이 된다. 그리고 이를 통해 아이는 궁극적으로 자신에 대해, 그리고 자신의 건강과 인간관계에 있어서 좋은 선택을 할 수가 있다.

아이가 힘들어할 상황을 부모가 미리 없애 주기보다는 때로는 아이가 힘들어하도록 그냥 두어야만 청소년기 때 아이가 상처받아 완전히 망가지는 것을 예방할 수 있다. 그리고 청소년기 때 실패하고 시행착오할 기회를 주는 것이야말로 어른이 되어 성공할 수 있는 토대를 마련해주는 일이다.

자기관리 기술이 손상되면 아이는 위험에 빠지게 된다. 청소년들의 가장 흔한 사망 원인은 사고다. 음주운전을 하는 아이, 심하게 모욕적인 신입생 신고식을 그냥 따르는 아이, 술이나 약물을 과다 복용하는 아이들은 자기 제어를 할 줄 모르고, 어디쯤에서 멈춰야 하는지를 모르는 아이들이다.

건강한 발달 과정에서 자아는 자기관리 기술과 함께 앞서거니 뒤서거니 하며 발달하고, 점차 내면에서 우러난 선택들을 더 많이 하게 된다. 이러한 내적 기준이 없다면 아이는 또래 압력에 취약하게 되고, 가치관의 혼란을 겪는 가운데 인생의 중요한 결정들을 하게 된다. 십대 초반 때는 부모님이 무서워 약물을 멀리할지 모르지만, 십대 중후반의 아이들은 절대 그렇지 않다.

많은 십대들이 술과 약물을 시험 삼아 해보는데, 자기를 제어하는 법을 배운 십대들은 그렇지 못한 아이들, 다시 말해 여전히 다른 사람의 규제가 있어야만 자기제어가 가능한 십대들보다 술과 약물 남용의 위험이 훨씬 적다.

그래도 감사하게도 대다수의 십대들이 비교적 큰 상처 없이 청소년기를 통과한다. 때로는 어리석은 행동을 일삼기도 하지만 뇌가 좀 더 충분히 발달하고 나면 그러한 행동이 자기에게 전혀 이익이 되지 않는다는 것을 이해하게 된다.

새로운 유혹의 기회가 다가올 때 우리는 누구나 자기조절 기술들을 쓰며 살아간다. 참고 거절했으면 좋았을 케이크 한 조각, 소설책에 밀려 체육관 구석에 방치된 운동 가방, 엄마의 도움 없이도 충분히 잘할 수 있다는 것을 알면서도 마치 영화의 첫 장면을 놓치고 싶지 않듯이 굳이 아이의 신발 끈을 묶어주고 싶은 엄마의 마음, 이 모든 것 속에 자기조절 문제가 있다.

자기 내면에서 그리고 자기와 다른 사람 사이에서 서로 충돌하는 욕망을 성공적으로 해결하는 일은 인간 조건의 일부이다. 인간에게 자기조절은 완료형이 아닌 진행형이다. 성장했다고 해서 자기조절에 대한 필요가 없어지는 것이 아니라 다만 자기조절을 좀 더 잘하게 되기를 바랄 뿐이다.

욕구불만으로 끊임없이 다른 아이들을 물고 때리는 어린 아이, 늦은 밤까지 숙제를 강박적으로 계속 고쳐 쓰는 초등학생, 주말이면 어김없이 취해서 돌아오는 십대 청소년을 보며 자기조절이 안 되고 있음을 알아차리는 것은 성공적인 양육에 있어서 중요한 부분이다.

만약 이럴 경우 부모는 눈을 크게 뜨고 지체 없이 아이에게 개입해야 한다. 청소년기의 자기조절 실패는 비극적인 결과로 이어질 수 있기 때문이다.

건강한 자아를 가진 아이가
배려하고 사랑할 줄 안다

만약 인간 심리학과 관련해 가장 멋진 이야기를 하나 고르는 것이 가능하다면 분명 '전적인 의존과 자기도취narcissism' 상태이던 어린 아이가 부모와의 애착 관계, 그리고 아동기가 되면서 또래와의 애착 관계를 통해 마침내 다른 사람과 상호적이고, 상대적으로 비이기적이며, 마침내 사랑하는 관계를 맺을 수 있는 십대 또는 청소년으로 자란다는 사실일 것이다.

물론 여기서 말하는 사랑이 사춘기의 첫사랑에서 비롯되는 것은 아니다. 그 기초는 태어날 때부터 존재한다. 부모가 아이를 사랑하고, 격려하고, 가르치기 위해 했던 모든 일들은 아이가 세상으로 나가 자신의 독립성을 지키고 동시에 다른 사람들과의 관계에서 서로의 욕구와 필요, 목표들을 통합하는 능력을 갖게 될 때 비로소 결실을 맺게 된다.

사랑할 줄 아는 능력이 생기는 것과 반대로 이러한 능력이 손상되는 것 또한 엄마와 아이 사이의 초기 상호작용에서 시작된다. 아기들은 세상에 나올 때 어느 정도의 틀, 곧 기질을 갖고 태어난다. 예컨대 조용한지 활동적인지, 수더분한지 까다로운지, 불안한지 느긋한 편인지. 하지만 이것은 단지 시작일 뿐이고 아이들은, 그리고 궁극적으로 어른들 역시 대체로 사회적 경험에 따라 달라지게 된다.

뇌 발달에 관한 가장 최근 연구들을 보면 아기의 뇌는 엄마와 아이의 관계의 질에 따라 신경학적으로 달라진다는 것을 알 수 있다.[6] 우리의 뇌는 경험에 의해 끊임없이 모양이 만들어지지만 특히 아기들은 생리적, 정서적 체계의 대부분을 양육자로부터 조달받는다.[7]

유아기에 충분히 사랑받고 자란 아이, 엄마와 안전한 애착관계를 키워온 아이는 두뇌 계발에 많은 도움을 받는다. 엄마와 아이는 서로에게 주파수를 맞추는데 이것은 상호 커뮤니케이션의 초기 형태다. 이러한 상호적인 의사소통을 조율이라고 하는데, 엄마가 아이의 내적 상태와 외적 성취에 민감할 때 조율이 잘 이루어질 수 있다.

모든 아기들의 첫사랑은 엄마다. 아기에게 있어 엄마는 거울 역할을 한다. 엄마의 말과 얼굴 표정, 몸짓이 아기가 어떤 사람인지를 비춰주는 거울인 셈이다. 아이의 역량과 독립심이 커 가는 모습을 보고 엄마가 관심을 보이고 기뻐해주면 아이는 '내가 관심과 감탄, 사랑을 받을 만한 사람이구나'라고 스스로를 정의하기 시작한다.

반대로 아이와 상호작용할 때 엄마가 열의를 보이지 않고 무관심하고 우울해하면 아기는 '나는 사랑받을 만한 존재가 아니구나'라고 생각하기 쉽다. 이런 결과는 평생 아이를 따라다니게 되고, 그로 인해 아이는 사람들과의 관계를 더 추구하게 될 수도 있고, 반대로 친밀한 관계를 경계하고 안 하려 들 수도 있다. 아이가 자라 청년이 되면 응시하는 거울이 새로 생기기 마련인데, 자신이 거울에서 찾고자 하는 모습이 배우자의 선택을 결정짓게 된다.

부모와의 조율은 아이로 하여금 건강한 관계가 어떤 것인지를 알려주는 가장 좋은 마중물이다. 반면 부모의 이혼이나 갑작스러운 죽음, 강간과 같은 트라우마와 같은 요인들은 아이가 유대감을 맺어나가는 능력을 손상시킨다.

아이는 부모라는 거울을 통해 사랑을 배운다

스무 살인 제시카는 아담을 만나게 된 자신이 정말로 행운아라고 여긴다. 사귄 지는 2년쯤 되었는데 서로 사랑하고 존중하며 진실한 관계를 이어가고 있다. 물론 마지막까지 둘이 함께하는 것으로 끝이 날지는 아직 미지수지만 두 사람 다 직업적 목표가 있고, 그로 인해 어쩔 수 없이 오래 떨어져 지내야 할 수도 있다 둘은 서로에게서 기쁨과 안정감을 느낀다.

반면 제시카의 룸메이트인 클레어는 크리스와 사랑에 빠진 자신이 지지리도 운이 없는 사람이라고 생각한다. 크리스는 잘생기고 매력적인 남자지만 정직하지 못하고 믿을 수가 없다. 그는 주기적으로 클레어를 속이곤 했지만 클레어는 매번 그에게 막무가내로 끌리면서 다시 그에게 돌아가곤 했다. 클레어도 그가 남편감은 못 된다고 생각하지만 결국에는 그가 자신에게 정착해 자신과 결혼하게 되기를 바란다.

관계가 발전하는 데는 운과 타이밍도 어느 정도는 영향이 있을 것이다. 하지만 진짜 행운은 제시카가 안정적이고 잘 보살펴주는 부모를 가졌다는 것이다. 그녀의 부모는 제시카가 사랑스럽고 가치 있는 존재라는 사실을 마치 거울처럼 비춰주었고, 제시카의 바로 그런 모습을 아담이 본 것이다.

한편, 클레어가 크리스를 선택한 것은 단순히 운이 나빠서가 아니다. 불행하고 어지럽고 불안했던 부모의 시선이 마치 거울처럼 작용해, 클레어에게 자신은 그냥 내키는 대로 예측불가능하게 대해도 괜찮은 사람, 무뚝뚝하게 성의 없이 대해도 되는 사람이라는 느낌을 안겨주었고, 그녀는 훗날 크리스를 대하면서 똑같은 느낌을 받았던 것이다.

부모 자신이 잘 지내지 못했을 경우 개인적으로 힘든 문제가 있었을 수도 있고, 부모 자신이 좋은 양육을 받지 못했기 때문일 수도 있다, 아이는 사랑하는 관계를 맺기가 더 힘들어질 수 있다. 그렇다고 불가능한 것은 아니다. 최근의 연구 결과들은 부모로부터 제대로 양육을 받지 못한 채 자란 사람이라 할지라도 자신의 어린 시절 경험에 대해 관심을 갖고 그것을 이해하게 되면 좋은 부모가 될 수 있다는 것을 보여주고 있다.[8] 가령 좋은 결혼은 사랑과 정서적 안정을 제공해줄 수 있는데, 그러면 좋은 부모가 되기 위해 꼭 필요한 정직한 자기점검과 자기계발이 가능해진다.[9]

심리치료 역시 똑같은 회복 경험을 안겨줄 수 있다. 엄마의 우울증이나 이혼, 그밖에 부모의 균형을 깨트리는 요인들로 인해 아이가 친밀감과 관련해 문제가 생길 위험이 있을 경우, 멘토링 관계나 치료적 관계를 통해 아이에게 관계에 대한 생각을 수정할 기회를 초기에 제공해주어야 한다. 유대감, 친밀감, 사랑, 친함 이러한 것들은 의미 있는 인생에서 본질적인 요소들이기 때문이다.

사랑할 줄 아는 능력을 가장 분명하게 보여주는 것은 건강한 연애이겠지만, 그렇다고 그것이 유일한 표식은 아니다. 아이들은 부모를 사랑하고, 그런 다음 다른 중요한 어른들을 사랑하게 된다. 그리고 친구들과의 관계나 풋풋한 어린 시절의 데이트를 통해 친밀함의 전조를 경험한다.

사랑은 여러 가지 형태를 취할 수 있다. 로맨스뿐만 아니라 영적인 사랑, 정신적 사랑, 휴머니즘적인 사랑도 있다. 사랑할 줄 아는 아이들은 자신의 욕구나 마음속 욕심을 미뤄두고 자신이 아닌 다른 누군가의 필요에 집중할 줄 안다. 그 대상이 남자 친구 또는 여자 친구일 수도 있지만 할머니나 동생, 친한 친구, 애완동물, 노숙인 쉼터에서 지내는 가난한 사람이 될 수도 있다.

부모들은 아이가 초등학교에서 인기가 없거나, 고등학생인데도 불러주는 친구들이 많지 않거나, 대학에 들어가서도 데이트를 안 하고 있으면 걱정을 하기 쉽다. 하지만 아이들은 친밀감, 특히 연애와 관련한 친밀감에 있어서 각자 자기만의 다른 시간표를 가지고 있다.

부모가 정말 신경 써야 할 부분은 부모 자신과 아이의 관계가 얼마나 열려 있는지, 그리고 아이가 친한 우정을 맺어나가는 능력에 대해 부모로서 얼마나 열린 마음을 갖고 있는가 하는 것이다. 이 두 가지 요소는 연애 관계를 맺는 능력을 예측할 수 있는 요인이 된다.

부모가 아이에게 다정함과 너그러움의 본보기가 되어주는 것은 아이가 좀 더 친사회적인 사람이 되는 데 도움이 되고, 따라서 집이라는 울타리와 학교라는 담장을 넘어 다른 사람들의 필요를 좀 더 잘 이해할 수 있게 된다.

부유한 가정의 아이들이 친밀한 관계에 불리한 이유

어린 시절 양육 경험이 좋지 못한 아이들이 친밀한 관계에 들어서는 것을 주저하는 것은 분명한 사실이다. 하지만 흥미로운 사실은 어린 시절 온갖 것을 다 누리고 응석받이로 과잉보호를 받으며 자란 아이들 역시 마찬가지라는 사실이다.

부유한 부모들의 아이에 대한 지나친 개입과 지나친 열심으로 인해 생기는 문제점 중 하나는, 아이를 미숙하게 만들 뿐 아니라 친밀함이라는 모험의 땅에 들어서길 주저하는 아이로 만든다는 사실이다. 아이가 주저하는 이유는 그 땅에 들어선다는 것이 다른 사람에게 의존하던 어린애 같은 행동을 내려놓아야 한다는 것을 뜻하기 때문이다.

건강한 연애 관계는 두 가지로 특징지을 수 있다. 안정감에 대한 욕구와 자기 성장에 대한 욕구가 그것이다. 내적으로 안정감 없이 떠돌던 아이는 어른이 되었을 때 자기 성장을 희생하면서라도 안정감의 욕구를 선택하게 된다. 십대 후반의 아이들에게서 흔히 "여자 친구가 너무 의존적이에요."라거나 "제가 동성 친구들이랑 있고 싶어 할 때마다 남자 친구는 제게 미안한 마음이 들게 해요."라는 불평을 듣게 되는 것도 이 때문이다.

　사랑하는 관계가 오래 지속되려면 서로가 잠시 물러나 혼자만의 시간을 가질 수 있는 안전한 장소가 있어야 하고, 자기만의 관심과 흥미를 자유로이 계발할 수 있는 안전한 공간이 있어야 한다. 안정감에 대한 욕구가 자기 성장에 대한 욕구보다 더 커지기 쉬운 시기, 이른바 '사랑에 빠지는' 초기 단계가 지났는데도 여전히 이 두 가지 욕구가 모두 충족되지 않는다면 둘의 관계는 허우적거리기 쉽다.

　아이를 건강하게 사랑하기 위해서는 달과 별이 내 아이를 중심으로 돈다고 믿어서는 안 된다. 아이에게 쏟아지는 집중과 조명은 오히려 아이의 눈을 가리게 된다. 그리하여 자신이 얼마나 특출난 존재인가를 끊임없이 들어온 아이는 다른 사람들을 명확하게 바라보기가 힘들어진다.

　이런 아이는 훗날 자신의 파트너가 온 정성을 다해 무한 열정을 퍼부었던 자신의 부모와 달리 자신에게 그런 열정을 보이지 않을 때 실망할 수밖에 없다. 나는 이런 부류의 아이들이 훗날 이성 친구에게 차였을 때 대개는 아이의 자기도취가 상대방을 지치게 만들었기 때문이다 심하게 분노하며 좌절하는 모습을 많이 봐 왔다. 이런 아이들은 건강한 관계란 영웅 숭배가 아니라 상호성을 바탕으로 한다는 것을 이해하기 힘들어한다.

뿐만 아니라 겉모습을 강조하는 부의 문화는 가뜩이나 불안한 청소년들을 옷차림과 피부, 몸매를 비롯해 몸 전반에 대해 끊임없이 걱정하게 만든다. 여자 청소년들 가운데 절반이 특정 시간에 다이어트를 하고, 이들 가운데 3분의 1은 대학생이 되어 섭식장애로 발전한다.

우리가 신체상body image에 지나치게 사로잡히게 되면 우리의 에너지와 관심은 다른 사람들의 필요를 살피고 공감하는 마음을 개발하는 일로부터 멀어지게 된다. 결국 물질주의에 대한 강조로 인해 아이들은 인류애와 정반대 개념인 소비 지상주의에 빠지게 된다.

건강한 관계에는 항상 정신적 관대함이 포함되기 마련이다. 하지만 부유한 아이들은 덜 부유한 아이들에 비해 유난히 관대하지 못하다. 치사하고, 꽁하고, 감춰두고, 자기도취에 빠진 모습은 사랑하는 관계에는 안 좋은 전조가 된다.

결혼한 사람들 가운데 절반이 이혼을 하는 세상이다. 이것은 아이들에게 잠재적으로 상당히 부정적인 영향을 미친다. 좋은 사랑을 받고, 연민공감의 중요성을 잘 배운 아이들, 다시 말해 다른 사람의 필요에 민감하면서도 자신의 욕구를 존중할 줄 아는 아이들, 자신이 잘 키운 내면생활과 마찬가지로 내면생활을 잘 키운 누군가와 함께 나누기를 좋아하는 아이들, 이런 아이들은 이러한 기술이 부족한 아이들에 비해 만족스럽고 지속적인 관계를 맺을 가능성이 훨씬 높다.

자아가 건강한 아이는
내면의 집을 지을 줄 아는 훌륭한 건축가

이 부분은 지금까지 내가 설명했던 개념 가운데 가장 말하기 힘든 개념이다. 이 자질에는 자기수용, 자기를 좋아하기, 혼자 있을 수 있는 능력, 상황이 힘들어질 때 자기를 다독일 줄 아는 능력이 다 함께 뒤섞여 있다.

바깥세상에서 돌아오면 쉴 집이 필요하듯이 내적으로도 편안하게 쉬려면 내면의 집을 지어야만 한다. 자기를 반겨주고, 지친 몸과 마음을 회복시켜 줄 집을 지어야만 한다. 그곳은 부모인 우리가, 그리고 우리 자녀들이 마음을 가다듬어야 할 때, 신중히 생각해봐야 하거나 스스로를 돌볼 필요가 있을 때 잠시 물러나 쉴 수 있는 곳이다.

이처럼 자신의 내면을 살피고 돌볼 줄 아는 능력은 여러 면에서, 과거에 엄마와 아이가 함께 주고받았던, 서로에게 힘이 되었던 상호작용을 그대로 내면에서 복제한 것이라 할 수 있다. 부모와 아이의 좋은 관계의 한 부분인 따뜻함과 사랑은 훗날 아늑한 내면의 집을 구상할 때 좋은 건축 설계도가 된다.

충분히 사랑받고, 무조건적인 지지를 깊이 경험하고, 부모가 토닥토닥 다독여주고, 거친 물살을 헤쳐갈 수 있도록 도와주고, 자신의 가치가 외적 성취나 다른 사람을 기쁘게 하는 능력에 달린 것이 아님을 부모가 되풀이해서 확인시켜 주었던 아이는 자신이 사랑스럽고 가치 있는 존재라는 느낌을 발전시켜 나간다. 이런 아이들은 자신이 보살핌을 받을 만한 가치가 있는 사람이라 생각하고, 따라서 자기 자신을 보살피게 된다.

하지만 내가 치료실에서 만난 많은 아이들은 이러한 쉼과 위안을 얻을 내적 공간을 계발하는 능력이 극히 낮은 상태였다. 이런 아이들은 자신의 시선을 외부에 맞추는 것에 아주 잘 훈련된 나머지 시선을 내면으로 돌리거나 자기 자신을 되돌아보거나, 자기를 점검하기 위해 바쁘게 돌아가는 일상에서 잠시 멈춰 자기만의 시간을 갖거나, 스스로에게 휴식을 주는 것을 힘들어한다. 그리고 '내면의 집'이라는 개념에 대해 자주 혼란스러워한다.

자신만의 행복한 마음의 공간을 만드는 것이 중요하다

나의 경우 내적 공간이라고 하면 어린 시절 내가 자주 오르곤 했던, 친구나 부모의 간섭 없이 어떤 경험을 만끽하거나 혼자 문제를 해결할 필요가 있을 때 자주 오르곤 했던 뒤뜰의 커다란 참나무 같은 모습이 그려지고, 그런 느낌이 강하게 난다.

살아가면서 예기치 못했던 일들뿐 아니라 인생의 일상적인 숙제를 마주하게 될 때마다 나는 마음속으로 그 참나무의 단단한 가지 위에 앉아 셀 수 없이 많은 시간을 보내왔다.

내가 만난 아이들 모두가 내 마음속 나무가 내게 주었던 것과 같은 기쁨과 위안을 안겨줄 마음의 장소를 만들어야 하고 그러려면 도움이 필요하다. 이러한 공간을 만드는 것은 매우 개인적인 일인데, 한 번 그 방법을 터득하기만 하면 아이는 진정으로 자기 자신을 느낄 수 있는 공간을 더욱 창조적으로 찾아낼 수가 있다.

누군가에게는 그것이 바닷가 모래사장일 수도 있고, 좋아하는 공원, 교각 아래 한 자리, 오래 써서 반질반질해진 할머니의 식탁일 수도 있다. 그리고 단순히 마음이 평화롭고 고요해지는 마음의 자리일 수도 있다.

어린 아이들은 대개 마음이 힘들 때 이런 특별한 장소를 잘 떠올린다. 하지만 안타깝게도 이러한 능력은 흔히 청소년기에 상실되곤 한다. 이 시기야말로 발달 단계상 필연적으로 갈등이 많은 시기이고 그래서 더더욱 이런 공간이 절박하게 필요한 시기인데도 말이다.

지나치게 자극적인 것을 추구하고, 어른들의 귀에는 고통스러울 만큼 큰 소리로 음악을 틀어놓고, 텔레비전이나 라디오, 컴퓨터를 켜 놓은 채 숙제를 하는 모습은 보통의 십대들에게서 흔히 볼 수 있다. 이런 모습은 사춘기라는 시기에 겪게 되는 급격한 변화와 요구, 갈등에서 살아남기 위해 십대들이 나름대로 만들어낸 적응의 한 방법이라 할 수 있다.

아이들은 심리적 불확실성 속에서 고통이 계속되는 것을 막기 위해 끊임없이 머릿속에서 생각을 밀어내려고 애를 쓴다. 이 아이들에게 필요한 것은 내면의 집을 짓고, 그리하여 계속해서 밀려드는 요구에 자기 자신을 그냥 내버려두지 않을 것이라고 안심시키는 것이다. 이런 개념을 경계심 가득한 어린 내담자에게 설명하자, 그 남자아이는 불쑥 이렇게 말했다.

"선생님, 완전 쿨~한 곳을 말하는 거죠?"

실제로 그곳은 완전 쿨~한 곳이다. 그곳에서 아이들은 자신에게 놓인 다방면의 요구들을 잠시 옆으로 치워두고, 자신을 되돌아보거나 아니면 단순히 머리를 '식힐' 수 있다. 우리는 머리를 '식히는 것'을 무시해서는 안 된다. 아이들이 즐겨 쓰는 이 표현은 정신적으로 눈앞의 문제들로부터 잠시 벗어나 방전된 배터리를 재충전하고 싶은 욕구를 반영한다.

다 닳아버린 배터리는 쓸모가 없다. 자신에게 닥친 수많은 도전들을 이겨내려면 아이들에게는 풍부한 에너지원이 필요하다. 이때 에너지원이 되는 것은 단순히 클럽일 수도 있고 잠시 멈춰 보충하는 곳이 될 수도 있지만, 자신만의 기발한 해결책을 마음껏 시도하고 미래의 자신을 빚어보는 무대 또한 될 수 있다.

이 책은 처음부터 끝까지 아이가 내적 자원과 건강한 자아를 만들어가기 위해 필요한 발달상의 필수 요소들을 강조하고 있다. 자기통제, 즐거움을 미룰 줄 아는 능력, 좌절에 대한 내성, 유능감, 자기효능감, 자신의 이익을 위해 행동할 줄 아는 능력, 이러한 모든 요소들은 유전적인 기질과 훌륭한 양육을 통해 발달하고 나타나게 된다. 이러한 요소들이 함께 결합해 건강하고 독립적이며 노련한 내면의 모습을 만들어내는 것이다.

자신을 반겨주는 내면의 집이 그토록 중요한 이유는, 아이들이 이러한 내적 자원들을 시도하고 연습하고 강화할 수 있는 심리적 공간과 기회와 무대를 내면의 집이 제공해주기 때문이다.

자녀가 내면의 집의 토대를 잘 만들어가고 있는지 아닌지 부모가 평가하기란 쉽지 않다. 어찌 됐든 내면의 집은 겉으로 조사할 수 있는 대상이 아니라 내면에서 일어나는 일이기 때문이다. 아이가 자신을 되돌아보고 다독일 줄 아는 내적 능력을 잘 발달시켰는지 아닌지에 대한 결론은 겉으로 보인다기보다 추측할 수 있는 것에 가깝다.

"제가 좀 더 깊이 생각해봐야겠어요."
"제가 지금 그 문제와 씨름 중이에요."

이런 말을 하는 아이는 내적 기술을 키워 가고 있다고 가정할 수 있다. 부모는 아이의 이런 말을 존중해주고, 아이를 너무 몰아붙이지 말아야 한다. "그래, 생각 중이었구나. 잘했네. 잘 생각해보고 뭔가 도움이 필요하면 나한테 이야기하렴."이라고 말하는 것을 통해 부모로서 아이가 필요로 하면 언제든지 도와줄 준비가 되어 있다는 것을 아이에게 분명히 알려주어야 한다. 이를 통해 부모는 아이가 커 가고 있다는 것을 이해할 수 있을 뿐 아니라, 아이에게 부모가 마음을 많이 쓰고 있고, 도움이 필요할 때 함께 이야기할 수 있는 대상이라는 사실을 다시금 확인시켜 줄 수 있다.

건강한 자아가 어떤 모습인지 그 모든 측면을 이 장에서 다루고 있지는 못하다. 그 내용만 다룬다 해도 책 한 권은 될 것이기 때문이다. 하지만 내가 생각하는 건강한 자아의 가장 중요한 요소들 가운데 4가지를 이야기했다. 자율성과 자기효능감, 충동을 조절할 수 있는 능력, 사랑하고 배려할 줄 아는 능력, 내면의 집을 지을 줄 아는 능력이 아이의 건강한 자아에 왜 중요한지를 설명했다.

다음 사례에서는 부모들이 심지어 훌륭하고 주의 깊은 부모들조차 아이의 자기감이 손상되었다는 경고 신호를 어떻게 놓치고 마는지, 그리고 어떻게 하면 부모들이 정직함과 용기를 갖고 아이들을 보다 건강한 궤도로 돌아오도록 도울 수 있는지에 대해 살펴볼 것이다.

부는 아이의 건강한 자아발달을 이끄는
절대 요인이 아니다

타일러는 17살로, 나의 어린 내담자들 중에서도 유난히 마음을 끄는 아이였다. 타일러는 사우스캐롤라이나에서 어린 시절을 보냈는데, 잘생긴 외모에 밝고 부드러우면서도 살짝 끄는 남부 특유의 말투, 그리고 지나치게 예의 바른 모습을 갖고 있었다.

그의 아버지는 회사의 고위 임원이었고, 엄마는 가정주부였다. 타일러는 큰아들로, 여동생이 둘 있었다. 타일러의 가족은 서로 끈끈하고 사랑하며 경쟁심이 강했다. 부모는 세 아이 모두에게 기대감이 높았다. 그러면서 세 아이들이 기질적으로 큰 차이가 있다는 사실을 자주 잊어버리곤 했다.

내가 타일러를 처음 만난 것은 16살 때였다. 부모가 타일러의 동기 부족을 걱정해서 상담실로 데려온 경우였다. 부모는 타일러가 우울해하는 것 같다며, 우울감이 가족 안에 스미는 것을 특히 걱정했다.

타일러는 좋은 성적을 유지하고 있었고, 학교에서는 뛰어난 축구 선수로 활약하고 있었다. 하지만 자주 우울감을 느낀다는 점은 타일러 자신도 동의했다. 타일러를 상담했던 나의 초기 상담 수첩에는 이렇게 쓰여 있다.

"저는 다른 아이들이 부모님한테 사 달라고 하는 물건들을 다 갖고 있어요. 하지만 실은 아무것에도 별로 흥미가 없어요. 전 그냥 일종의 시늉을 하고 있을 뿐이에요. 부모님을 자랑스럽게 해 드리려고 노력하는 시늉을요."

타일러는 말솜씨가 뛰어난 아이였는데도 자신에게 의미 있는 것을 꼭 집어 말하는 것을 어려워했다. 부모의 걱정은 진심이었지만 그저 타일러가 좀 더 열심히 공부해서 아빠가 나온 명문 고등학교에 입학하게 되면 다시 제자리로 돌아올 것이라고 생각했다. 엄마는 매일 밤 몇 시간씩 타일러의 학교 리포트를 읽고 또 읽었으며, 중요한 시험이 다가올 때마다 높은 성적을 유지하도록 타일러를 다그쳤다.

타일러는 주기적으로 취할 때까지 술을 마셨는데, 부모는 타일러의 그런 행동을 십대 남자 아이들의 객기쯤으로 무시한 반면, 학업 면에서는 조금만 잘못해도 혼을 냈다.

매력적인 운동선수였던 타일러는 여자 아이들을 사귀는 데는 어려움이 없었지만 정서적 유대감은 전혀 느끼지 못했다. 중학교 3학년이 되었을 무렵, 타일러의 불행감은 점점 더 커졌지만 아버지는 은밀하게 모교에 손을 써서 아들의 명문고 입학을 도울 수 있었다.

고등학교를 마친 타일러가 동부 해안 지역미국은 동부 해안 지역에 명문 대학들이 많다. 옮긴이으로 떠났을 때, 타일러의 부모는 안도의 숨을 내쉬었다. 나는 부모에게 타일러가 그런 강도 높은 학업 스트레스를 감당할 준비가 되어 있지 않고, 집에서 3천 마일이나 떨어진 곳에서 지내는 삶이 타일러에게는 많이 버거울 거라고 설명했지만 부모는 납득하지 못했다.

타일러가 떠난 후 몇 달 동안 나는 이따금 타일러의 부모와 마주쳤고, 그때마다 부모는 타일러가 그 학교를 얼마나 좋아하는지 모른다며 열변을 토하곤 했다. 하지만 그것은 여전히 일주일에 몇 번씩 내게 전화를 걸어 눈물짓고, 심해져만 가는 우울증, 늘어만 가는 약물 남용, 사실은 있지도 않은 수업에 참석했다고 말하는 타일러의 행동과는 완전히 대조되는 것이었다.

석 달 동안의 위장 게임 뒤 타일러는 마침내 집으로 돌아오기로 했다. 나는 타일러를 도와주기로 했고, 그는 자신이 얼마나 비참하게 살고 있는지 부모에게 털어놓기로 했다.

독毒으로 작용하는 부모의 과잉 기대

내가 만나는 돈 많고 힘 있는 집안의 많은 아이들처럼 타일러는 그야말로 진퇴양난이었다. 자기에게 시간과 관심과 돈을 쏟아붓는 부모를 실망시키고 싶지 않기에 아이는 부모의 기대와 걱정이 안겨주는 부담감 속에서 자기도 모르게 자아 발달을 희생시키고 말았다.

사실 자수성가한 타일러의 아버지는 아들의 삶을 최고의 자리로 끌어올려야만 했고, 아들이 더 편안한 삶을 살기를 원했다. 하지만 안타깝게도 그 과정에서 아버지는 타일러가 자신과는 상당히 다르다는, 훨씬 내성적이고 투지가 적다는 사실을 간과하고 말았다.

그러는 사이 타일러의 엄마, 곧 남편은 일에 치여 가정에 소홀할 때가 많고 영리하지만 지적으로 아무런 배출구도 없던 그녀는 자신이 이루지 못한 야망을 타일러가 이룰 수 있도록 모든 지원을 아끼지 않았다. 아들에 대한 지나친 간섭 덕분에 그녀는 자신의 불행감과 남편에 대한 분노로부터 멀어질 수 있었다.

타일러가 거울을 들여다보면 그곳에는 부모가 바라는 모습만이 보일 뿐이었다. 강하고, 경쟁적이고, 아주 성취적인 사람. 하지만 영리하고 심리적으로 기민했던 타일러는 그것이 자신의 진정한 자아, 아직 계발되지 못한 자아와는 거의 무관하다는 사실을 잘 알고 있었다.

타일러와 부모, 함께 변화를 시작하다

타일러가 자신의 진짜 생활 모습을 부모에게 털어놓자 그들은 혼란스러워하고 분노했다. 자신들은 아들의 성공을 위해 모든 것을 하지 않았던가? 다행히도 타일러의 부모는 상담을 통해 자신들의 욕구와 지나온 삶을 이해하게 되었다. 그 결과 자신들이 너무 많은 것을 아들에게 쏟아부은 반면, 부모로서 해야 했던 중요한 역할, 곧 아이로부터 한 발짝 물러나 아이가 무엇을 좋아하고 무엇을 싫어하는지를 알고, 아이에게 아이 자신의 관심사와 우선순위를 만들어나갈 수 있는 안전한 공간을 마련해주는 일을 소홀히했음을 이해하게 되었다.

겉으로 타일러는 모범적인 학생과 훌륭한 운동선수, 착한 아들, 착한 오빠 행세를 능숙하게 했지만, 진짜 타고난 자신의 삶이 어떤 것인지에 대해서는 아무런 실마리도 잡지 못하고 있었다. 타일러는 자신이 가짜라고 느꼈다. 그리고 자신의 진짜 모습, 곧 상냥하고 사려 깊고 조용하며 협조적인 자신을 사랑하고 수용할 수 없게 만든 부모에 대해 자신이 얼마나 분개하고 있는지를 알게 되었다.

타일러의 음주, 약물 문제, 우울감, 수업 불참 모두 진짜 자기 존재가 마땅히 사랑받아야 할 사람들로부터 거부당한 것에서 생긴 분노의 곁가지였던 셈이다. 다행히 타일러의 사례는 부모의 진심어린 사랑과 선한 의도가 있었기에 성공적인 결과로 이어질 수 있었다.

타일러는 이 지역에 있는 대학에 다니며 1년 동안 다시 상담을 이어갔다. 나는 타일러가 자신에게 부족했던 자기관리 기술을 개발시켜 나가는 데 많은 시간을 할애했다. 그 결과 타일러는 자기 일을 해나가고, 술이나 약물로 현실을 회피하지 않고, 현재에서 좌절을 경험하고, 부모와는 상당히 다른 자신의 일부분을 존중하는 법을 배워나갔다.

그리고 내면으로 시선을 돌려 문제를 살펴보고 싶을 때 조용히 쉴 수 있는 자기만의 내적 공간을 만들 수 있었다. 타일러는 종종 축구장에 서 있는 자신을 떠올리곤 했는데, 타일러에게 축구장은 편안하고 자신감이 느껴지는 곳, 자기를 힘들게 하는 문제들을 뻥 차 버릴 수 있는 공간이었다.

부모와의 대화도 이어졌다. 이를 통해 부모는 타일러에게 명령하듯 말하지 않고, 아이를 사랑하는 연습을 해나가는 동시에 점점 더 독립적이 되어 가는 아이를 보고 인내하는 훈련을 할 수 있었다. 타일러의 엄마는 자신의 관심이 오로지 아이에게만 집중되지 않도록 파트 타임 일자리도 구했다.

몇 차례의 혹독한 상담 시간을 통해 아버지는 아들인 타일러가 어떤 면에서는 자신을 닮았지만 또 어떤 면에서는 상당히 다르다는 것을 인정하게 되었다. 아버지의 진짜 의도는 어린 시절 자신이 빼앗겼던 기회들을 아들에게 전부 주고자 했던 것이지만 자기도 모르게 그것은 아들에게 또 다른 식으로 기회를 빼앗고 있는 셈이었다.

타일러는 아버지의 인정을 갈망했지만 자신의 진짜 모습을 보면 아버지가 실망할 것이라고 느꼈다. 그러다보니 부모의 모든 관심이 타일러에게 쏟아졌는데도 정작 타일러는 자신의 길을 추구하기 위해 필요한 지지와 관심을 받지 못한다고 느꼈다.

대학 1학년 말 무렵 타일러는 집에서 나와 독립했다. 물론 치료는 계속해나갔다. 2학년 끝 무렵에는 뛰어난 심리치료 프로그램이 마련되어 있는 대학으로 편입했다. 이 멋진 선택, 더 중요하게는 이 진실한 선택은 다른 사람들을 향한 타일러의 사랑과 타일러만의 온화한 태도 그리고 사람에 대한 진지한 관심이 합쳐져 빚어낸 놀라운 선택이었다.

타일러는 여자 친구와도 진지한 교제를 시작했는데, 그녀는 지지적일 뿐만 아니라 때로 타일러가 잠시 물러나 혼자서 문제를 풀고 싶어 하면 그러한 욕구를 존중해주는 사람이었다.

우울증과 혼돈, 음주와 약물 남용, 방탕, 기만 그리고 자기를 옹호할 줄 모르던 타일러의 모습은 모두 손상된 자아의 곁가지라 할 수 있는 자기조절의 실패에서 비롯되었다.

겉으로 볼 때 타일러는 상대방에게 아주 안정된 사람이라는 느낌을 주는 데 탁월했지만, 정작 자신은 무능하고 자신의 삶을 책임질 수도 없다고 느꼈다. 부모의 비난은 타일러에게 자신이 사랑받을 만한 존재가 되지 못한다고 느끼게 만들었고, 그것은 우울증의 원인이 되기도 했다.

그런 타일러가 앞으로 나아가 좀 더 건강한 토대를 만들어나갈 수 있었던 것에는 많은 요인들이 있었다. 변하고자 하는 타일러의 동기, 심리적 호기심, 부모를 향한 마음속 사랑과 분노를 함께 살펴볼 수 있는 타일러의 힘이 그것이었다. 또 기꺼이 자신의 지나온 삶을 점검하고자 했던 부모의 도움도 있었다.

부모가 자신의 해결되지 않은 문제, 곧 부모의 외로움과 불안이 아들의 문제를 만들어내는 데 어떤 역할을 했는지 살펴볼 용기가 있었기 때문에 이 가족은 위기에서 빠져 나와 이전보다 더 돈독하고 건강하며 서로를 진정으로 볼 줄 알고 소중히 여기는 가족으로 거듭날 수 있었다.

부모인 우리가 부모로서 느끼는 어려움을 정직하게 직면하고, 불안이나 우울, 알코올과 약물 남용이나 부부 문제와 관련해 부모 자신의 문제를 고쳐 나가려고 노력할 때마다 우리는 자녀뿐만 아니라 우리 자신도 도와주고 있는 것이 된다. 부모의 이러한 노력을 통해 아이들, 특히 십대들은 불행하고 간섭하는 부모로부터 정서적으로 독립할 수 있고, 타일러의 사례처럼 훨씬 좋은 결과로 이어져 부모와 아이가 함께 문제를 해결해나갈 수 있게 된다.

부모의 삶을 아이의 삶에 투사하지 말라

이 세상의 모든 아이가 다르고, 모든 가족이 다르다. 만약 타일러가 덜 경쟁적이고, 덜 비난하는 가정에서 태어났다면 청소년기를 병들게 했던 우울증이나 약물 남용을 처음부터 피할 수 있었을지도 모른다.

그런가 하면 경쟁을 좋아하고, 아빠의 높은 기대감에도 편안해했던 타일러의 여동생은 심각한 정서적 문제를 보이지 않았다. 사실 아이의 정서적 어려움을 예측할 수 있는 단 하나의 요인이란 것은 없다. 물론 부모의 양육 방식이나 부모 자신의 어떤 문제들이나, 특별한 사회·경제적 환경들이 아이가 적응하는 데 부정적인 영향을 줄 수 있다는 것은 사실이다. 하지만 잘 알다시피 비참할 정도로 가난한 가정 환경에서도 튼튼하고 건강한 자아를 가진 아이가 나올 수 있고, 경제적으로 부유한 환경에서도 자아가 손상된 아이가 나올 수 있다.

지위나 돈, 재산이나 성취, 아이가 들어가는 학교나 아이가 받은 성적은 건강한 자아 발달에 기여하는 요인이 아니다. 남편과 나는 둘 다 가난한 가정에서 자랐고, 당연히 대학교와 대학원 과정을 모두 스스로의 힘으로 마쳤다. 우리의 세 아이들은 엄마가 한 손으로 햄버거를 구우면서 다른 한 손으로는 스타인벡의 책을 읽던 이야기나, 아빠가 보스턴의 여학생들을 위한 예절학교에서 양복에 넥타이를 차려입고 서빙을 하던 이야기를 자주 듣고 자랐다. 이런 이야기들이 아이들의 귀에는 우리가 생각했던 것보다 훨씬 재미있고 나름 자부심이 느껴지는 이야기로 들렸다는 것을 나중에야 알게 되었다.

아이들이 자라 대학에 들어가게 되었을 때 남편과 나는 아이들이 밤늦게까지 아르바이트를 하고 다음날 녹초가 된 몸으로 강의실에 들어가지 않아도 된다는 사실에 기뻤다. 우리는 세 아이들을 불러놓고 '너희가 공부하고 싶어 하는 한 엄마 아빠는 학비를 대줄 것이며, 그 이후에는 각자 자립하라'고 말했다. 우리 부부는 아이들을 이렇게 뒷받침해 줄 수 있다는 사실에 살짝 뿌듯함을 느꼈다.

그런데 로스쿨을 절반 정도 마쳤을 무렵, 큰 아이가 우리에게 더 이상 학비를 대주지 않아도 된다고 말했다. 잠깐씩 일도 하면서 대출을 받고 싶다고 했다. 그리고 졸업 뒤에 대출금을 갚고 싶다고 했다. 남편은 기뻐했지만 나는 아니었다.

"왜 스스로 고생을 사서 하려고 하니? 빚 하나 없이 출발할 수 있는데 말이야."

사실 내 말은 애원에 가까웠다. 하지만 아들의 대답은 간단명료했다.

"공부도 어느 정도는 내 힘으로 한 것이면 좋겠어요."

큰 아이는 전에 우리가 들려주었던 이야기를 꺼내면서, 그때 엄마

아빠가 혼자 힘으로 공부를 해낸 것을 얼마나 자랑스러워했는지 일깨워주었다.

내 안의 엄마라는 존재는 아이를 보호하고 아이에게 좀 더 쉬운 인생을 만들어주고, 내가 누리지 못했던 휴식을 갖게 해주고 싶어 했다. 하지만 아이는 엄마인 내가 이 책을 쓰기 위해 자기발달의 핵심을 꼼꼼히 검토하고 있는 것을 몇 달째 들어왔던 터였고, 24살의 나이에 자신이 좀 더 재정적으로 책임감을 가져야 하고, 자신의 인생을 좀 더 자신이 다스리고 있다고 느낄 필요가 있음을 이해하고 그렇게 하기로 결심했던 것이다.

나는 내가 쓴 원고를 읽고 또 읽기 시작했다. 그리고 이내 아이가 옳았다는 사실을, 가끔은 조언보다 실천이 어렵다는 사실을 다시금 깨달았다.

자아란 부모와 아이의 상호작용의 도가니 속에서 생겨난다. 부모가 아이의 탐험을 격려해주고, 독립적인 모습에 박수갈채를 보내고, 아이에게 자기조절을 요구할 때마다 아이의 자아는 건강해지고 튼튼해진다.

우리가 아이들에게 사주는 물건들, 우리가 아이에게 애써 제공해주려고 하는 혜택들은 실은 발달하고 있는 아이의 욕구나 필요보다는 부모인 우리 자신의 욕구를 보여준다. 예컨대 나는 십대 때 아버지를 잃었고, 그때 내가 할 수 있었던 일들, 그리고 어찌 할 수 없었던 문제에 대해 느꼈던 절망감을 내 아이만은 절대로 느끼지 않기를 바랐기 때문에 아이에게 그토록 학비를 대주고 싶었던 것이다.

하지만 그것으로 지난날 내가 놓쳐버린 기회들을 보상받을 수는 없다. 온전히 혼자 힘으로 서고 싶어 하는 아들을 위해 내가 학비를 대신 내주는 것은 또 다른 식으로 문제를 만들어내는 것일 뿐, 그것으로 나의 아쉬움을 보상할 수는 없다.

대부분의 부모들은 알고 있다. 부모인 우리가 아이 인생의 어떤 부분에 지나치게 자기 자신을 쏟아붓고 있을 때 우리를 따라다니는 그 느낌을 말이다. 그 느낌은 부모인 우리 자신의 욕구를 점검하라는 경고임에 틀림없다.

성숙과 발달이라는 과업이 아이만의 것이어서는 안 된다. 우리가 아이들에게 앞으로 나아가라고 격려하는 것과 마찬가지로 부모인 우리 역시 성숙과 발달 과정에 있으며 앞으로 나아가야 하는 존재라는 사실을 명심해야 한다.

어쩌면 너무 부담스러운 요구처럼 들릴 수 있을 것이다. 하지만 부모인 우리가 자신의 욕구를 이해하고 돌본다면, 그리고 각각의 발달 단계마다 아이의 욕구 역시 진화한다는 사실을 이해한다면 그렇게 어려운 요구는 아닐 것이다. 부모로서 한결같아야 하는 많은 부분, 곧 우리의 사랑과 지지, 훈육에 대한 마음은 한결같아야 하지만 그 형태는 아이의 지적, 정서적, 심리적 욕구와 능력에 따라 달라져야 한다.

Part 3

물질적 풍요의 폐해로부터
내 아이를 지키는 법 〈기초편〉
-핵심은 자율성이다

Chapter 5

아이의 나이에 따라
양육 전략도
달라져야 한다

유치원에서 돌아온 5살짜리 당신의 아이가 마룻바닥에 철퍼덕 앉아 울부짖기 시작한다.

"다시는 안 갈 거야. 모두들 너무너무 야비해."

유치원 가방에 담긴 교사의 메모에는 식수대에서 줄을 서서 기다리라고 했는데 아이가 거부하자 '타임아웃'을 주었다고 적혀 있다. 야구 연습에서 돌아온 당신의 10살짜리 아이가 부엌 바닥에 포수용 장갑을 내던지며 폭발한다.

"나 이제 야구팀 안 할 거야. 코치가 날 외야로 집어넣었단 말이야. 정말 치사해."

화가 치민 아이는 방으로 들어가 버리고, 잠시 뒤 아이의 방 문이 쾅 하고 닫힌다. 치어리더 연습에서 돌아온 당신의 15살 먹은 딸아이가 부엌에 들어선다. 당신이 아이에게 오늘은 어땠냐고 묻자 아이는 눈을 굴리며 화난 투로 말한다.

"우리 팀 여자애들은 다 못됐어요. 난 관둘 거예요. 정말 비열한 애들이에요."

아이는 더 이상의 이야기를 거부한 채 자기 방에 들어가 휴대폰으로 가장 친한 친구에게 오늘 자기가 얼마나 상처받았는지 열을 내며 이야기하기 시작한다. 위와 같은 상황에서 당신이라면 어떻게 할까?

1. 무슨 일이 있었는지 자세히 물어본다.
2. 아이가 얼마나 기분이 상했을지 공감해준다.
3. "우리 딸이 정말로 화가 많이 났구나. 하지만 그런 식으로 말하는 것은 받아줄 수 없단다."라고 말한다.
4. 아이가 화난 이유를 알아보기 위해 교사나 코치에게 전화한다.
5. "엄마아빠는 네가 잘 해결할 거라고 믿어."라고 말한다.

정답은 무엇일까? '상황에 따라 다르다'이다. 피할 수 없는 개인적인 문제나 인간관계 문제를 아이가 효과적으로 다룰 수 있도록 도와주기 위해서는 부모가 먼저 아이의 일반적인 발달 과정에 대해 이해하는 것이 밑받침 되어야 한다.

아이의 나이에 따라
개입 방법과 정도가 달라야 한다

아이가 유아기에서 청소년기로 넘어가면서 생각하는 기술과 사회 기술이 어떻게 발달하는지는 아동 발달에 관한 연구에 잘 나와 있다. 부모의 개입 중 어떤 것들, 예컨대 공감해주기 같은 것은 아이의 나이와 상관없이 도움이 되는 반면, 교사에게 전화를 한다거나 그냥 내버려두는 식의 개입은 아이의 나이와 발달 단계에 따라 그 효과가 크게 달라진다.

물론 나이가 늘 개별 아이의 발달 단계가 어디인지를 말해주는 정확한 지표는 아니다. 하지만 전반적으로 아동 발달을 상당히 대표하는 지표인 것은 사실이다.

앞의 사례들은 각기 다른 세 가지 발달 단계에 있는 아이들이 직면한 비슷한 갈등들을 잘 묘사하고 있다. 이때 부모는 어떤 반응을 보여야 할까?

아이는 자신이 처한 발달 단계가 있고, 그 단계마다 고유한 과업이 있기 마련이다. 부모는 아이가 이러한 과업을 다룰 때 도움이 되는 기술들을 발전시키는 쪽으로 반응해야 한다.

예컨대 유치원에 다니는 아이는 자기통제력과 좌절에 대한 내성과 같은 기술을 키워나가야 하고, 초등학생이라면 자신의 능력을 정확히 평가하는 법을 배워야 한다. 또 십대 아이는 정체성과 독립이라는 문제를 해결할 필요가 있다.

이것을 잘 알고 있는 부모라면 유치원 교사에게 전화를 걸어 아이가 이런 식으로 자기통제가 부족한 모습을 보인 것이 얼마나 오래되었는지 알아볼 것이다. 하지만 10살짜리 초등학생 아이를 위해서는 당연히 코치에게 전화를 하지는 않을 것이다. 대신 아이가 자신의 기술이 실제로 어느 정도인지를 평가할 수 있도록 도와주고, 속상한 마음을 코치에게 이야기하는 방법을 알려줄 것이다.

십대 아이인 경우에도 대개 치어리더 팀의 단장에게 전화를 거는 일은 없을 것이다. 청소년기 중반에는 아이가 독립적으로 결정하고 행동하도록 돕기 위해 부모가 아이와 함께 여러 가지 대안을 탐색해 보고, 그 방법이 안전하고 적절할 경우 최종 결정은 아이 손에 맡기는 것이 가장 유익하다.

아이의 발달 과정을 이해하는 것이 중요하다

아이들은 나이마다 해당되는 발달 과업을 두고 씨름한다. 그리고 완벽하진 않아도 나름 적절한 해결책에 이르게 되고, 그런 다음 다시 다음 과제로 옮겨간다. 그런데 한 지점에서 발이 묶이게 되면 아이는 진로를 벗어나게 된다.

예컨대, 초등학교 아이가 수업 시간에 할 말이 있어 손을 들었다고 치자. 그런데 아이가 이 시기에, 선생님이 자기 이름을 불러줄 때까지 기다릴 줄 아는 자기통제를 충분히 연습하지 못한다면 아이는 훗날 학교에서 여러 가지 어려움에 부딪힐 수밖에 없다. 아이의 잘못된 행동을 변명해주는 부모, 충동적인 행동의 결과가 어떤 것인지 아이 스스로 경험할 수 있도록 놔두지 않는 부모의 행동은 아이가 앞으로 나아가는 것을 방해한다. 예컨대 아이 자신의 관심사와 능력 알아내기, 여자 아이에게 말을 건네는 법 배우기, 성적 정체성 굳히기 같은 다음 단계의 발달 과제가 방해를 받는다.

이런 아이는 자기통제력을 충분히 습득해서 더 이상 이것이 자기 삶에서 큰 문제가 되지 않게 될 때까지 사회적으로, 심리적으로 뒤처지게 된다. 그리고 적절한 자기통제력을 계발하고 나서야 비로소 사춘기 전단계의 핵심 이슈에 관심을 돌리며 제자리를 찾을 수 있다.

아이들의 정상적인 발달 과정을 이해하는 것은 흥미롭기도 하지만 전반적으로 통찰과 깨달음을 요하는 과정이기도 하다. 사실 서점이 온통 자녀 교육에 관한 책들로 채워지기 전에도 이미 많은 부모들이 오랫동안 아이들을 잘 키워 왔다. 다만 요즘은 부모들이 아이들에 대한 지나친 걱정 때문에 양육에 대한 통찰들을 놓치고 있을 때가 많다.

예컨대 부모인 우리가 십대였을 당시 갈망했던 것들을 기억해내는 식의 통찰을 들 수 있다. 이런 통찰은 부모들에게 청소년기란 독립적으로 살아가는 기술을 훈련하고, 자아를 연마하며, 부모의 간섭 없이 자유롭게 자기만의 관심사와 능력을 넓혀 나가는 시기라는 사실을 다시금 일깨워줄 것이다.

하지만 경쟁적인 부모들은 청소년기의 발달 과제와 리듬에 맞추기보다 성공에 대한 불안감에 사로잡힌 나머지 당연히 십대 아이가 직접 해내야 할 몫의 일에 계속해서 개입하게 된다.

"야구팀은 그만둬. 고등학교에 들어가면 절대 대표팀에 들지 못할 거야."

"넌 수학물리학 상을 꼭 타야만 해. 대학에 지원할 때 높은 가산점을 얻을 수 있거든."

앞에서 살펴보았다시피 아이를 양육할 때 불안감에 밀려 결정을 할 경우, 그 결정은 가장 좋은 선택이 아닐 가능성이 많다. 그런데 만약 아이가 야구를 그만둬야 하는지 아닌지, 또는 상을 타야만 하는지 아닌지 같은 질문이 부모의 불안감 때문이 아니라 아이의 욕구와 능력을 살피는 식으로 이루어진다면 그야말로 타당한 질문이 될 것이다.

양육 결정을 어떻게 해야 하는지 정확하게 판단하려면 우선 아이의 나이 때마다 전형적으로 나타나는 갈등과 능력이 무엇인지 구체적으로 알아야 한다. 그런 다음 실제 내 아이의 발달 정도를 가늠하고, 그것을 토대로 양육 결정이 이루어져야 한다.

그런데 이때 아이의 발달에 있어서 부모의 양육이 가장 중요하고 유일한 변수라고 강조하는 관점에는 주의할 점이 있다. 모두가 알다시피 불우한 가정환경에서도 훌륭한 아이가 나오고, 사랑이 많고 아이에게 열심인 집안에서도 구제불능인 아이가 나오기 때문이다.

현대의 신경과학 분야는 계속해서 획기적으로 발전하고 있다. 과학자들은 PET스캔양전자 방사 단층촬영 탐사과 MRI 같은 영상 기계를 이용해 단순히 겉으로 보이는 뇌의 해부학적인 면뿐만 아니라 그것이 활성화되는 부위까지 볼 수 있게 되었고, 그리하여 환경과 유전이 어떻게 상호작용하는지에 대한 이해가 급격하게 발전하고 있다.

하지만 인간의 행동은 놀라우리만치 복잡하며, 연구자들이 뇌의 움직임이 어떻게 행동으로 이어지는가를 보기 시작한 것은 이제 초기 단계라는 사실을 명심해야 한다. 아직까지 뇌와 관련해 우리는 원인과 그 결과에 대해 아는 바가 거의 없다.

만약 아이가 개를 두려워한다면 2살 때 개한테 물린 적이 있기 때문일 수도 있고, 부모가 아이의 그런 두려움을 공감해주지 않고 대수롭지 않은 일로 넘겨버렸기 때문일 수도 있다. 그것도 아니면 수만 가지 또 다른 이유가 있을 수도 있다. 이처럼 원인과 결과 사이의 연결고리를 끌어낼 때는 겸손해질 필요가 있다.

한편 과학자들은 위험을 무릅쓰기, 낙관주의·비관주의, 내향성·외향성, 불안과 같은 특성이 아주 미묘하게 다르다는 것을 발견하고 있다. 흥미로운 사실은 일반적으로 우리는 이러한 특성들이 유전적인 것이라고 생각하지 않지만, 연구자들은 이제 인간 게놈에서 질병뿐 아니라 다수의 심리적인 특성과 연관되어 있는 부위를 정확히 집어내게 되었다.

우리는 이미 조증과 우울증이 반복적으로 나타나는 양극성 장애를 유전적인 토대에서 보는 데에 익숙해 있다. 하지만 아이의 엇나가는 모습을 유전적인 문제로 생각하기란 쉽지 않은 일이다. 그렇지만 아이의 행동 중 얼마나 많은 부분이 유전적으로 암호화되어 있는지를 이해하게 된다면, 아이가 부딪히는 어려움들을 공감해주기가 한결 쉬워질 수도 있다.

우리는 이러한 논쟁을 파워 싸움으로 돌려버림으로써 아이를 더 엇나가게 만들 수도 있고, 이따금 사람들은 똑같은 것을 보고도 각기 다르게 본다고 이야기해주며 이러한 논쟁을 대화로 이끌 수도 있다. 다만 부모에게 도움이 되는 자세는, 아이의 성격을 전적으로 아이 개인의 문제로 여기거나 반대로 아이의 성격을 전부 부모인 우리의 책임이라고 느끼지 않는 것이다.

다음 내용에서는 아이가 아동기를 거쳐 청소년기로 옮겨감에 따라 인지 발달아이가 어떻게 생각하는가과 사회 발달아이가 어떻게 다른 사람들과 관계를 맺는가의 진행 과정, 그리고 그 과정에서 일반적으로 겪게 되는 양육 과제어려움들을 살펴볼 것이다. 그리고 부유함과 연관된 양육의 함정들도 조명할 것이다.

만 2~4세
: 마법 같은 나이

인지적 발달

다 큰 어른이 유치원생의 마음속에 들어가 보기란 상당히 힘들다. 이처럼 어린 아이들은 세상을 어른들처럼 생각하지도, 행동하지도, 경험하지도 않는다. 이 시기의 아이들은 세상을 인식할 때 논리에 메이지도 않는다. 눈앞에서 벌어지는 일들을 바라볼 때도 마법이 일어나 그렇게 된 것처럼 알아차린다.

어린 아이는 어른이나 자기보다 큰 아이가 무언가를 했을 때 그 원인과 결과는 이해하지 못한 채 현상만을 보기 때문에 복잡하거나 변화하는 관계를 이해하지 못한다. 예를 들면 이런 식이다.

3살짜리 아이에게 빨간 자동차를 갖고 놀게 해보자. 아이가 볼 수 있는 자리에서 빨간 차 앞에 녹색 필터를 놓는다. 이 필터는 빨간 차를 검은색으로 보이게 만드는 효과가 있다. 그런 다음 아이에게 차가 실제로 무슨 색이냐고 물으면 아이는 까만색이라고 대답할 것이다.

4살짜리 아이에게 모양이 똑같은 긴 유리잔 2개를 보여준다. 그리고 유리잔에 똑같은 양의 물이 담겨 있는 것을 보여준다. 그런 다음, 아이가 지켜보는 앞에서 한 쪽 유리잔의 물을 넓적하고 얕은 다른 유리잔으로 쏟는다. 그러면 아이는 넓적하면서 얕은 유리잔보다 긴 유리잔의 물이 더 많다고 생각할 것이다.

3살짜리 아이에게 어디에 사는지 대답해보라고 하면 아이는 묻는 사람이 집 주변에 대해 다 알고 있다고 생각하고 이렇게 대답할 것이다.

"그냥 거기로 가서 돈 다음 다시 걸으면 그 집이 우리 집이에요."

처음 두 사례에서 볼 수 있는 공통점은 어린 아이들이란 단순히 자기 눈앞에 있는 것만을 본다는 사실이다. 아이가 방금 전에 보았던 사실, 곧 빨간 차와 똑같은 양의 물이 담긴 두 개의 유리잔은 지금 아이 눈앞에 보이는 현실, 곧 검정색 차와 서로 다른 모양의 잔에 담긴 물이라는 즉시성눈앞의 현실에 밀리고 만다. 심리학자들은 이러한 사고 유형을 구체적 사고또는 경직된 사고concrete thinking : 이는 개념적 사고나 추상적 사고의 반대 개념이다라고 한다. 구체적 사고는 물리적인 겉모습이나 눈에 쉽게 보이는 모습에 생각이 묶이게 된다.

세 번째 예에서는 아이들의 자기중심적 사고가 확실히 드러난다. 아이는 단순히 자기 관점에서만 자기가 사는 곳을 알고 있고, 묻는 사람 역시 '거기', '그 집'을 알고 있다고 생각한다. 이 시기의 아이들은 자신의 눈을 통해서만 사물을 볼 수 있고, 다른 사람의 관점을 상상하는 데 커다란 어려움이 있다. 그리고 흑백의 사고를 갖고 있으며, 정확성은 별로 중요하지 않다.

어린 아이가 언어로 자신을 표현하는 능력이 발달하는 것은 자아 발달에 어마어마한 영향을 미친다. 언어를 통해 아이는 사물에 이름을 붙이고, 스스로를 정의내릴 수 있게 된다. '착하네'라는 말을 수천 번 정도 들은 후에야 2살짜리 아이는 그 말을 따라 한다. 이처럼 간단한 문구를 통해 아이는 초기 자아개념이 발달하기 시작한다.

또한 언어는 어린 아이가 과거에 있었던 일을 현재에 기억할 수 있게 도와준다. 엄마가 가버리고 나자 불안해진 아이는 "엄마는 어제 집으로 왔어."라는 말을 기억하고 스스로에게 되뇔 수 있을 때 위안을 얻게 된다. 이처럼 기억과 언어가 합쳐져 어린 아이에게 연속성에 대한 감각지금 아이 눈에 엄마가 보이지 않아도 엄마가 여전히 존재한다는 것. 옮긴이을 안겨주기 시작하고, 이러한 연속감은 분노나 두려움의 순간을 물리칠 수 있게 해준다.

사회적 발달 : 아이에게는 부모야말로 가장 중요한 '사회'

이 시기의 아이들에게 부모는 여전히 인생에서 가장 중요한 사람이지만 아이의 세상은 점차 확장되기 시작한다. 가령 유치원과 놀이터는 이제 막 시작된 사회 기술을 키워나갈 수 있는 기회를 제공해준다.

이 시기에 아이들은 흑백 사고를 갖고 있기 때문에 사회적 관계도 아주 사랑하든지 아니면 아주 미워하든지적어도 잠시 동안이라도 둘 중 하나일 수 있다. 엄마 품에 안겨 엄마를 영원히 사랑할 거라고 말하던 아이가 그 다음날이 되면 "엄마는 세상에서 제일 나쁜 엄마야."라고 말할 수도 있다. 이 시기의 아이들은 대체로 사랑이란 것이 하루를 주기로 돌아간다. 오늘 시작되어 오늘 끝나버린다. 그리고 내일 다시 사랑이 시작되는 것이다.

만 2세 직전에 아이들은 자신의 행동이 주변 어른들에게 영향을 미친다는 것을 이해하기 시작한다. 그리고 어른들이 하면 안 된다고 하는 행동은 피하는 반면, 칭찬해주는 일은 열심히 추구하기 시작한다. 이처럼 아이는 어른들의 규범을 인정할 줄 알게 되고, 이러한 능력은 아이로 하여금 죄책감이나 수치심, 그리고 성취감을 경험하게 해주는 기초가 된다.

"어제 조니가 과자를 너에게 나누어주었을 때 네 기분이 얼마나 좋았는지 기억해보렴. 오늘 조니가 슬퍼 보이던데, 엄마 생각에는 네가 조니에게 과자를 나눠주면 조니 기분이 좀 좋아질 것 같은데."

이 말에 아이는 인정을 베푸는 쪽으로 동기화가 되는데 그래야 부모가 행복해한다고 생각하기 때문이다. 반대로 부모가 실망감을 표현하면 아이는 죄책감이나 수치심을 느끼기 쉽다. 예컨대 엄마가 "어쩜 또 바지에 오줌을 쌀 수가 있니?"라며 버럭 화를 내면, 아이는 수치감을 느끼고 비난받는다고 생각하면서 죄책감을 경험하게 된다. 게다가 엄마는 아이에게 자기조절또는 자기통제 기술을 가르칠 기회를 놓쳐 버리고 만다.

그러므로 무턱대고 화를 내기보다는 바지에 오줌을 싼 아이에게 몸의 감각을 알아채고 그것에 반응하는 방법을 다시 알려주는 편이 좋다. 아이가 자기 몸의 기능에 대해 통제감을 갖는 것이야말로 자신이 자기 삶을 통제하고 있다고 느끼게 해주는 바탕이 된다.

아이에게 자기관리 기술과 너그러운 행동을 심어주려면 부모를 기쁘게 해주고 싶어 하는 아이의 욕구를 활용하면 좋다. 이 나이의 아이들은 다른 사람의 입장에서 보는 능력이 없기 때문에 다른 사람에게 진정으로 공감하는 모습을 보여줄 수가 없다. 하지만 분명한 것은 부모라면 아이가 상냥하고 공감어린 행동을 하도록 유도할 수는 있다는 사실이다.

양육 시 주의할 점 : 자기통제력을 길러주라

어린 시기지만 이 시기의 사고 변화와 사회적 발달은 놀라울 정도다. 아이들은 가장 원초적인 수준의 자기통제 기술만을 가지고 있기 때문에 어른들의 요구사항도 '앉아 있으렴', '나눠 먹어야지', '차례가 될 때까지 기다리렴', '착하게 놀아야지' 와 같은 단순한 것들이다.

아이들은 초등학교에 들어갈 때가 가까워지면 대부분 자기통제 기술을 능숙하게 사용해 어른들의 이러한 요구를 잘 수용하게 된다. 이 과정에서 부모는 아이의 행동에 대해 기쁨이나 불쾌감을 표현하고, 이를 통해 아이는 자기조절이 중요하다는 것을 알게 된다.

이 나이 때는 행동에 대해 아이와 길게 토론할 만한 시기는 아니다. 그러므로 부모 마음에 드는 행동과 그렇지 않은 행동에 대해 간단하고 명료하게 알려주어야 한다.

많은 부모들이 말로 가르치는 것을 중요하게 여기고, 부모가 느낀 감정이나 생각을 설명하려고 하지만 그 내용이 아이의 이해 능력을 넘어서는 경우가 흔하다. 그러므로 단순히 "네가 여동생한테 못되게 굴면 엄마는 싫어."라는 말과 함께 아이의 나쁜 행동에 대해 결론을 내려주면, 그것이 아이에게는 형제 간의 다툼에 대한 어떤 전문적인 이론보다 더없이 유익하다.

여기서 명심할 점은, 아이에게 말할 때는 단호해야 하지만 한편으로는 정중해야 한다는 것이다. 이 나이 때의 아이들은 그야말로 매순간 부모를 흉내 낸다. 엄마의 신발을 신고 걸으려고 하고, 아빠처럼 서류 가방을 메려고 하고, 엄마의 자세와 아빠가 말하는 스타일을 그대로 따라하려고 하기 때문이다.

또 하나 명심할 점은, 부모가 다른 사람들을 얼마나 존중하고 배려하는지 아이가 지켜보고 있다는 사실이다. 흔히 부유한 부모들은 다른 사람에게 뭔가를 지시하거나 명령하는 것에 익숙하다. 이러한 모습은 아이에게 거만한 말투를 심어줄 수도 있다. 만약 아이가 교사에게 이런 말투로 말한다면 아이를 좋아할 교사는 없고, 대장처럼 구는 아이는 일반적으로 놀이터에서도 인기가 없다.

아이들을 가르치는 데 있어 또 다른 핵심 도구는 놀이다. 놀이는 세상의 축소판과 같다. 아이는 놀이를 통해 각기 다른 상황에서 다른 전략으로 문제를 해결하려고 시도할 수 있다. 그러므로 아이의 놀이 시간까지 부모가 이끌어주려고 하는 것은 옳지 않다.

아이들은 노는 법을 가르쳐주지 않아도 된다. 놀이터나 장난감 가게에 데려가 보라. 안전하다고 느껴지면 아이는 곧 놀기 시작할 것이다. 아무도 아이에게 모래를 가지고 어떻게 놀아야 하는지 가르쳐줄 필요가 없다.

아이에게 시간을 세는 법을 알려주는 최신 장난감이나, 두 살짜리를 위한 컴퓨터나 아인슈타인 글자가 찍힌 아기 장난감들도 중요하지 않다. 다만 아이에게 안전한 환경만 제공해주고, 아이와 함께 바닥에 앉아 블록이나 트럭, 인형과 같은 단순한 장난감을 갖고 함께 노는 것이 중요하다.

또 한 가지 명심해야 할 점은, 아이에게 구조화되지^{짜여지지} 않은 놀이 시간을 많이 주고 함께 놀 친구를 초대해주고 안전한 환경을 만들어주되, 부모는 꼭 필요할 때만 개입하고 그렇지 않을 때는 아이를 관찰할 수 있는 거리에 떨어져 있어야 한다는 사실이다. 그런다음 다리를 올리고 쉬거나 친한 친구에게 전화를 걸어 수다를 떨면된다.

아이를 위한 사치스런 파티도 피해야 한다. 지금 아이는 친구를 돈 주고 사는 법이 아니라, 친구를 사귀는 법을 배우고 있는 중이기 때문이다.

이 시기에 아이의 통제력은 유리처럼 연약하다. 그래서 피곤함이나 배고픔, 실망에도 쉽게 통제력이 휘청거린다. 예컨대 어느 날 당신의 4살짜리 아이는 친구와 싸운 것을 해결할 줄 알고, 자신의 쿠키를 여동생에게 나눠주며, 자기 방을 깨끗이 정리할 줄 알게 된다. 하지만 다음날에는 엄마가 목욕할 시간이라고 말하자 마룻바닥에 엉덩이를 깔고 소리를 지를 수도 있다. 이것은 정상적인 모습이다. 아이의 발달은 결코 일직선으로 계속되지 않는다.

이 시기에는 다른 아이와 내 아이를 비교하지 않는 것이 최선이다. 발달이란 가파르고 울퉁불퉁한 길과 같다. 비교는 부모의 불안감만 키울 뿐이다.

유치원에서 자문위원으로 일할 당시 나는 정말 심각한 문제가 아닌 한 늘 학부모와 초기 전화 상담 후 한 달 뒤에 다시 면담을 했다. 부모의 걱정과 아이의 행동에 대한 문제를 시간이 많이 해결해주리라는 것을 잘 알고 있었기 때문이다. 참고 기다리자. 그러면 아동기 문제의 대부분은 바람처럼 지나갈 것이다.

이 시기에는 아이의 실수나 잘못에 대해 크게 걱정하지 않아도 된다. 실수들이야말로 배움에 너무나 중요한 요소이기 때문이다. 놀이 시간에 내 아이가 다른 아이를 때렸다면, 아이에게 수용 가능한 행동이 무엇인지 그리고 나쁜 행동에 대한 결과는 무엇인지 가르쳐주는 기회로 활용하라.

"친구를 때려서는 안 돼. 넌 오늘 스스로를 통제하지 못했기 때문에 그만 집으로 가야 한단다. 하지만 내일은 다시 딜런과 놀아도 돼."

양육 곧 부모 노릇의 가장 중요한 임무 가운데 하나는 아이에게 자기통제력자기조절력이 자라나도록 돕는 것이다. 매번 부모가 아이의 잘못된 행동에 대해 대충 부드럽게 넘어간다면 아이에게 충동을 조절하는 힘을 길러줄 수가 없다.

나는 오랫동안 아이들끼리의 싸움 문제로 상담실을 찾아오는 부모들을 만나왔다. 많은 부모들이 맞은 아이만큼이나 때린 자기 아이한테도 관심과 위안이 필요하다고 생각하고 있었다. 그 결과 부모들은 때린 자기 아이를 훈육하지는 않고 반대로 왜 자신의 아이가 그렇게 화가 났는지 그 원인을 알려고 애를 썼다.

사실 아동 발달에 대한 생각은 시대에 따라 변할 수 있다. 그러므로 부모들은 신중하고 분별력 있는 태도를 유지해야만 한다. 아이들이 다른 아이를 때리는 까닭은 쉽게 좌절하고, 자기 통제력이 충분하지 못하기 때문이다. 이런 아이에게 내적 자제력을 키워주고 싶다면 아이에게 확실한 한계선을 정해주고 신속한 결론을 내려주어야 한다.

다른 아이를 때렸는데도 부모가 아이의 응석을 받아주게 되면 그 아이로 하여금 자기통제력의 중요성과 정당한 이유 없이 누군가를 공격하는 것이 실제 삶에서 어떤 결과를 불러오는지 배울 기회를 빼앗는 셈이다.

만약 부모가 아이에게 자기통제력을 배울 수 있도록 여러 번 시도를 했는데도 아이의 나쁜 행동이 계속된다면 교사나 전문가와 의논해야 한다. 그들은 한두 아이가 아니라 수백 명의 아이들을 보아 온 사람들이며, 아이에게 더욱 심도 깊은 치료가 필요한지 아닌지를 부모가 판단할 수 있도록 도와줄 것이다.

만 5~7세
: 우주의 주인

인지적 발달

아동기 초기와 중기의 아이들은 세상과 연애를 시작하게 된다. 이 시기에는 신체적 발달뿐만 아니라 사고 기능이 엄청나게 발전하면서 고작 1, 2년 전만 해도 상상도 할 수 없었던 일들이 가능해진다.

자전거를 타고, 간단한 글자를 읽고, 2+2가 4라는 것을 이해할 수 있는 등 아이들의 지평은 눈부신 속도로 확장된다. 아이들은 자기 가족, 이웃, 학교, 다른 아이들, 다른 나라, 우주에 매료되기도 한다. 온 세상이 제 것이 되는 것이다.

전형적으로 이 시기의 아이들은 흑백의 사고를 갖고 있고, 자신을 과대평가 하는데, 자기를 설명할 때도 에너지와 자신감 넘치는 말들을 쓴다. 가령 "우리 반에서 내가 달리기를 제일 잘해요. 내가 달리는 걸 아빠가 보면 난 행복하고 너무 신날 거예요. 왜냐하면 내가 애들 중에서 제일 잘 달리거든요."라는 식이다.

이 시기보다 어린 아이들은 자신의 감정 상태를 "행복해요." 또는 "신나요."처럼 하나의 형용사로 표현할 수 있는 반면, "내가 달리는 모습을 아빠가 본다면 난 행복하고 신날 거예요"처럼 비슷한 것이기는 해도 자신의 두 가지 감정을 동시에 표현할 줄 아는 것은 만 5~7세가 되어서야 가능하다. 하지만 자신에 대해 유리한 부분과 불리한 부분을 동시에 인식하지는 못하는데, "어떤 때는 잘 달리고, 어떤 때는 안 그래요."라는 말을 아직 이해하지 못한다.

이것은 아주 중요하다. 이 나이의 아이들이 자신에 대해 '다 좋든지' 아니면 '다 나쁘든지'로 생각한다는 것을 뜻하기 때문이다. 이로 인해 아이들은 스스로에 대해 비현실적으로 부정적이 되거나 아니면 비현실적으로 긍정적인 시각을 갖기가 쉽다. 따라서 부모들은 아이가 자기 자신에 대해 다른 견해를 들을 수 있도록 도와주는 것이 필요하다.

"우리 딸, 오늘 수학 숙제 때문에 정말 기분 안 좋지? 하지만 기억해보렴. 지난주에는 네가 수학 숙제를 정말로 잘해냈잖아."

이런 말을 통해 아이는 과거의 성공을 기억하고 '모 아니면 도'라는 식의 사고로부터 자신을 보호할 수 있다.

사회적 발달

이 나이의 아이들은 어른들이 자기를 어떻게 생각하는지에 대해 신경을 많이 쓴다. 아이들은 자신이 평가받고 있다는 사실을 잘 알고 있고, 그 평가가 얼마나 좋은지에 대해 신경을 많이 쓴다. 또한 이 나이의 아이들은 자기 평가를 할 줄 모르기 때문에 아이들의 행동은 주로 외부적인 것, 강화, 벌, 교육에 의해 통제된다.

여기서 벌로 통제하는 것은 안 좋은 방법이다. 예컨대 5살짜리 아이에게 쿠키를 몰래 꺼내 먹지 말라고 여러 번 주의를 주었는데도 아이가 쿠키 통에 손을 넣다가 엄마에게 딱 걸렸다고 하자. 엄마는 한숨을 쉬며 말한다.

"그러면 안 된다니까."

하지만 아이는 맛있는 쿠키를 몰래 먹는 것이 정말로 그렇게 나쁜 행동인지 완전히 이해하지 못한다. 아이가 아는 것은 엄마가 그런 행동을 싫어한다는 사실뿐이다. 이때 부모와 교사가 어떤 행동이 바람직하고 어떤 행동이 수용 가능한지를 분명하게 말해주는 것이 아이에게는 큰 도움이 된다.

부모들은 아이가 좀 더 내적인 동기 때문에 바르게 행동하기를 바라지만 아이들은 아직 그럴 능력이 없다. 아직까지는 부모가 아이의 '보조 자아'가 되어 집안의 규칙과 수용 가능한 사회적 행동들이 무엇인지를 일깨워주어야 한다.

흥미롭게도 세계 여러 나라에서 대부분의 아이들이 만 6~7세 사이에 일반 학교에 들어간다. 이는 우연의 일치가 아니라 6세나 7세가 되면 자기통제를 하라는 어른들의 요구에 아이가 확실하게 반응할 수 있다는 사실을 반영하고 있다.

아이가 일단 유치원이나 초등학교 문지방을 넘고 나면 인생은 돌이킬 수 없게 변하기 시작한다. 온종일 새로운 규칙과 새로운 과업, 새로운 기대들이 도처에서 쏟아진다. 아주 작은 행동 하나하나까지 새로이 그리고 엄격하게 금지된다. 아이에게는 어디에 앉아야 하는지, 언제 앉아야 하는지, 심지어 어떻게 앉아야 하는지까지 요구된다. 다행스럽게도 아이들은 어른들이 어떻게 행동하는지, 그리고 어른들이 요구하는 착한 행동이 무엇인지 아주 신경을 많이 쓰고, 어른들의 요구에 따르려고 열심히 노력한다.

학교는 아이에게 집이나 유치원보다 훨씬 더 다양한 사회적 환경을 안겨주기 때문에 학교에서는 우정이 자라날 기회가 더 많아진다. 아이는 학교 운동장에서 사회라는 세상을 항해하기 시작한다. 부모와 아이 사이란 언제나 어른들에게 유리하게 그 힘이 기우는 반면, 운동장에서 아이들은 서로 동등하게 만나고, 자신의 욕구를 채우기 위해 다른 아이와 함께 항해를 시작한다. 이때 아이의 기질이 사람들을 이끄는 것을 좋아하는지, 아니면 따르는 것을 좋아하는 편인지에 따라 평생 지배주도하느냐 아니면 복종하느냐의 패턴이 결정될 수도 있다.

다른 아이들이 자기를 좋아해주는 경험은 아이로 하여금 공격성을 조절하고, 다른 아이들을 공정하게 대하고, 상대방을 지지해주고, 의리를 지키는 법을 배우는 데 있어 강력한 자극제가 된다. 하지만 아이들이 우정을 다루는 방법은 여전히 꽤나 불안정하고 울퉁불퉁하다. 세상에서 가장 친한 친구가 내일이면 버려질 수도 있다. 하지만 전반적인 방향은 우정을 견고히 하는 쪽으로 움직인다.

양육 시 주의할 점

이 시기의 아이들은 자신을 '전부 좋든지' 아니면 '전부 나쁘든지'로 보기 때문에 비난에 극도로 취약하다. 그리고 여전히 자기통제 기술을 연마하는 데 있어 부모의 상당한 도움을 필요로 하므로 부모는 아이를 비난하기보다는 따뜻한 협력을 바탕으로 동맹 관계를 키워가는 것이 필요하다.

또 이 나이의 아이들은 여전히 나눠주는 것을 힘들어한다. 그러므로 아이에게 "너는 이기적이구나."라고 말하기보다 친구가 자신에게 사탕을 나누어줬을 때 얼마나 기분이 좋았는지를 떠올리게 해줄 필요가 있다.

"넌 어쩜 동생한테 그렇게 인색하니?"

"생일파티에 사라를 초대하지 않는다면 넌 나쁜 친구야."

"넌 애가 산만해. 선생님이 네가 한시도 몸을 가만두지 않는다고 하시더라."

이런 부정적인 비난은 아이가 자신을 너무 이기적이거나 인색하거나 골칫거리라고 지나치게 일반화하거나 그렇게 느끼도록 만들 수 있다.

인색함, 이기적, 예측불허, 가만있지 않는 것은 어린 아이들의 정상적인 모습이다. 이 나이의 아이들은 자신이 때로는 관대하고 때로는 이기적이라는 사실, 곧 자신에 대해 동시에 두 가지 개념을 가질 수가 없기 때문에 아이를 바로잡을 때는 한 인간으로서 아이의 가치를 논하는 것이 아니라 아이의 '행동'에 대해서만 말해야 한다.

"가끔은 교실에 계속 앉아 있는 게 정말로 힘들 때가 있지? 엄마도 알아. 하지만 그런 연습을 계속 하는 것이 중요하단다. 그래야 더 많이 배울 수 있고, 다른 친구들도 방해하지 않을 수 있거든."

이렇게 말한다면 골치 아픈 아이라거나 과잉행동이나 이기적이라는 딱지를 붙이지 않고도 아이를 가르칠 수가 있다. 일단 아이에게 자신에 대한 부정적인 인상이 만들어지고 나면 이를 바꾸기란 아주 힘들다.

아이가 학교에 들어가고 나면, 흔히 부유하고 경쟁적인 부모들은 본격적으로 아이의 학업에 과잉개입을 시작한다. 이러한 모습은 십수 년에 걸쳐 계속된다. 부모들은 불안해하며 자기 아이가 수학과 국어 과목에서 어떤 평가를 받을지 알고 싶은 마음에 학부모를 위한 교사 설명회에 정기적으로 얼굴을 내민다. 하지만 이 시기의 아이들에게는 좋은 성적이 그렇게 중요하지 않다.

다행스럽게도 이 시기의 아이들은 자신의 성취나 수행을 다른 아이와 그다지 비교하지 않는다. 그러므로 부모라면 아이가 교실에서 어떻게 하고 있는지, 다른 아이들은 얼마나 잘하는지를 묻는 대신, 아이 뒤에서 가만히 따라가 주는 것이 맞다.

이 나이의 아이들은 저마다 학업 준비도도 크게 다르기 마련이다. 복잡한 공부를 할 준비가 되어 있는 아이가 있는 반면, 그저 학교에 공책과 연필을 챙겨가는 연습부터 해야 할 아이도 있다. 그러므로 성적보다는 아이가 무엇에 신나고 흥미를 가지는지에 관심을 가져야 한다. 그것은 읽기가 될 수도 있지만 냇가에서 발견한 도마뱀이나 돌멩이 수집이 될 수도 있다. 그 대상이 애완용 햄스터이든 '못 말리는 짱구'이든 간에, 머리에 반짝반짝 스위치가 켜진 아이는 호기심이 가득하기 때문에 훌륭한 학생이 될 가능성이 많다.

그리고 공부를 위해 아이에게 물질적 보상을 하는 것은 절대 안 된다. 이러한 행동은 아이로 하여금 뭔가를 배울 때마다 이런저런 보상에 의존하게 만들고, 성적은 좋지만 정작 배울 줄 모르는 사람으로 만들고 만다.

흔히 돈 있는 사람들은 특별대우를 좋아하는데, 아이들은 그 순간을 눈여겨본다. 만약 당신이 자주 가는 식당에서 단골이라는 이유로 줄 맨앞으로 새치기 하는 것에 익숙하다면, 아이가 교실에서 숙제를 제출할 때 자기 순서를 기다리지 않고 새치기하더라도 놀라서는 안 된다. 물론 아이는 환영은커녕 교사에게 야단을 맞을 것이다. 내 아이가 규칙을 잘 지키는 아이가 되기를 바란다면 부모인 우리 자신이 먼저 그런 모습을 보여주어야 한다.

또한 아이에게 친절하고 상냥하게 대해야 한다. 아이의 초기 자아는 여전히 아이에 대한 부모의 견해에 크게 좌우된다. 부모는 아이에게 한계선을 정해주고, 부모가 아이에게 기대하는 모습이 어떤 것인지 알려주어야 한다. 왜냐하면 아이는 아직 스스로 이런 것을 해낼 능력이 없기 때문이다.

아이가 부모인 당신을 기쁘게 해주고 싶어 한다는 사실에 초점을 맞추고, 부모의 칭찬을 열렬히 갈망하는 아이의 특성을 잘 활용하면 많은 도움이 된다. 하지만 어린 아이의 이런 특성을 활용할 수 있는 시기도 다 한때뿐이다. 십대 자녀를 둔 부모들이라면 잘 알 것이다.

만 8~11세
: 나 어때요? 잘하고 있어요?

인지적 발달 : 논리적 사고가 가능해지는 나이

이 기간 동안 아이들의 사고 능력은 그야말로 쑥쑥 자란다. 논리적으로 생각하고, 원인과 결과를 이해하는 능력이 자라면서 아이들의 사고에 커다란 변화가 일어난다. 연구자들이 하는 다음의 농담은 어린 아이들과 그보다 조금 더 큰 아이들 간의 사고의 차이를 잘 설명해준다.

존스 씨는 혼자 식당에 가서 저녁 식사로 피자 한 판을 주문했어요. 종업원이 그에게 피자를 여섯 조각으로 자를지 여덟 조각으로 잘라 줄지 물었어요. 그러자 존스 씨는 이렇게 말했어요.

"여섯 조각이 낫겠어요. 여덟 조각은 절대 다 못 먹는다고요."[1]

어린 아이들에게는 이 말이 농담으로 들리지 않는데, 존스 씨가 심하게 배고픈 상태는 아니므로 타당한 대답이라고 생각하기 때문이다. 어린 아이들은 아직 논리적으로 생각하지 못하기 때문에 6조각의 피자는 8조각보다 더 적은 것이 된다. 하지만 좀 더 큰 아이들은 논리적 사고가 가능하고, 피자를 몇 조각으로 나누든지 간에 피자의 양은 똑같다는 것을 이해하기 때문에 존슨 씨의 말을 농담으로 이해한다.

아이들은 과거의 정보와 경험을 바탕으로 현재를 예측할 수 있게 되면서 세상이 훨씬 더 '다룰 수 있는' 곳이 된다. 교사와 부모, 친구에게 무엇을 기대할 수 있는지도 대충 안다. 그 결과 급변하는 유아기와 혼돈의 청소년기 사이에 끼인 중기 아동기는 균형의 시기가 된다.

유명한 발달 심리학자인 루이지 베이츠 에임스Lousie Bates Ames와 프랜시스Francis 박사는 "10살 아이보다 친절한 사람은 없다."고 했다.[2] 이 나이의 아이들은 상대적으로 갈등이 없고, 그 결과 학업과 생각의 기술을 발전시키는 데 집중할 수 있다. 보이스카우트, 걸스카우트, 피아노 강습, 말 타기 강습, 축구, 야구, 농구, 체스 모임을 하는 시기가 이때이며, 이 나이의 아이들은 열심히 세상에 대해 배우고, 새로 습득한 생각의 기술을 시도해본다. 그리고 비로소 아이들은 정반대되는 것이 공존할 수 있다는 사실을 이해할 수 있다.

"어제 난 슬펐어. 하지만 오늘은 한결 기분이 좋은걸."

이런 말은 아이의 사고에 획기적인 발전이 있었고, 그 결과 단지 흑백이 아닌 회색 지대를 볼 수 있게 되었다는 것을 뜻한다. 아이들은 한 사람 안에 온갖 종류의 감정이 있을 수 있고, 그러한 감정들이 그 사람의 일부일 뿐이라는 것을 이해하게 된다. 똑같은 사람이더라도 상황이 다르면 다르게 행동할 수 있다는 사실을 이해하게 되고, 그래서 동기부여란 개념을 이해하기 시작한다.

예컨대 "크리스는 교실에서는 한 번도 열심히 공부하지 않는 것 같아요. 하지만 배구 팀장으로서는 엉덩이가 닳도록 열심히 해요." 와 같이, 좀 더 자란 아이들의 눈에는 크리스가 열등한 학생 아니면 뛰어난 운동선수 둘 중 하나가 아니라 그저 서로 다른 기질, 종종 정반대 되는 기질을 가진 한 사람으로 비춰지는 것이다.

이 나이대의 아이들은 자기 자신과 다른 사람들에 대해 여러 가지 개념을 가질 수 있고, 자기 평가 역시 훨씬 현실적인 쪽으로 변한다. 자신의 능력에 대해 현실적인 그림을 그리게 되면서 "내가 최고야." 같은 말들이 상당히 사라지게 된다. 대신 "사실 난 국어는 잘하지만 수학은 좀 어려워."처럼 자신의 강점과 약점에 대한 현실적인 평가가 가능해진다. 이것은 중요한 발전이지만 반면 자신에 대해 점점 더 비판적이 되는 문이 되기도 한다.

이 나이대의 아이들은 자기가 정말로 잘하고 있는지 불안해하며 알고 싶어 하기도 한다. 자신의 밋밋한 피아노 연주에 부모는 열광

해줄지 몰라도 바깥세상은 그리 관대하지 않을 수 있다는 사실을 아는 것이다.

이때 아이에게 가장 도움이 되는 것은 부모가 지지적이면서도 현실적일 때다. 이것은 아이가 힘들어하는 학교 공부나 활동이 있을 경우 포기하게 만들라는 의미가 아니라 아이가 별도로 시간과 노력을 더 들여야 한다는 사실을 부모가 알고 있어야 한다는 뜻이다.

부모는 사람이라면 누구나 강점과 약점을 갖고 있다는 사실을 아이에게 짚어주어야 한다. 실제로 부모 자신을 예로 들어서 설명해주면 더 효과적이다. 살면서 어떤 부분이 쉽지 않았는지 그리고 그것을 어떻게 해결했는지 아이에게 말해주면 아주 많은 도움이 된다.

나의 세 아들들은 내가 오른쪽과 왼쪽을 구별하는 유일한 방법이 오른쪽 무릎에 난 상처를 보고 안다는 것을 다들 알고 있다. 이렇듯 아이가 어렵다고 느끼는 부분을 보완할 수 있는 방법을 터득하도록 도와주는 것은 중요하다.

아직까지는 발달이 매우 고르지 못하다는 사실과 문장을 이어서 말하는 것을 힘들어하는 8살 아이가 훗날 고등학교에 입학해 토론 동아리에 들어가게 될 수도 있다는 사실도 기억해야 한다. 아이가 당장 어려워하는 일이 있다 하더라도 조급해하지 않고 길게 바라보도록, 그리고 그 일에 대해 아예 흥미를 잃지 않도록 부모가 도와주는 것은 그래서 무척 중요하다.

사회적 발달 : 다른 사람의 입장에서도 볼 수 있게 된다

아이들은 초등학교 과정을 거치면서 개인으로서 자신의 모습뿐만 아니라 집단의 일원으로서의 자신에 대해서도 알게 된다. 이처럼 사회적 자아가 출현한 결과 이 시기의 아이들은 자신의 성취를 다른 사람과 점점 비교하여 평가하게 된다.

"가장 친한 친구랑 나랑 정말로 그림을 잘 그렸어요. 하지만 초상화는 그 친구가 더 잘 그렸고, 풍경은 내가 더 잘 그렸어요."

이러한 사회적 비교는 아이가 자신의 고유성을 이해하고 자신을 다른 사람과 구별할 수 있게 도와준다. 이처럼 아이들이 비교하는 이유는 자신의 능력을 자랑하고 싶어서가 아니라이 나이대의 아이들은 많은 경우 혼자 지목되는 것을 싫어한다. 심지어 잘했을 때에도 그렇다 그보다는 비교를 통해 자신의 위치를 알 수 있기 때문이다. 자신의 위치를 평가하기 시작하는 것은 이 나이 때 이루어지는 중요한 과업 중 하나다.

이 나이 때의 중요한 사회적 과업 중 또 하나는 우정을 키워나가는 것이다. 이제 아이들은 공통된 관심사와 태도를 바탕으로 적극적으로 친구를 고르기 시작한다. 놀라우리만치 오래 지속되는 우정이 이 단계에서 만들어지곤 한다. 이제 아이들은 자신의 관점에서뿐만 아니라 친구의 관점에서도 사물을 볼 수 있다. 실제로 다른 사람의 관점에서 볼 줄 아는 능력이 새로 생기면서 이 단계 끝 무렵의 아이들은 친구에 대해 꼬아서왜곡해서 말하는 것이 가능해진다.

예컨대 10살짜리 딸아이가 가장 관심 있는 친구에게 "내가 파티를 열 건데, 넌 오면 안 돼."라고 말하거나, 11살짜리 큰아들이 또다시 자신의 아이팟을 슬쩍한 남동생에게 실망해 "넌 정말 저능아야."라고 말하는 식이다.

아이의 이런 말들이 잔인해서 부모한테는 충격일 수도 있지만 사실은 아이가 심리적 발달 단계에서 한걸음 나아갔음을 나타낸다. 실망하거나 화가 나면 상대방을 공격해버리는 더 어린 아이들과 달리 이 시기의 아이들은 상대방의 입장에서 볼 줄 알고, 소외나 모욕이 상대방에게 얼마나 고통스러운지 안다.

아이가 반사회적으로 행동할 때 아이의 행동으로 인해 상대방이 입을 심리적 상처를 아이가 생각해보고 스스로 통제하도록 도우려면 부모가 친사회적인 방법을 써야 한다. 이것은 다른 사람의 입장에서 바라볼 줄 아는 것을 뜻한다. 연구자들에 따르면 친사회적이거나 이타적인 행동을 장려하고 본을 보이는 부모들은 자녀 역시 친사회적인 경향이 있다.

이 나이대가 되면 아이들에게도 약간의 집안일을 하게 하고, 가족에게 나름 도움이 되게끔 해야 한다. 방 정리하기, 밥상 차릴 때 도와주기, 쓰레기 갖다 버리기, 개 산책시키기, 잔디 깎기와 같이 이 나이의 아이에게 맞는 뭔가를 시켜야 한다. 만약 이 때문에 아이의 성적이 떨어질까 걱정된다면 부모 역할의 우선순위가 잘못되어 있다는 표시다.

분명 성적은 중요하고, 특히 부유하고 경쟁적인 부모들에게는 더

더욱 그렇다. 하지만 뛰어난 성적은 아이가 생산적이고, 정서적으로 건강하고, 좋은 사람이 되기 위해 배워야 할 것 가운데 하나일 뿐이다.

이 시기는 아이에게 인격을 심어주는 중요한 시기다. 부모들은 지역이나 종교 모임에 참가하고, 자녀를 함께 데려갈 수도 있다. 남들보다 30분 더 공부하는 것보다 모임의 구성원으로서 집단에 일조하면서 배울 수 있는 것들이 더 많다. 예컨대 협동할 줄 아는 능력, 선한 행실의 가치, 기여했을 때의 만족감, 일상에서 생활 기술의 발전 등이 그런 것들인데, 아이가 일상의 일들을 잘하게 되면 자신의 능력이 자라는 것 같아 뿌듯함을 느끼게 된다.

가령 내 둘째아이는 이 시기에 요리를 시작했다. 우리 가족은 아이가 집에 있는 온갖 과일들을 넣어 만든 스무디와 비슷한 맛있는 혼합 음료와 여러 가지 치즈 조각으로 웃는 얼굴 모양의 토핑을 올려 만든 피자를 즐겁게 기다리곤 했다. 아이가 자발적으로 시작한 일에 가족들의 고마운 마음이 더해지자 아이는 더욱 요리를 좋아하게 되었다. 지금까지도 여전히 둘째아이는 유사시에 요리를 할 수 있는 사람이다.

양육 시 주의 할 점

이 시기의 아이들은 비판적이고 경쟁적이 되어 간다. "우리 팀에서 내가 제일 못해. 난 그만둘래."와 같은 말들은 10살 아이들이 보이는 전형적인 불평인데, 일시적인 어려움을 결코 극복할 수 없는 문제로 보기 때문에 생기는 현상들이다.

사실 이 아이에게는 몇 가지 선택 사항이 있다. 팀을 관둘 수도 있고 더 열심히 연습할 수도 있다. 또 얼마나 잘하는지와 상관없이 활동을 즐길 수도 있고, 아니면 자신의 기술과 기질에 잘 맞는 다른 활동을 찾아볼 수도 있다.

자기 자신을 다른 사람과 냉혹하게 비교하는 아이들을 위한 좋은 강장제는 부모가 자기 자신을 수용하는 모습, 그리고 개인적인 어려움에 직면한 부모가 그 어려움을 잘 극복하는 모습을 보여줌으로써 아이이게 좋은 본보기가 되어주는 것이다.

한편 부모는 경쟁과 성과를 지나치게 강조하지 않도록 조심할 필요가 있다. 하지만 안타깝게도 부유한 지역사회에서는 정반대인 경우가 흔하다. 부유하고 경쟁적인 부모들은 성적이 모든 것의 기준이 되어 버리고, 운동 팀에도 엄선해서 들어가야 한다고 믿기 때문에 아이의 학업과 체육 활동에 온몸을 던지며 열심히 관리감독 하게 된다.

아이의 학업에 대한 부모의 지나친 개입으로 인해 정말로 뛰어난 교사들이 학교를 떠나는 일까지 벌어지고 있다. 하지만 아이들이 보고 자라야 할 모습은 부모가 인격을 가장 중요하게 생각하고, 둘째는 노력, 그 다음이 학업 성적인 그런 모습이다.

이것은 부모가 아이의 성적에 관여하지 않거나 무관심해야 한다는 뜻이 아니다. 적절한 개입_{학업 성취에 도움이 된다}[3]과 지나친 개입_{학업 성취를 떨어뜨린다}[4]의 차이는 부모가 아이의 성과에 얼마나 깊이 관여하느냐와 관련이 있다. 아이의 성적이 좋지 않으면 기분이 너무 안 좋거나 반대로 성적이 좋을 때 너무 흥분한다면 과잉개입하고 있거나 침범하고 있을 가능성이 높다.

아이의 성적 향상 과정을 사사건건 모니터링하고 싶은 유혹을 참아야 한다. 알다시피 어린 시절 우리가 가장 잘했을 때는 아무도 지켜보지 않을 때, 그래서 마음이 편하고 유연해지고 창의적이 될 때인 경우가 많았다. 아이에게는 끊임없는 감시의 부담감과 계속되는 평가의 위협 없이 세상을 탐험하고 창조하고 배워야 할 시기가 있다는 사실을 명심해야 한다.

이 단계 아이들에 대한 중요한 연구 결과가 있다. 여자 아이들이 남자 아이들보다 가정이나 교실에서 부정적인 피드백을 더 많이 받는다는 사실이다.[5] 잘 못할 경우 여자 아이들은 똑똑하지 못한 걸로 간주되는 반면 남자 아이들은 노력을 안 해서 그런 것이라고 여겨진다.[6]

일반적으로 지능은 우리가 통제할 수 없는 것 가운데 하나로 여겨지는 데 반해, 노력은 아이들이 마음만 먹으면 선택할 수 있는 것처럼 보인다. 그 결과 청소년기에 접어들면서 여자 아이들은 남자 아이들에 비해 스스로에 대해 부정적인 감정을 더 많이 갖게 된다.

다음에 살펴볼 연령대에서는 여자 아이들의 우울증이 높게 나타나는데, 이는 중기에서 후기 아동기에 시작되는 여자 아이들에 대한 미묘하지만 그럼에도 계속되는 폄하의 결과일 가능성이 크다.

만 12~14세
: 대체 우리 아이가 왜 이러죠?

인지적 발달

초기 청소년기에는 사고에 있어서 변혁이 일어난다. 논리적으로 생각할 수 있을 뿐만 아니라 이제는 추상적인 사고 또한 가능해진다. 부모들에게는 혼란스럽고 어리둥절하며 갑작스럽게 느껴질지 몰라도 초기 청소년기 아이들은 실제로 거의 어른처럼 생각한다. 과거와 현재, 미래에 대해 생각할 수 있고, 쉽게 눈에 띄지 않을 뿐 사람들에게는 동기motive가 있다는 것과 상징symbol의 기능을 이해할 수 있다. 다만 이 시기에는 틀을 갖춘 논리적인 논쟁은 가능하지만 판단력과 경험은 사고력에 비해 뒤처진다.

이 시기의 아이들은 사고에도 미묘한 차이가 생겨, 자기와 정반대되는 입장을 받아들일 수가 있다. 문제를 여러 가지 관점에서 바라볼 수가 있고, 사람의 행동에는 여러 요인이 함께 작용한다는 것을 이해함에 따라 진정으로 공감할 줄 아는 모습을 뚜렷하게 보인다. 그 결과 어린 아이들의 특징이라 할 수 있는 엄격한 도덕적 잣대도 한결 순해진다. 예컨대 이런 식이다.

"브룩이 내 답안지를 베껴서 정말로 열 받았어요. 하지만 그 애도 사는 게 힘들어서 그런 거니까 이해해요. 그 애 부모님이 이혼하려고 하거든요."

물론 이러한 이해심이 부모나 형제한테까지 미치는 경우는 드물지만 결국에는 가족한테까지 확장되기 마련이다. 그동안 부모가 할 일은 십대인 자녀가 앞으로 몇 년 동안 부딪히게 될 많은 결정들에 대비해서 윤리적 딜레마에 대해 미리미리 생각해보게끔 유도하는 것이다.

예컨대 십대 초기의 아이들은 인지 기술이 급격하게 발달하기 때문에 사회적, 도덕적, 개인적 주제들이 흥미롭다는 것을 알게 된다. 상담실을 찾아오던 한 십대 여학생은 매주 윤리적 딜레마를 하나씩 갖고 왔다.

"선생님은 굶어죽을 상황이라면 인육을 먹겠어요?"

"선생님은 무고한 사람을 구하기 위해 사악한 사람을 죽이시겠어요?"

"선생님의 가족을 구하기 위해서라면 무고한 사람을 죽일 수 있겠어요?"

이런 류의 도덕적 질문들은 아이의 생각과 공감, 윤리적 판단력이 진보했음을 보여준다. 또한 이것은 똑똑하고 섬세한 이 소녀가 옳고 그름에 대한 자신의 분별력을 키우려고 노력하면서 상대방의 사고 과정과 가치관을 캐내는 방법이기도 하다.

저녁식사 시간이야말로 이 시기의 아이들이 다양한 생각들을, 가끔은 놀랄 만큼 뛰어난 견해를 부모와 함께 이야기하기 좋은 기회다.

주제는 양호실의 콘돔에서부터 이라크 침공에 이르기까지 다양하다.

아이가 이 시기의 발달상의 강점들, 곧 지적 호기심과 한층 더 추상적인 정보를 처리할 줄 아는 사고 기술, 윤리적 입장을 분명히 하고 싶은 욕구를 펼치며 이야기할 때 부모는 아이의 말에 정중하게 귀를 기울여야 한다.

이것은 약물이나 섹스 또는 부모의 불간섭을 원하는, 경험이 부족한 십대의 견해에 부모가 동의해주어야 한다는 뜻이 아니다. 사려 깊고 진심어린 태도가 무엇인지 부모가 아이에게 본을 보여줄 수 있는 좋은 시간이라는 뜻이다.

아이와 함께 생각을 나눌 기회를 찾아보라. 함께 차로 이동하거나 외출할 때, 또는 조용한 저녁 시간의 집도 좋다. 십대 초기에는 일반적으로 불안해하고 쉽게 상처받기 마련인데, 이때 부모가 급증하는 아이의 지적 능력에 대해 진심으로 관심을 보여주면 아이가 자신이 사랑받고 있고, 가치 있는 존재라고 느끼는 데 도움이 된다.

최근에 뇌 가소성brain plasticity : 가소성이란 고체가 어떤 힘을 받아 형태가 바뀐 뒤, 그 힘을 없애도 본디 모양으로 돌아가지 않는 성질을 말하며, 경험이나 환경에 의해 뇌의 신경계가 변화하는 것을 뇌 가소성이라 한다. 옮긴이이라는 주제에 많은 관심이 쏠리고 있다. 가소성은 환경 속의 수많은 요인들 가운데 무언가에 뇌가 반응하여 뇌에서 일어나는 주요한 변화를 일컫는다. 독극물, 영양제, 부모의 양육, 그 밖의 중요한 관계 등이 이러한 요인이 될 수 있다. 이러한 요인들은 정서적 질환에 취약한 아이들에게 도움이

될 수도 있고 반대로 해가 될 수도 있다.[7]

가정에서 힘든 경험을 많이 한 아이들은 스트레스 호르몬인 코티솔 수치가 높다. 코티솔이 너무 많아지면 뇌에 손상을 일으킨다. 그리고 특정 뇌 부위의 신경이 손상될 수 있다. 이러한 현상은 뇌 가소성이 높은 아동기 초기에 심하게 나타난다.[8]

'발달 중인 아이의 뇌 구조에 부모가 어떻게 영향을 미치는가'라는 관점에서 또 하나의 결정적 시기가 청소년기다. 청소년기는 12살쯤에 시작해 성 호르몬뿐만 아니라 스트레스 호르몬에도 극적인 변화가 일어난다. 이 두 가지 호르몬 모두 충동 조절과 심리적 적응력에 영향을 미치는데, 실제로 충동 조절을 담당하는 뇌 부위는 20대 초반까지도 완전히 성숙되지 않는다.

연구자들은 십대의 자기조절 능력이 부모와의 관계 정도에 따라 크게 달라진다는 것을 밝혀냈다.[9] 청소년기에는 뇌 가소성이 높은 상태이기 때문에 부모들이 아이가 자기조절력이라는 과업을 잘 습득할 수 있도록 도울 수 있는 적기라 할 수 있다. 곧 부모가 아이의 행동에 관심을 갖고 모니터링 할 때 아이의 뇌 발달을 도울 수 있는 동시에 아이가 자율성을 향해 나아가도록 도울 수 있다는 것이다.

사회적 발달

십대와 같이 살고 싶어 하는 사람은 아무도 없다고 할 정도로 십대 초기의 아이들은 상대하기가 쉽지 않다. 발달 단계 중 이 시기만큼 부모에게 두려움과 불안감을 안겨주는 시기는 없기 때문이다.

초기 청소년기 아이들은 무뚝뚝하고, 혼란스럽고, 저항하고, 따로 놀려고 할 때가 많다. 더없이 편안하고 협조적이던 전 단계의 아이10살 이전의 아이는 온데간데없고 그 자리를 엉뚱한 후임이 채운 것만 같다. 딱 2년 전만 해도 전반적으로 착하고 편안하기만 했던 아이가 이제는 모든 면에서 의문점이 들게 한다. 이 시기의 아이들은 정체성 문제로 고민하면서 부모와 많은 갈등을 일으키고 부모의 인내심도 바닥이 나게 한다.

쓰레기 분리수거를 제대로 하지 않는 부모를 보고 14살 딸이 사회적 의식이 부족하다며 공격할 수도 있다. 정작 자기는 일회용 컵과 빨대, 포장지, 두꺼운 종이 따위를 함부로 버리면서 말이다. 이처럼 자신의 생각과 행동의 모순이 십대들의 눈에는 보이지 않는다. 이것이 부모에게는 약 오르는 일이겠지만, 덕분에 안 그래도 힘든 십대들은 자신의 모순된 모습을 이해해야 하는 정서적 고통을 어느 정도 덜 수가 있다.

초기 청소년기에는 모든 일의 판정자였던 부모의 자리를 친구가 대신하게 된다. 그리고 독립부모로부터의 분리에 대한 욕구가 커지기 때문에 부모와 함께하는 활동을 좋아했던 아이가 이제는 부모가 뭔가를 같이 하자고 하면 끔찍해한다.

내 아들들이 이 시기였을 때다. 우리는 다 같이 쇼핑을 가야만 하는 상황이 생겼다. 그때 아이들이 보인 모습은 이랬다. 아이들은 '쇼핑하는 이 아줌마, 아저씨'와 자신들은 아무런 관계가 없다는 것을

쇼핑하러 온 사람들과 엄마인 나, 아빠, 무엇보다 자기 자신들에게
보여주기 위해 계속해서 우리보다 몇 발짝 앞서 걸어갔다. 이처럼
아이들이 부모와 관계없는 사람처럼 굴고, 그런 처신이 원치 않는
쇼핑에 대한 좋은 해결책인 것처럼 행동할 때 부모들은 거부당한 느
낌을 갖기 쉽다. 이럴 때는 유머가 좋은 중화제가 된다.

어린 아이가 엄마라는 거울을 통해 건강한 자아를 만들어 왔듯이
이 시기의 십대들은 또래 친구라는 거울을 통해 자아를 형성해 간
다. 아이들이 마음을 쏟는 대상도 부모에게서 또래 친구로 옮겨간
다. 하지만 또래 친구라는 거울은 신뢰도가 상당히 떨어지기 때문에
이 세상을 어떻게 살아나가야 할지에 대해 혼란만 더해준다. 이런
때에 부모는 아이가 일시적으로 사랑에 빠진 상태이며, 겉으로 보이
는 것과는 반대로 아이가 여전히 행복감과 안정감에 있어서 부모에
게 상당히 의존하고 있다는 사실을 기억해야만 한다.

이 시기를 거치는 아이를 둔 많은 부모들이 이제 부모의 일은 끝
났으며, 아이들이 자기가 알아서 할 만한 나이가 되었다고 생각한
다. 그래서 공부를 제외한 모든 영역에서 아이에 대한 관심을 줄이
고, 방과 후나 저녁, 심지어 가끔은 주말에도 아이 혼자 집에 남겨두
는 일이 많아진다.
하지만 판단력이 아직 덜 성숙한 상태에서 너무 많은 자유가 주어
지면 오히려 아이들이 힘들어질 수 있기 때문에 이 시기의 아이들에
게는 어른들의 관리 감독이 여전히 필요하다.

알다시피 이 시기에 술이나 약물에 손을 대기 시작하면 남용이나 중독으로 발전할 위험이 높다. 이 시기 아이들의 전형적인 특징인 거부와 반항에도 불구하고 부모들이 아이와 유대감을 유지하려고 노력하는 것이 중요한 것은 이 때문이다. 아이의 삐딱한 태도나 냉소적인 표정으로 눈을 굴리는 시기는 지나가기 마련이지만 부모가 보여주었던 관심과 보호는 평생을 간다.

양육 시 주의할 점

청소년 치료사로서 가장 좋았던 순간 중 하나는 14살짜리 남자 아이가 왜 자기가 수학 상급반에 가면 힘들어질 것인지를 엄마에게 필사적으로 설명할 때였다.

그동안 아이는 열심히 해왔다. 하지만 숙제는 했어도 '이해'하지는 못했다. 그런 아이에게 엄마는 네가 얼마나 똑똑한 아이인데, 네가 조금만 더 열심히 한다면, 그렇게 게으름만 피우지 않는다면, 안 좋은 공부 습관만 버린다면 상급반 수업이 그리 어렵지 않다는 것을 알게 될 것이라며 계속해서 아이의 말에 끼어들었다.

엄마는 지난 몇 년 동안 아이가 수학 우수반에서 얼마나 잘해 왔는가만 이야기할 뿐, 아이가 현재 보이고 있는 나쁜 태도가 어디서 생겨난 것인지, 왜 학교 이사회에 회부되는 아이가 되었고, 교사가 뭔가를 지시해도 꿈쩍도 하지 않는 아이가 되었는지를 이해하지 못했다. 아이는 절망의 눈물을 흘리며 엄마에게 이렇게 소리쳤다.

"네, 맞아요. 하지만 그건 제 거시기가 거의 매일 서 있기 전의 일이잖아요!"

청소년기 남자 아이들의 자의식에 대해 무지했던 엄마에게는 그 야말로 원기왕성하고 현실적인 대답이었다. 나는 아이 엄마에게 엄마 자신이 십대 초기에 겪었을 힘들고 당황스러웠던 경험들을 일깨워주었다. 그러자 엄마는 아들의 힘든 마음을 이해하기 시작했다.

사춘기에 동반되는 신체적 변화, 사회적 자의식, 자신이 어떤 사람인가에 대한 불확실성, 그리고 가족으로부터 분리되고 싶은 욕구로 인해 이 시기는 부모와 아이 모두에게 힘든 시기일 수밖에 없다. 이 시기를 잘 항해하면 훗날 청소년기와 성인기에 생기기 마련인 신체적, 정서적, 정신적 필요를 다루는 데 도움이 된다. 하지만 그렇지 못할 경우, 아이는 또래 압력에 굉장히 취약하게 되고, 건강하지 못한 선택을 하며 많은 어려움을 겪게 될 것이다.

부모들은 초기 청소년기에 다루게 될 주요 과업에 대해 잘 알고 있어야 한다. 십대 초기의 아이들에게는 지금껏 해 온 3가지 주요 과업인 건강한 자아, 학업 성취, 우정친구관계과 더불어 다른 굵직한 과업들이 추가된다. 아이들은 이제 부모로부터 분리되고 개별화되는 과정을 경험하게 된다. 그리하여 자신의 힘으로 세상을 항해해 나가는 도전을 시작하게 될 것이다.

독립적인 자아가 발달하는 과정에서 십대 초기의 많은 아이들이 필연적으로 부모에게 도전하고, 부모를 무시하고, 부모의 말을 거부하고 비판하게 된다. 부모에게는 엄청나게 고통일 수 있고, 중년기나 갱년기랑 겹치게 되면 더더욱 힘들 수 있다. 하지만 십대 초기의 아이들에게는 꼭 필요한 과정이다. 부모의 결점을 찾아내고, 결점을 찾아내는 자신의 행동을 참아주는 부모를 보면서 아이는 중요한 교훈을 배우게 된다.

'세상에 완벽한 사람은 없다.'

한편, 초기 청소년기 아이들만큼 자신이 완벽하지 못하다고 느끼는 시기도 없다. 그러므로 십대 아이가 부모를 비판할 때 부모가 그것을 어느 정도 견딜 수만 있다면, 그 순간 부모는 아이에게 가치 있는 교훈을 가르쳐주고 있는 셈이 된다. 완벽해야만 괜찮은 사람이 되는 것은 아니라는 사실을 아이가 배우게 되기 때문이다.

이 시기의 아이들은 마치 자신을 현미경으로 들여다보는 것처럼 느낀다. 여드름 하나하나가 엄청나게 커 보이고, 머리카락, 치아, 몸매에서도 완벽하지 못한 부분을 이 잡듯이 뒤져 찾아낸다. 이때 아이의 자기비판에 대해 부모가 편안하게 반응하는 모습을 보여주면 가혹하리만치 심하게 자기를 비판하는 십대들에게 좋은 중화제가 될 수 있다.

초기 청소년기에는 부모와 신체적으로뿐만 아니라 정신적으로도 어느 정도 거리를 두려고 하는 욕구심리적 공간에 대한 욕구가 강하다. 개인적으로 흥미로운 점은, 내가 이 시기의 아이들에게 부모에 대해 질문을 해보면 몸으로 반감을 드러낼 때가 많다는 것이다.

흔히 부모들은 아이가 자기와 꽤나 친하다고 믿는 경우가 많다. 만약 그런 부모들이 아이에게 부모와의 관계에 대해 말해 달라고 했을 때 아이가 몸서리를 치거나 메스꺼워하고, 그냥 눈을 감아버린다는 것을 알면 깜짝 놀랄 것이다. 게다가 그러한 몸짓의 의미에 대해 이야기해보라고 하면 많은 아이들이 "엄마는 정말 짜증나요."라거나 "엄마가 머릿속에서 그냥 사라졌으면 좋겠어요."라고 말한다.

하지만 이런 말에 너무 민감하게 반응할 필요는 없다. 십대들은 자신이 내면화한 부모의 모습과 일종의 심리적 전쟁을 벌이고 있는 중이며, 이것은 자연스러운 현상이기 때문이다. 아이가 받아들였던 부모의 태도와 가치관을 이제는 자기 자신만의 가치관과 태도로 바꿔나가려고 몸부림을 치고 있는 중일 뿐이다.

그런데 요즘 부모들은 단지 전통적인 부모 역할만이 아니라 점점 더 많은 영역에서 아이 인생에 관여하고 있다. 반대로 십대 초기의 아이들은 부모와 떨어져 독립된 자아를 유지하려고 몸부림치면서 부모 자식 사이의 작은 접전이 큰 전쟁으로 바뀌고 말았다.

아이들이 자신의 미래 모습에 대해 구체적으로 상상하고 꿈꾸고 이끌어낼 기회가 많아야 한다. 그런데 부유한 가정의 아이들은 많은 경우 이러한 과정을 제대로 밟지 않은 채 학교와 부모, 미디어가 조장한 '만들어진 자아'를 그냥 받아들이고 있다. 이러한 자아를 어른들과 사회는 잘 받아주겠지만 아이 입장에서 보면 초기 청소년기의 주요 과업과 혼돈을 그냥 지나치는 셈이 된다.

대형마트 같은 곳에서 엄마들끼리 하는 말을 들어보면 모든 집의 아이들이 전부 A를 맞고, 특별한 학교의 특별 프로그램에 뽑히고, 형제나 부모와도 거짓말처럼 사이가 좋다. 하지만 내가 상담실 안에서 듣는 이야기는 전혀 다르다. 상담실에서는 다양한 모습의 황폐한 아이들이 얼마나 자신이 위선자처럼 느껴지고, 사사건건 자식의 삶에 간섭해야만 직성이 풀리는 부모에게 얼마나 많이 분노하고 있는지 이야기한다.

아이들은 늘 어른들의 지나친 간섭을 피할 방법을 찾아내기 마련이다. 그리하여 약물에 손을 대고, 밤에 몰래 나가고, 난잡한 섹스나 자해, 거식증 등 수천 가지의 자기 파괴적인 행동을 일삼으며 '이건 내 인생이야' 라고 외치고 있다.

이런 상황에서 부모가 해야 할 일은 십대 초기의 자녀들이 필요로 하는 분리독립 요구에 공감하고, 아이의 안전 문제에 대해 계속 이야기하고, 아이가 돌아올 수 있는 따뜻한 보금자리를 마련해주는 것이다.

유아와 마찬가지로 청소년들도 소수의 친한 친구가 필요하고, 안전한 환경 그리고 아이를 위해 한 걸음 비켜서서 지켜봐주는 부모가 필요하다. 해도 되는 일이라면 아이에게 '예스' 라고 말해주고, 아니라고 말해야 할 순간에는 '노' 라고 말해주어야 한다. 옆에서 함께해줄 부조종사가 필요한 어린 아이들과 마찬가지로 혼자 힘으로 날아보려고 애쓰는 십대들에게도 부모가 관심을 가져야 한다.

아주 최근 일이다. 남편과 14살짜리 아들이 봄방학 동안 무엇을 할 것인지 이야기를 하고 있었다. 활동적인 것을 좋아하고, 꽤 여러 해 동안 세 아들과 스키를 즐겼던 남편은 이번에도 스키 쪽으로 밀어붙이고 있었다.

하지만 14살짜리 아들은 무엇 때문인지 올해는 스키에 관심이 없었다. 그러고는 난데없이 활쏘기를 배우고 싶다고 했다. 남편은 "스키를 더 잘 타고 싶지 않니?"라고 물었고, 아이는 "좀 더 새로운 걸 배워보고 싶어요."라고 대답했다.

옆에서 대화를 듣고 있던 나는 아무 말도 하지 않았다. 하지만 남편에게서는 이제 더 이상 사랑하는 막내아들과 좋아하는 활동을 함께할 수 없다는 상실감이 느껴졌고, 막내아들에게는 가족 중 아무도 관심이 없을 법한 활동, 곧 자신이 나머지 가족들과 별개의 존재임을 말해주는 활동을 선택하고 싶은 욕구가 있다는 것을 알아차릴 수 있었다.

십대와의 대화에서는 행간을 읽어내는 것이 중요하다. 이 시기에 벌어지는 갈등에서 상당히 많은 부분이 상실감, 정체성, 독립, 통제와 관계가 있다. 연습이 중요하다는 남편의 말은 맞다. 그리고 새로운 경험이 중요하다는 아들의 말 또한 맞다. 그러나 더 중요한 것은 이 두 사람이 서로 간에 근본적으로 새로운 관계를 시작하고 있다는 사실이다.

아이가 청소년기를 거칠 때 부모들은 아이의 정체성이 형성되기 시작하는 것을 반겨주어야 한다. 부모가 아이에게 꿈꾸고 상상했던 모습 대신 현실이 채워져 갈 때, 더욱이 그것이 부모가 상상했던 것과는 상당히 다른 모습일 때, 분명 부모라면 상실감을 느낄 수밖에 없다. 부모가 걸어온 길을 아이가 그대로 따라야 한다거나, 아이가 부모의 상실감을 채워주거나, 부모의 부족한 부분을 보상해주어야 한다고 생각해서는 안 된다.

부모에게 있어 자녀의 청소년기는 부모 자신의 정신적 자산을 살펴보고, 부모 자신의 삶이 충분히 풍요로운지를 점검하기에 아주 좋은 시기이다. 다시 말해 몇 년 후 아이가 집을 떠나게 되었을 때 상실감에 허우적거리지 않도록 자신을 점검할 수 있는 좋은 시기라는 뜻이다.

만 15~17세
: '진짜 나'를 만들어 가는 시기

인지적 발달

중기 청소년기에는 자아가 급격하게 발달하고 '진짜 나'는 누구인가에 대한 고민이 점점 심해진다. 이 시기의 아이들은 자신의 모순된 모습에 대해 매우 잘 알고 있다. 그로 인해 학교에서는 호기심 많은 아이, 친구와 툭하면 싸우는 아이, 낯선 환경에서는 조용한 아이, 그리고 집에서는 괴팍한 아이를 어떻게 하나의 안정된 사람으로 통합해야 할지 혼란스러워한다. 이들의 내면은 여러 개의 자아가 뒤섞여 있는 모양으로, 그 가운데 일부는 서로 모순되기도 한다.

"내가 좋은 사람인지 아닌지 정말로 나도 더 이상 모르겠어요. 친구들은 좋아요. 하지만 이따금 부모님이 그냥 싫어요."

아이들은 사고에 있어 많은 발전을 이루었지만 정반대되는 특성들을 통합하기에는 여전히 역부족이다. 그로 인해 자아는 아주 불안정할 수밖에 없다.

십대 초기와 달리 십대 중반의 아이들은 자신이 똑똑한지 멍청한지, 내향성인지 외향성인지, 헤픈 편인지 새침데기인지를 알아내기 위해 몸부림쳐야만 한다.

이 시기에 아이들은 상황에 따라 어떤 특성들은 더 눈에 띄기도 하고 어떤 특성들은 덜 눈에 띄기도 한다는 사실을 이해하기 시작한다. 이 시기에 여자 아이들은 자신에 대해 유능감을 느끼고 싶어 한다. 그리하여 부모에게 인정받고 싶은 마음에 학교생활을 잘하고 싶은가 하면, 관심 있는 남자 아이에게 공부벌레처럼 보이고 싶지 않은 마음도 있다. 이것은 이 시기의 여자 아이들이 갖는 흔한 딜레마일 수 있는데, 그래서 집에서는 열심히 공부하지만 교실에서는 공부에 관심 없는 것처럼 보일 수 있다.

그런가 하면 남자 아이들은 자신의 예민한 감정을 숨기려고 애쓰는 경우가 많은데, 고등학교 남자 아이들에게 퍼져 있는 마초 문화에서 자신이 배척당할까 봐 무서워하기 때문이다.

예컨대 이 시기의 남자 아이들은 부모님의 부부싸움에 대한 고민을 여자 친구에게 말할 수는 있어도 그 여자 친구를 학교 복도에서 만나면 한마디 말도 없이 지나쳐버린다. 이처럼 자신의 감정을 해결하려는 과정에서 모순된 감정을 경험하게 되기도 한다. 한 소녀 내담자는 이러한 딜레마를 잘 표현해냈다.

"꼭 퍼즐처럼 느껴져요. 내가 맞출 수 없는 퍼즐이요."

청소년들의 머릿속에서는 설득력 있고 예측가능하며 안정된 자아상_{자기 이미지}을 도출하기 위해 밤낮없이 퍼즐 조각 맞추기가 진행되고 있다.

사회적 발달

청소년기를 거치면서 십대들은 중요한 심리적·사회적 문제에 직면하게 되는데, 이러한 문제들은 대개 유아기 때 직면한 문제와 비슷하다_{유아기는 청소년기와 공통점이 많다}. 유아기 때의 이슈였던 '내가 혼자서 할 거야'가 청소년기에는 '내 인생이야. 나더러 이래라 저래라 하지 마'로 바뀐다.

그러나 이제 십대들은 사고의 기술을 갖게 되었고, 어릴 때는 불가능했지만 이제는 자신의 능력을 현실적으로 평가할 수가 있다. 그리고 유아기 때는 엄마라는 거울이 아이에 대해 상당히 일관된 이미지를 비추어준 반면 십대 때는 다양한 거울들이 등장해 서로 다른 이미지를 비추어주어 갈피를 못 잡기도 한다.

예컨대 한 아이가 상대에 따라 좋은 친구, 다루기 힘든 아이, 유능한 운동선수, 열의가 없는 학생으로 비춰질 수 있다. 이것은 필연적으로 청소년들에게 우울함_{또는 변덕스러움}으로 이어질 수밖에 없는데,

십대 아이가 바라보고 있는 거울이 무엇이냐에 따라 자기에 대한 가치가 높아졌다 낮아졌다 너울치기 때문이다.

청소년기의 세상은 겉으로 보면 해결할 수 없는 모순들로 가득 차 있다. 오랫동안 관심 있던 분야를 계속 추구하는 아이들이 있는가 하면, 예전의 관심사에서 애써 스스로를 멀리하는 아이들도 있다.

어느 날 아이는 민주당을 옹호하다가 다음날은 공화당을 지지한다. 운동선수였던 아이가 시인이 되고, 시인이었던 아이가 운동선수가 된다. 착한 소녀가 불량한 소녀가 되고, 불량했던 소녀가 갑자기 수녀처럼 군다. 강렬한 낭만적 열정이 샘솟지만 그만큼 쉬이 사그라져 버린다.

십대 때는 자신이 맡은 여러 역할들을 열심히 세분화하기 때문에 엄마와 아빠와의 관계에 대해서도 구별해서 생각하기 시작한다. 어린 아이들은 부모를 하나로 인식하는 반면, 십대들은 엄마와 아빠가 서로 아주 다른 감정을 가질 수 있다는 사실을 인식하게 된다. 15살 남자 아이는 이렇게 불평했다.

"저도 이해가 안 가는데요, 아빠랑 외출하면 아주 편한데 엄마랑 외출하면 미칠 것 같아요."

이것은 일반적으로 엄마들이 아빠들보다 아이와 보내는 시간이 더 많고, 아이의 정서적 삶에 개입하는 경우가 더 많기 때문이다. 실제로 십대들은 이 시기에 아빠보다 엄마와 갈등을 빚는 경우가 더 흔하다.

아이들은 분리 욕구를 달성하기 위해 몸부림치면서 특히 엄마에게 못되게 굴기도 한다. 괴로움에 휩싸인 엄마는 상담실을 찾아와 왜 십대인 딸아이가 여전히 엄마가 이불을 덮어주기를 원하면서도 정작 엄마가 침대에 걸터앉으려고 하면 "엄마는 엉덩이가 크잖아!"라며 앉지도 못하게 하는지 그 이유를 모르겠다며 하소연한다.

아동기의 의존은 마음의 안정을 가져다준다. 그런데 이러한 의존을 내려놓는 것은 부모인 우리에게도 어려운 일이지만 아이들에게는 더더욱 힘든 일이다. 십대인 아이는 부모로부터 분리 또는 독립을 시도하지만 그 시도는 아직 어설프고 미숙하기만 하다. 그래서 그 과정에서 부모를 서운하게 만들곤 한다.

이때 부모는 아이의 거친 행동이나 진짜로 무례한 행동까지 참아주어서는 안 되겠지만, 부모와 분리되려고 하는 아이의 시도가 아직 어설프고 미숙한 단계라는 것을 어느 정도 예상하고 있어야만 한다.

양육 시 주의할 점

자기조절은 유아기 때도 중요한 문제지만 청소년에게도 중요한 문제다. 술에 취해 집에 돌아온 것 때문에 불려온 수많은 십대들이 상담실 의자에 앉아 다가오는 주말파티 때는 절대 술을 마시지 않겠다고 맹세한다.

"왜 술에 취했는지 모르겠어요. 정말로 조절할 수 있을 거라고 자신했거든요."

하지만 현실은 십대들이 자주 자신의 여러 가지 자아를 동시에 다루지 못할 때가 있다는 사실이다. 술을 지나치게 많이 마신 여자 아이에게는 분명 착한 아이가 되려고 하는 의지가 있다. 하지만 '한번 실컷 마셔보고 싶은' 내적 충동과 멋진 '파티녀'가 되라고 부추기는 또래 문화의 분위기로 인해 이러한 선한 의지는 엉망진창이 되고 만다.

부모가 힘든 상황을 다루는 법을 아이에게 배우도록 도와줄 때는 분명한 기대치와 그에 따른 타당한 결과를 갖고 있어야만 한다. 십대들은 몇 년 안에 대학에 들어가거나 사회로 나가게 될 것이고, 그러면 유혹은 더 커지고 부모의 관리감독은 더 줄어들 것이기 때문이다.

십대들은 성공뿐만 아니라 실패나 좌절을 통해서도 뭔가를 배워나갈 줄 아는 훈련이 필요하다. 그러므로 음주운전을 한 아이를 위해 변호사를 고용하거나, 딸아이의 대학 입학원서 작성을 위해 자기소개서를 써줄 전문가를 찾거나, 또는 아이에게 경기에 출전할 기회를 충분히 주지 않는 코치를 찾아가 항의할 때가 아니다.

결정적으로 중요한 이 시기 동안 아이들이 해도 되고, 하게 될 것이며, 해야만 하는 일은 아직 부모의 그늘 아래 있을 때 실수하고, 그 결과로 인해 힘들어하며, 더 나은 해결책과 대안을 찾기 위해 아이 스스로 파고들 수 있는 기회를 주는 것이다.

십대들은 순간에 너무 충실한 나머지 상황이 더 나빠질 수도 있다는 것을 예상하지 못하는 경향이 있다. 면허정지는 십대에게 힘든 일이지만 음주운전으로 사람을 치는 것에 비하면 힘든 일도 아니다.

그러므로 부모라면 절대로, 어떤 경우에도 아이가 자신의 문제를 돈으로 해결하도록 두어서는 안 된다. 아이에게 생길 자연스러운 결과를 부모가 줄여줄 때, 부모는 아이에게서 인생의 가장 중요한 교훈을 빼앗는 셈이 된다. 그 결과 아이는 누구나 자신의 행동에 책임을 져야 한다는 중요한 교훈을 배우지 못하게 되고 만다.

상담실에서 만나는 아이들은 끊임없이 청소년 시절의 내 모습에 대해 물어본다. 약물은 해보았는지, 무슨 약물이었는지, 얼마나 자주 했고, 첫 섹스는 몇 살 때였는지, 그때 엄마에게 이야기를 했는지 궁금해한다.

청소년들은 정보를 얻고 싶어 하고, 과연 무엇이 정상인지 미치도록 알고 싶어 한다. 그리고 아동기에서 청소년기로 넘어가면서 자신들이 마주하게 된 긴급하고도 혼란스러운 문제에 대해 비판단적인_{비판적인}무 태도로 함께 이야기해 줄 어른들을 절실히 필요로 한다.

"그럴 줄 알았다. 너처럼 철없는 녀석이 일을 잘 처리할 리가 없지."라며 골치 아픈 아이로 취급하기보다는 "넌 이런 경험이 처음이었잖니. 혹시 다음에 이런 상황이 생긴다면 넌 어떤 선택을 할 것 같니?"와 같이 아이를 경험이 부족한 어른처럼 대해주는 것이 소통의 창을 열어두는 데 도움이 된다.

부모들은 흔히 아이의 데이트 문제에 있어서는 '두루두루 만나봐'라고 말한다. 이는 너무 빠른 선택의 위험성을 잘 알고 있기 때문인데, 이와 마찬가지로 십대들은 정치적 견해나 도덕적 선택, 학문적 관심, 외부 활동과 관련해서도 '두루두루 경험해볼' 필요가 있다.

그러므로 관심사를 오랫동안 지켜가는 것의 이점에 대해 강조하면서 십대들을 몰아세우는 것, 예컨대 '대학은 한 가지를 꾸준히 해온 학생에게 관심을 보인다'며 아이에게 계속 축구팀에 남아 있으라고 강요하는 따위는 일부만 맞는 사실이다. 아이가 더 적합하고 진정한 관심사를 계발해나가는 데는 방해가 될 수도 있기 때문이다.

부모는 놀라우리만치 다채로운 아이의 자아를 지지해줄 필요가 있다. 동시에 근면과 인내심, 끈기의 가치도 장려해야 하는데, 이러한 가치들은 아이의 심리적, 대인관계적, 학문적 발달을 위해 꼭 필요한 것으로 자기관리 기술의 일종이다.

이 장 전체에 깔려 있는 믿음은, 부모가 아이들이 나이에 따라 능력이 다르고 욕구도 달라진다는 사실을 이해하고 있을 때 아이의 정서적 발달을 도와줄 수 있다는 것이다.

대부분의 부모들이 직관으로 알고 있는 것처럼, 5살 아이를 통제하던 방식으로 15살 아이를 통제할 수는 없다. 이것은 5살 아이와 15살 아이에게 부모의 통제가 필요하지 않다는 뜻이 아니다. 두 아이 모두 부모의 통제가 필요하다. 다만 두 아이 모두 사랑과 관심을 필요로 하며, 성장하면서 사랑과 관심의 형태가 달라진다는 사실이다.

아동기 때에 꼭 안아주던 모습이 청소년기로 가면 서로 어깨는 닿을 수 있어도 몸의 다른 부위는 닿지 않도록 피하면서 안아주는 피라미드 모양의 포옹으로 바뀔 것이다. 하지만 모든 아이들은 부모의 진실된 사랑과 선의의 표현을 자주자주 필요로 한다.

좋은 부모란 어떤 것인지 구체적인 모습이 생겨나기도 하고, 아이를 키우는 과정에서 바뀌기도 하지만 두 가지 차원만은 변함없이 중요하다. 하나는 우리가 아이와 관계 맺는또는 유대감 방식이고, 다른 하나는 부모인 우리가 아이를 훈육하는 방식이다.

부유한 부모들은 이 두 가지 면에서 유난히 어려움에 처하는 경우가 많다. 예컨대 부유한 가정의 부모들은 이미 많은 연구에서 밝혀졌듯이 아이에게 최고로 잘해야 한다고 스스로를 압박하는 경향이 있다. 이것은 아이와의 유대감에 있어 질적으로 영향을 미친다. 압박감이 많고 빠른 발전을 추구하는 삶의 방식은 종종 부모로 하여금 신체적 또는 정서적 소진을 초래하게 되는데 이것은 적절한 양육 결정을 못하게 만드는 결과를 불러일으키곤 한다.

모든 연령대의 아이들에게 최적이라 여겨지는 양육 방식에 가까워지기 위해서는 유대감과 훈육이 연속선상에서 계속된다는 것, 그리고 그 연속선상에서 현재 부모와 아이가 지니고 있는 이 시점이 아이의 미래를 예견하게 해주는 상당한 변수가 될 수 있다는 사실을 이해할 필요가 있다.

Chapter 6

부모의
소통 방식에 따라
아이는 크게 달라진다

만약 여러분이 다시 대학으로 돌아가 아동 발달 입문 강좌를 듣게 된다면 다이애나 바움린드Diana Baumrind의 연구에 대해 듣게 될 것이다. 바움린드 박사는 버클리 대학의 심리학자로, 부모의 양육 방식이 아동 발달에 미치는 영향에 대해 무려 40년 동안 연구했다. 그의 연구는 전국에서 이루어진 조사를 바탕으로 한 것인데, 내 기억에 따르면 최근에 나온 양육에 관한 거의 모든 책에 그 내용이 실려 있다.

박사의 관심사는 언제나 자율적인 아이, 곧 독립적이고 유능하고 사랑할 줄 아는 아이로 키우려면 어떤 양육 방식이 가장 도움이 되는가를 밝혀내는 것이었다. 첫 연구에서 그는 부모의 세 가지 양육 방식, 곧 권위적인 부모, 허용적인 부모, 권위있는 부모, 그리고 그에 따른 결과를 아동 발달의 관점에서 밝혀냈다.[1]

다른 연구자들과 마찬가지로 그의 연구도 훗날 내용이 더 추가되고 정교해졌지만, 여전히 초기 연구가 황금 표준 최고의 기준으로 남아 있다. 그에 따르면 이 세 가지 양육 방식에 따라 부모가 아이와 유대감을 맺는 방식, 아이를 훈육하거나 통제하는 방식이 아주 다르게 나타난다.

부모 자신의
양육 스타일 알기

양육과 관련해 가장 최근의 연구 추세를 보면, 사회화에 대한 아이의 건강한 적응 여부를 예측하기 위해서 하나의 범주를 넘어 더욱 복잡한 요소들을 이해하는 쪽으로 옮겨가고 있다.

예컨대 유대감과 훈육은 둘 다 그 자체로 중요한 양육 요인이지만, 실제로 아이가 얼마나 잘 지낼 것인가를 예측할 수 있는 것은 이러한 두 요소의 상호작용이다. '따뜻한 유대감'은 건강한 아동 발달에 있어서 긍정적인 예측 요인이긴 하지만 이것이 혹독한 훈육이나 느슨한 훈육과 짝을 이룰 때보다 '적절한 훈육'과 짝을 이룰 때 훨씬 더 좋은 예측이 가능하다.

전형적으로 부유한 가정의 부모들은 자신이 아이들과 따뜻한 관계를 맺고 있다고 믿는 반면, 아이들이 너무 오냐오냐 클까 봐 걱정하기도 한다. 이런 우려는 충분히 있을 수 있고, 사실은 아주 정확한 이야기다.

아이에게 스스로 책임을 지도록 하는 것은 늦은 밤 침대 머리에서 아이와 편안히 이야기를 나누는 것만큼이나 중요한 일이다. 부모인 우리가 잘 알고 있듯이 좋은 양육이란 아이와 유대감을 맺고, 아이에게 적절한 한계선을 마련해주는 것을 뜻한다. 부모는 아이와 사랑하는 관계를 맺고, 그 튼튼한 뿌리를 바탕으로 아이가 성인으로 자라가기를 바란다. 또 아이를 적절히 훈육하여 아이를 안전하게 보호하고, 그리하여 아이가 삶에서 필요한 기술들을 터득해 감으로써 스스로를 돌볼 수 있게 되기를 바란다.

하지만 이 장과 다음 장에서 계속 설명하겠지만, 이처럼 선한 의도에서 생겨난 목표들이 실제로는 많은 부유한 부모들이 생각하는 것과는 미묘하지만 많은 차이가 있다.

부모라면 누구나 자기 아이가 사랑할 줄 알고, 사랑받으며, 세상에 나아가 의미 있고 행복한 삶을 꾸려가기를 바란다. 하지만 아이가 태어날 때부터 타고난 유전자에서부터 미디어 속에 담겨 있는 부유한 문화에 이르기까지 많은 것들이 부모의 통제를 넘어서 있다.

부모인 우리가 통제할 수 있는 단 한 가지는 바로 우리가 아이를 어떻게 양육하는가이다. 만약 아이를 자율성과 능력, 유대감을 길러주는 쪽으로 지도하고 싶다면, 그래서 부모인 우리가 바라는 삶을 아이가 살게 될 가능성이 높게끔 지도하고 싶다면, 아이를 양육하고 있는 방식에 대해 스스로 살펴보고, 때로는 자신이 품고 있는 생각을 고쳐나가는 것이 필요하다.

여기서 주의할 점은 아이에게 건강한 발달을 촉진하는 부모의 양육 스타일과 요인들에 대해 자세히 살펴보다 보면, 그다지 바람직하지 못한 자신의 양육 방식과 마주치게 될 거라는 사실이다. 이때 우리 자신에 대해 연민의 마음을 가질 필요가 있다. 용기를 내어 자신의 양육 방식을 정직하게 평가할 경우, 부모로서 의도치 않았던 실수들이 보이고 매번 또는 때때로 양육에 부정적인 효과를 불러일으켰던 자신의 고질적인 약점들을 발견할 가능성이 높다.

아이와 마찬가지로 부모 역시 성장하고 변화하는 존재다. 따라서 우리의 양육 방식도 달라질 수 있다. 그러므로 우리가 아이에게 했던 일들 또는 해주지 못했던 일들에 대해 죄책감을 버리자. 솔직히 이미 다 지나간 일들일 뿐이다. 그러므로 우리가 할 수 있는 일에 대해 새로운 통찰력을 가지고 앞으로 열심히 나아가면 된다.

권위적인 부모 : 엄마 말대로 해!

권위적인 부모들은 전형적으로 아이 일에 열심이지만 가정을 이끌 때는 엄격하고 강경한 규칙들에 의존한다. 자녀와 의견 차이를 대화로 푸는 것에는 관심이 없고, 아이의 입장에 대해서는 특히 관심이 없다. 부모는 아이에게 강요하고, 함께 의논하지 않는 훈육이야말로 가장 효과적인 양육이라고 믿으며, 아주 통제적이다.

권위적인 부모들은 아이의 욕구에 반응해주기보다 아이에게 요구하는 것이 많은 사람들이다. 그리고 아이의 자율성을 길러주는 쪽을 별로 내켜 하지 않는데, 아이의 자율성이 커지면 부모와 아이 사이의 힘의 균형이 깨지기 쉽다고 생각하기 때문이다.

"왜냐하면 엄마가 또는 아빠가 그렇게 말했으니까."라는 말은 이러한 양육 방식을 지닌 부모들이 즐겨 쓰는 주문과도 같다. 권위적인 집안의 아이들은 부모의 요구나 기대를 따르지 못할 때마다 어김없이 벌을 받는다.

부모는 아이 문제에 열심이긴 하지만 따뜻할 때보다 차가울 때가 많다. 아이에게 복종을 요구하고, 기대치가 높은 편인데, 아이가 어릴 때는 상대적으로 갈등이 없고 질서정연한 집이 될 수도 있다.

하지만 청소년기가 되면 집안은 전쟁터로 바뀔 수 있다. 왜냐하면 부모는 십대인 자녀가 저지르는 모험이나 시도가 건전한 것이라 해도 부모의 승낙을 받은 것이 아닐 경우 심하게 아이를 혼내게 되고, 아이는 이에 대해 반항하기 때문이다. 이런 식의 충돌은 서로 다른 정치적 견해부터 호기심으로 해보는 술이나 담배에 이르기까지 아주 다양한 부분에서 일어난다.

안타깝게도 권위적인 가정의 많은 아이들이 부모 말을 잘 따르고 순종적인 반면, 자존감이 낮고, 사교 기술이 떨어지며, 우울증 비율이 높다. 뿐만 아니라 호기심도 부족한데, 틀에 매이지 않고 생각하는 것을 이들 가정에서는 장려하지 않는다는 점을 생각하면 이해가 쉽다.

권위적인 부모 밑에서 자란 아이들은 지도와 통제에 있어서 지나치게 다른 사람에게 의존하는 경우도 흔하다.[2] 특히 걱정되는 점은 권위적인 가정의 자녀들이 세 가지 가정권위적인 부모, 허용적인 부모, 권위 있는 부모의 자녀들 가운데 가장 공격적이라는 사실이다.[3] 결국 권위적인 가정에서는 일방적으로 한쪽만의 힘을 강조하고, 그 결과 폭력배를 길러내는 환경을 제공해주는 셈이 된다.

허용적인 부모 : 하고 싶은 대로 하렴

허용적인 부모들은 아이와 친구처럼 지내는 경향이 있다. 이런 부모들은 양육을 부모와 아이 간의 공동 작업으로 보기 때문에 아이와의 관계가 따뜻하다. 그리고 아이에게 요구하고 바라기보다는 잘 반응해주는 편이며, 아이를 통제하는 것을 내켜 하지 않는다.

허용적인 부모들은 아이의 일에 굉장히 많이 관여하긴 하지만, 아이에게 적절한 행동을 고집하지 않을 때가 많다. 예컨대 누군가가 아이의 잘못된 행동에 대해 뭐라고 하면 "아직 경험하고 배워 가는 단계잖아요."라고 반응하기 쉽다. 그러다보니 교사나 코치, 그 밖의 다른 어른들, 심지어 아이들까지도 이런 부모를 비난하게 된다. 아이가 잘못을 했으면 그에 따른 결과를 받아들이도록 지도해야 하는데, 부모가 아이를 보호하려 들면서 오히려 아이를 망치고 있다고 비난하는 것이다.

허용적인 부모에게는 아이의 성적이 낮은 것도 아이가 공부를 열심히 안 했기 때문이 아니라 교사가 잘 가르칠 줄 모르기 때문이 된다. 아이가 시합 때 경기장에서 뛰는 시간이 적으면 자기 아이의 운동 기술이 부족해서가 아니라, 코치가 자신의코치의 아이를 더 많이 뛰게 하려고 했기 때문이 된다.

이러한 부모들은 아이가 힘들어하거나 불행해하는 것을 참지 못한다. 그러면서 아이와의 충돌을 피하려고 하다 보니 훈육에 어려움이 있을 때가 많으며 아이의 충동을 제어해야 할 때 머뭇거리게 된다.

집안의 규칙도 변덕스러워서 어떤 때는 지켜야 했다가 어떤 때는 안 해도 된다. 때문에 아이들은 책임감이 부족하고, 집안에서 어른들이 책임 있는 존재라는 사실을 잘 이해하지 못한다.

긍정적인 면에서 보자면, 허용적인 부모는 아이에게 창조성과 개성을 북돋아줄 가능성이 높다. 허용적인 가정의 아이들은 호감형이고, 사교적이며, 높은 자존감을 갖고 있는 경향이 많다. 반면에 충동적이고 미성숙하며, 자기 행동의 결과를 이해하는 데 어려움이 있는 편이다. 그리고 상대를 조종하려 들고, 권위 있는 부모 밑에서 자란 아이들에 비해 학업 성취는 낮고, 약물 남용 가능성은 높다.[4]

이러한 사실은 부유한 가정의 십대들이 약물 남용 비율이 불균형적으로 높다는 사실을 감안할 때, 허용적이면서 부유한 가정의 아이들에게 특히 우려할 만한 결과라 할 수 있다.

권위 있는 부모 : 우린 해낼 수 있어

권위 있는 부모는 따뜻하고 수용적이지만 동시에 명확한 한계선과 기대치를 아이에게 정해준다. 아이에게 요구도 하지만 반응도 잘 해주며, 부모는 자신이 전반적으로 집안을 잘 관리하고 있다는 느낌을 받는다. 또 아이에게 부모의 기대치를 채우도록 격려할 때에도 대체로 비난이나 벌보다는 지지를 많이 활용한다.

권위 있는 부모들의 관심은 단순히 아이가 부모의 말에 복종하거나 반대로 부모와 친구처럼 지내는 것에 있지 않다. 이런 부모들은 협력과 사회적 책임감, 자기조절에 높은 가치를 두는데, 이런 가정의 아이들은 사회적으로 잘 적응하고 책임감이 있는 편이다.

한편 권위 있는 부모는 성취와 자발성을 중요하게 생각하지만 경쟁을 지나치게 강조하지는 않는다. 아이 일에 성급하게 끼어들기보다 아이 스스로 시도하고 문제를 해결할 방법을 찾아낼 수 있도록 격려하면서 아이의 자율성이 커 가도록 이끌어준다.

권위 있는 부모들은 양육자로서 자신의 역할에 대한 생각이 분명하고, 자기 삶에서 부족한 유대감이나 우정을 아이가 채워주기를 기대하지 않는다. 그래서 아이의 필요를 훌륭하게 충족시켜 줄 수가 있다. 그 결과 아이는 자신의 욕구를 채울 방법을 찾느라 골몰하지 않아도 되고, 대신 다른 사람들의 필요에 주의를 기울일 줄 알게 된다.

아이가 다른 사람에게 관심을 가질 때 우정과 깊은 유대감이 생길 가능성이 훨씬 높다. 이런 양육 스타일은 독립과 유대감에 동시에 초점을 두기 때문에 아이에게 자율성을 길러준다.

권위 있는 부모의 양육 방식은 단순히 중도형 양육법이 아니라 매우 헌신적이고 독특한 양육 방식이다. 바움린드 박사는 권위 있는 부모, 곧 따뜻하지만 동시에 적절히 훈육할 줄 아는 부모, 아이에게 높은 수준의 자율성을 길러주기 위해 열심히 노력하고 동시에 동일하게 높은 수준의 성숙과 성취를 요구하는 부모 밑에서 자라는 아이들이 가장 적응력이 뛰어나다고 믿었다.

바움린드 박사의 연구에 따르면, 권위 있는 부모의 자녀들은 허용적인 부모나 권위적인 부모의 아이들보다 성취에 대해서도 훨씬 균형감 있는 태도를 갖고 있으며, 사회 기술이 좋고, 성적이 높으며, 약물 남용과 우울은 더 적은 것으로 나타났다.[5]

바꾸어 말하면 이런 가정의 아이들이야말로 건강한 자아를 가질 가능성이 가장 높은 아이들이다. 건강한 아동 발달의 세 축이라 할 수 있는 세 가지 후천적 기술 즉, 독립적인 삶을 이끌어가고, 원만한 대인관계를 유지하며, 개인적 목표를 성취할 줄 아는 능력을 갖게 될 가능성이 가장 높다는 것이다.

그렇다면 부모와 따뜻한 유대감을 맺는다는 것은 무슨 뜻일까? 단순히 부모와 아이 사이에 감정이 좋은 것을 말하는 것일까? 스킨십을 많이 하는 엄마는 그렇지 못한 엄마보다 항상 더 따뜻할까? 따뜻함은 언제나 유익할까? 아니면 좋은 것이라 해도 지나칠 수 있을까? 아이에게 실망하거나 화가 난 순간에도 따뜻함을 유지하는 것이 정말로 가능할까?

이것을 제대로 이해하려면 먼저 이런 용어들을 구체적으로 정의 내릴 수 있어야 한다. 곧 따뜻함이란 말을 이해하려면 우선 그 말을 정의 내릴 수 있어야 하고, 그것이 현실 세계에서 어떤 모습으로 나타나는지를 알아야 한다.

따뜻함은 부모가 아이에게 다양한 방식으로 전해주는 이해와 수용 그리고 필요할 때 도움을 청할 수 있다는 느낌을 말하는데, 아이들이 자라면서 따뜻함의 모습도 진화해간다. 유아기의 경우, 따뜻한 부모는 말로 표현할 줄 모르는 아기의 욕구를 잘 알아차리고 재빨리 아이의 필요를 채워주며 화를 내지 않는 것으로 표현된다.

아기가 자라 어린이가 되면 따뜻한 부모는 아이에 대한 관심과 공감은 계속 유지하되 샤워하기 또는 학교 갈 때 옷 챙겨 입기와 같이 아이가 스스로 해야 할 기본적인 일들에 대해서는 점점 개입을 줄여 나간다.

청소년기가 되면 부모가 아이에게 전해주는 안정감이 곧 따뜻함이 된다. 부모는 십대인 아이가 처한 문제가 크든 작든 간에 항상 아이를 위해 그 자리에 있다는 사실을 아이가 알 수 있게끔 해주어야 한다.

따뜻하고 유대감 있는 부모의 자녀들이 가정과 학교, 사회에 더 잘 적응하고 잘 지낸다는 것은 분명한 사실이지만, 부모가 자녀와 유대감을 맺는 방식은 어디까지나 연속선상에서 존재한다. 스펙트럼의 한쪽 끝에는 과잉개입과 지나친 밀착이 있고, 그 반대쪽에는 비난과 거부가 존재한다. 가장 바람직한 유대감은 그 중간쯤 어느 지점이 될 것이고, 그 언저리 안에서 양육을 이어나가는 기술이야말로 부모들이 개발해야 하는 최고로 중요한 기술 가운데 하나가 될 것이다.

좋은 유대감
: 수용, 이해 그리고 관심 갖기

살아오면서 당신을 따뜻하게 대해주었던 누군가를 떠올려보라. 배우자나 동료, 어쩌면 친구일 수도 있다. 그 사람과의 관계에는 공통의 목적이나 관심사 등이 있을 수 있는데, 거기에서 따뜻함이라는 느낌만 따로 떼어내 보라.

대부분의 사람들에게 따뜻함이란 수용받아들여짐이라는 매우 독특한 특성을 갖고 있다. 따뜻한 관계를 맺고 있는 사람에 대해 말할 때 "그는 있는 그대로의 나를 좋아해줘요.", "그녀는 내 모습 그대로를 인정해줘요."라고 말한다.

수용은 따뜻함에서 무척 중요한 부분이다. 그런가 하면 수용은 부모가 허용하지 않는 행동을 아이가 했을 때 부모가 쉽게 시험받게 되는 부분이기도 하다.

수용한다는 것은 아들의 피어싱 한 코나 딸의 문신을 좋아해야 한다는 뜻이 아니다. 수용이란 아이와 필연적으로 의견 차이가 있을 수밖에 없고, 아이에게 많은 실망을 하겠지만 그런데도 아이가 존재만으로도 여전히 부모에게 소중한 대상으로 남아 있어야 한다는 것을 뜻한다.

좋은 부모란 수용하려고 노력하는 사람이다

갓난아기나 어린 아이를 사랑하기는 쉽다. 어린 아이들은 부모의 관심 속에서 사랑과 기쁨을 먹고 자란다. 이 시기에는 흔히 간단한 청소도구와 약간의 팔운동만 더하면 아이들의 행동을 쉽게 교정할 수 있기 때문에 부모는 아이의 실수와 잘못을 수용하기가 쉽다.

유치원에 다니는 아이가 겉옷 지퍼를 올리려고 낑낑댈 때 부모가 도와주려고 하면 아이는 그런 부모의 손길을 쳐낼 수도 있다. 하지만 그럴 때도 부모는 아이와 깊은 유대감, 곧 아이에게 여전히 자신이 필요한 존재라는 것을 느낄 수 있기 때문에 아이에 대해 따뜻함과 수용의 태도를 유지할 수 있다.

반면 십대 자녀에게 부모가 따뜻함과 수용의 태도를 유지하는 것은, 십대의 발달에 있어서 가장 중요한 보호 요인 중 하나지만 부모에게는 가장 어려운 과제이기도 하다. 부모는 십대인 자녀가 부모로부터 벗어나려고 하고, 부모에 대한 서로 다른 감정으로 혼란스러워하며 반항하는 행동들을 일삼을 때 이것들을 참아내야만 한다.

아이들은 언제나 성장해가는 과정 속에 있고, 그렇기에 십대 자녀가 부모와의 애착과 분리, 거리두기와 헌신의 모습을 되풀이할 때도 여전히 아이를 사랑할 수 있어야 한다. 이것이야말로 진정한 수용의 모습이다.

하지만 부모가 아무리 애를 쓴다 해도 이런 과정에서 매순간 아이를 사랑한다는 것은 불가능하다. 십대들은 부모의 사랑이 일시적으로 식은 것인지, 아니면 영원히 식어버린 것인지를 귀신같이 알아차린다.

좋은 부모란 수용적인 자세로 돌아오려고 늘 노력하는 사람이다. 그러나 수용이 따뜻함의 전부는 아니다. 우리 주변에 수용적인 사람들이 있다고 해서 반드시 그들과 친밀함을 느끼는 것은 아니다. 따뜻함에는 단순한 수용보다 더 깊은 무언가가 있다. 진정으로 따뜻한 관계에는 단지 수용되는 느낌만이 아닌 깊은 이해심이 자리한다.

우리가 상대하는 사람이 청소년이든 성인이든 상관없이, 오해받지 않고 왜곡이나 투사 없이 정확히 나를 이해해줄 누군가와 닿고 싶어 하는 것은 인간의 보편적인 갈망이다. 실제로 많은 내담자들이 말한다. 자신이 정말로 이해받고 있다고 느낄 때, 또는 상대방이 정말로 내 이야기를 듣고 있다고 느낄 때 그것이 얼마나 위로가 되는지 모른다고.

물론 안아주기나 어깨 토닥여주기 같은 행동이 따뜻함을 더 크게 할 수는 있지만 그렇다고 항상 필요한 것은 아니다. 당신이 친한 친구의 이야기를 들어줄 때를 떠올려보라. 그런 다음, 당신이 아이의 이야기를 들어줄 때 어떻게 하는지 생각해보라.

친한 친구의 이야기를 들어줄 때는 대개 친구의 고민을 이해하고, 친구가 자신의 감정이 무엇인지 알 수 있도록 도와주고, 친구에게 우리가 도와줄 수 있다는 사실을 일깨워주는 것이 목적이다. 그래서 친구 입장에서 어떤 느낌인지 알기 위해 친구의 이야기를 충분히 들어준다.

그런데 정작 내 아이에게는 너무 다그치고, 서둘러 방법과 대안, 해결책을 제시한다. 이처럼 좋은 의도에도 불구하고 미성숙하게 대처하는 바람에 소통의 단절이 생기는 까닭은 무엇일까? 이는 아이가 힘들어하는 모습을 그냥 두고 볼 수 없는 부모들의 불안 때문일 때가 많다.

이런 식의 접근은 부모의 요구나 기대가 어마어마하고 시간이 부족할 때는 편리한 해결책이 될 수도 있다. 하지만 불행하게도 부모가 아이의 문제에 미성숙하게 개입할 때 부모는 그 아이만의 특별함을 좀 더 이해할 수 있는 기회를 스스로 놓치게 된다. 그리고 아이가 주어진 상황에서 문제 해결 기술을 어떻게 발전시켜 나가는지를 이해할 수 있는 기회도 놓치고 만다.

특히 십대들은 부모가 자신의 이야기를 들으려고도 하지 않고, 자신을 인정해주지도 않는다며 불평한다. 하지만 부모가 아이와의 관계에서 몇 발짝 뒤로 물러서서 아이의 뒤를 따라가며 아이의 이야기에 호기심과 열린 마음으로 귀를 기울일 때 비로소 부모는 아이를 이해할 수 있다.

아이를 대화의 장으로 초대해 이야기를 들어주고, 아이와 함께 있어주는 것보다 유대감과 소통을 높여주는 것은 없다. 그런데 최근 연구 결과를 보면, 부모-자녀 관계가 반대 방향으로 흘러가고 있는 것으로 드러났다. 곧 부모가 아이를 수용하고 이해하는 면이 더 줄어든 것이다. 대신 아이에 대한 부모의 물질적인 투자는 커진 것으로 나타났다.[6]

진정한 유대감이란 아이의 존재 자체를 사랑해줄 때 생긴다
아이가 힘든 시기를 보내고 있을 때, 아이는 부모가 자기를 지지해줄 마음과 도와줄 준비가 되어 있다는 것을 마음으로 느낄 수 있어야 한다. 아이가 필요로 하는 것은 단순히 편안함이 아니라 보호받고 있다는 느낌이다. 어둠속에서 누군가가 불을 밝혔을 때글자 그대로든 비유적으로든, 그래서 더 이상 두렵지 않았던 그 순간의 안도감을 떠올려보라.

심지어 따뜻한 부모-자녀 관계를 맺고 있는 아이에게도 보호받고 있다는 느낌은 여러 가지로 아이에게 유익한 점이 많다. 많은 연구 결과들이 모성의 친밀함이 지닌 가치에 초점을 맞추고 있지만, 최근 연구에서는 아빠가 엄마에 비해 평소 육아에는 덜 관여하는 반면또는 어쩌면 덜 관여하기 때문에 아빠의 따뜻함, 특히 수용의 정도가 어린이와 십대의 웰빙에 크게 기여하는 것으로 나타나고 있다.

무엇보다 아빠한테 인정받고 있다는 느낌은 아이의 성적과 행동과 관련해 중요한 것으로 드러났다.[7] 이것은 엄마에 비해 아빠와의 상호작용이 적고, 그래서 오히려 더 큰 의미로 느껴지기 때문일 수도 있고, 아빠의 인정이란 것이 좀 더 조건적인 측면이 강해 십대 자녀가 얼마나 잘하느냐에 따라 인정받는 것이 달라지기 때문일 수도 있다. 어쨌든 아빠의 따뜻함과 수용이 청소년의 학업 성적, 사회적 유능성, 문제 행동 등을 가늠할 수 있는 강력한 예측 요인인 것은 사실이다.[8]

아이들은 부모의 시간, 이해, 수용, 보호 그리고 사랑을 필요로 한다. 이런 것들이 다 합쳐질 때 결국 건강한 부모-자녀 관계가 이루어진다. 물론 아이에게 완벽하게 맞출 수 있는 부모는 없다. 부모도 자기만의 욕구가 있고, 자기를 위해 시간과 에너지를 쓰고 싶을 때가 많다. 그러므로 부모가 스트레스를 많이 받거나 너무 화가 나 있거나 또는 너무 지쳐 있는 나머지 아이를 따뜻하게 대해줄 여력이 없을 때는 그 사실을 아이에게 알려주어야 한다. 그리하여 자신의 감정을 책임감 있게 다루는 부모의 모습을 아이에게 보여주는 것이 중요하다.

"아빠는 오늘 직장에서 무척 힘든 일이 있었어. 하지만 내일 사장님과 이야기해서 오해를 풀 생각이야. 그래서 미안하지만 오늘밤은 기분이 좀 별로란다. 하지만 내일은 좋아질 테니 연날리기에 대해서는 내일 이야기하자."

아이를 알아가는 데 지름길은 없다. 부모가 아이에게 시간을 들이고, 아이와 함께 빈둥거리고, 부모가 할 수 있는 가장 친밀하고 구체적인 방법으로 아이를 알아갈 때 따뜻함도 함께 자란다.

당신의 특별한 아이가 무엇에 기뻐하는지, 그리고 무엇에 실망하는지, 어떤 것에 마음 끌려하고, 무엇을 겁내 하는지 알아보라. 혹시 딸아이가 시는 좋아하면서 과학 소설은 싫어하는가? 아들 녀석이 밤새도록 텔레비전 앞에 있는 것은 텔레비전 소리를 좋아해서인가 아니면 어두움이 무서워서인가?

아이와 진정한 유대감_{관계}을 이룬다는 것은 내 앞에 있는 아이가 고유하고 독특하며 이 세상에 단 하나밖에 없는 존재라는 사실을 알고 그 가치를 인정하는 것이다.

할 수 있는 한 자주 아이에게 사랑과 감사를 표현해주라. 세상의 모든 아이들 중 한 명을 선택해야 한다면 당신의 선택은 언제나 지금 당신 앞에 있는 그 아이라는 것을 아이에게 분명히 알려주라.

나쁜 유대감
: 과잉개입, 침범하기, 부모의 의존

따뜻한 유대감이 효과적인 양육을 위한 특효약이라면, 어떻게 이러한 유대감이 아이에게 '해'가 되거나 아이의 발달을 '저해'할 수도 있는 것일까?

이해하기 어려울 수도 있지만 따뜻함과 유대감은 자칫 부모의 과잉개입이나 지나친 밀착 또는 침범으로 변질될 수 있다. 예컨대 아이가 부모에게 "날 좀 내버려둬요.", "이건 내 문제예요. 부모님 문제가 아니라고요.", "내 일에 신경 좀 꺼주세요." 같은 말을 할 때가 바로 그런 때다.

물론 가끔은 자녀의 불안한 행동 때문에 부모가 정말로 끼어들 수밖에 없을 때도 있지만, 아이와 관계가 멀어질 것 같은 두려움이나 불안 때문에 아이에게 과잉개입 하게 되는 경우가 훨씬 많다.

도움이 되는 개입 VS 아이를 망치는 개입

부모인 우리는 가끔 우리의 사랑이 적절한 수준인지, 침범하는 수준인지 알기 어려울 때가 있다. 그럴 때는 자신의 깊은 속마음에 귀를 기울여야 한다. 그런 다음 아이에게 물어보고 아이의 말에 귀를 기울여보자. 대체로 아이들은 매우 행복해하며 당신이 이 두 가지를 구별할 수 있게 도와줄 것이다.

부모라는 존재는 이미 유전적으로 자녀들을 위협으로부터 보호하도록 짜여져 있다. 예컨대 우리 조상들은 포식자의 존재를 감지하면 불안감이 높아지면서 호르몬 분비가 왕성해졌다. 그 결과 각성 상태가 되면서 상대와 싸울지 또는 도망갈지를 결정했다. 이때 부모들은 자신의 어린 자녀들을 안전하게 보호할 확률이 더 높은 쪽을 택했다.

다행스럽게도 역사적으로 아이들의 웰빙에 큰 위협이 되었던 영양실조나 심각한 소아 질병들은 최근 들어 크게 감소하거나 아예 뿌리가 뽑혔다. 그런데도 여전히 아이에 대한 부모들의 걱정은 이상하리만치 높다.

가난한 가정의 경우 많은 부모들이 문 밖의 늑대를 지키느라 바쁘다. 부업에 시간과 에너지를 쏟고, 그 달 그 달 생계를 꾸려가기도 벅차다. 반면 부유한 부모들은 상대적으로 살림살이에 대한 걱정이 없고 심리적으로도 여유가 많은 편이다. 그래서 아이의 성취에 대해 걱정하고, 경쟁력을 평가하는데 많은 시간을 할애할만한 여유가 있다.

많은 경우 부유한 부모들은 스케줄이 빡빡하고 골치 아픈 직업에 종사하는 경우가 많지만 집안일만 빼면 비교적 한가한 사람들도 있다. 또한 고소득 가정의 경우 전형적으로 자녀 수가 적다. 그래서 부모가 아이의 사소한 부분까지 일일이 신경 쓰고, 아이의 스타 자질을 갈고 닦기 위해 시간과 돈과 에너지를 들일 여유가 더 많다.

하지만 지금 이 시대 아이들의 건강한 삶을 위협하는 요인들, 곧 뛰어난 성적과 좋은 학교, 일류 회사 취업 같은 것이 옛날의 소아마비처럼 아이들과 부모들을 극도로 불안하게 하고 예민하게 만들게 해서는 안 된다. 내 아이를 다른 아이와 견주며 얼마나 잘할 수 있을

까를 끊임없이 걱정하다 보면 필연적으로 부모는 과잉개입 하게 되고 정서적으로 지치게 된다. 그리고 아이는 독립적으로 살아가는 능력을 손상받고 만다.

그런데도 현실은 아주 어린 아이를 둔 부모들조차 아이의 발달 단계, 사회화 과정, 학업 성취 기록을 함께 모여 비교하며 걱정한다. 그리고 자신의 아이가 경쟁에서 뒤처질까 두려운 마음에 과잉개입을 시작하게 된다.

부모의 지나친 개입은 이미 많은 부유한 가정, 이른바 잘사는 동네에서는 일반적인 일이 되어 버렸다. 하지만 의도는 좋다 해도 그 정도가 심하다 보니 오히려 역효과를 낳고 있다.

자녀들에게 과잉개입 하는 부모들은 주말을 아이들을 위해 다 쓰는 경우가 많다. 아이를 대회나 시합에 데려다주고 데려오거나 아니면 학원에 태워다 주느라 바쁘다. 이처럼 아이를 중심으로 모든 시간과 에너지를 쓰다 보니 부모 자신의 힘든 친구 관계나 결혼생활은 무시한 채 살아간다.

초등학교에서는 학기 초 학부모를 위한 학업 설명회가 열리는데 그때 건축가나 엔지니어, 인테리어 디자이너 등 다양한 재능을 가진 부모들이 모인다. 이들 부모들은 자기 아이가 같은 반의 다른 아이들보다 뛰어나고, 교실이나 운동장 또는 진학 과정에서 더 뛰어난 모습을 보였으면 하는 바람에 온갖 사적인 교육 과정에 수백만 원을 기꺼이 쓴다. 그들은 마치 부모의 개입이 좋은 것이라면 과잉개입은 분명 더 좋을 거라고 믿는 것만 같다.

여기서 분명히 해두고 싶은 점은, 아이들에게는 부모의 개입이 꽤 많이 필요하다는 사실이다. 부모의 높은 개입은 많은 영역에서 자녀의 성공에 있어 중요한 요소로 밝혀진 것도 사실이다. 하지만 과잉개입 하는 부모와 달리 적절하게 개입하는 부모들은 아이의 문제로부터 가능한 한 빨리 뒤로 물러설 줄 알고 아이의 독립성을 향한 욕구를 존중해주는 것이 얼마나 중요한지를 잘 알고 있다.

적절하게 개입하는 부모가 과잉개입 하거나 자녀의 영역에 함부로 침범하는 부모와 구별되는 점은, 부모의 개입이 아이의 발전에 도움이 되는 때와 도리어 방해가 되는 때를 구분할 줄 안다는 것이다.

과잉개입과 침범이 문제가 되는 이유

과잉개입은 단순히 건강한 개입을 더 많이 하는 것이 아니다. 아이의 발달을 방해할 수 있는 개입을 말한다. 이것은 비교적 순한 수준에서 아주 심각한 수준에 이르기까지 지나치게 열성적인 부모의 양육 행동을 폭넓게 아우르는 용어다.

지나친 개입은 대개 불필요한 개입을 뜻하지만 그렇다고 늘 잘못된 개입이란 뜻은 아니다. 부모의 지나친 개입에 놀라우리만치 관대한 아이들도 있을 수 있다. 나의 경우, 아이들을 위해 해주는 일들, 예컨대 아이가 깜빡한 설거지를 대신 해주거나, 엉망인 아이의 침대를 정리해주거나, 아이의 글쓰기 숙제를 고쳐주는 것은 과잉개입이라고 생각하는 편이다.

과잉개입 하는 부모들은 아이의 시합이 끝난 뒤에도 꽤 오랫동안 경기장을 떠나지 못한다. 그 이유는 코치가 자기 아이에게 관심을 더 쏟아주고, 어쩌면 다음 경기에서 더 많이 뛸 수 있도록 해줬으면 하는 마음에서 코치를 구슬리느라 그렇다. 그러나 이러한 과잉개입 은 아이를 심리적으로 조종한다거나 아이에게 해가 된다고 할 수는 없지만 아이의 발전을 더디게 하는 것은 틀림없다.

반면 '침범하기'는 아이에게 오로지 해가 될 뿐이다. 침범은 아이 의 심리적 공간이 자라나는 것을 방해하고, 부모와 아이 사이에 필 요한 경계선을 흐릿하게_{항상 아이에게 불리한 쪽으로} 만든다.

침범하기의 예로는 아이의 전화를 엿듣는다거나, 아이가 부모를 믿고 친구에 대한 불만을 이야기했는데 그 내용을 다른 사람에게 말 하는 것, 아이의 죄책감이나 수치심을 자극하면서 아이가 더 어려운 수업을 듣도록 부추기는 것 등이 있다.

침범하기를 일삼는 부모들은 "네가 열심히 했다는 것은 엄마_{아빠} 도 알아. 하지만 틀린 답이 있는 답안지를 그대로 낸 것에 대해 왜 부끄러워하지 않는지 엄마는 이해가 안 돼."라고 말한다. 이런 부모 는 창피함이 아이를 더 열심히 하도록 하는 동기부여가 될 것이라고 생각한다. 하지만 죄책감과 수치심은 오히려 아이의 건강한 발달에 방해가 되고 부모와 아이 사이의 관계를 약하게 만들 뿐이다.

침범하기와 과잉개입은 둘 다 아이가 성공적인 삶을 살아나가기 위해 필요한 삶의 기술들을 습득하고 발전시키는 데 방해가 된다. 곧 스스로 시작하는 능력, 시행착오를 통해 배우려는 의지, 만족감을 지연시키는 능력, 좌절을 견뎌내기, 자기조절 하는 모습 보이기, 실수를 통해 배우고 다시 일어서기, 창조적으로 생각하기 등에 방해가 된다.

삶의 기술을 발전시켜 나간 아이들은 땅을 파야 할 때 커다란 연장 상자를 가진 것과 마찬가지다. 이러한 연장들은 삶을 풍요롭게 해주고 문제 해결을 도와준다.

최근에는 아이들의 창조성 감소에 대한 연구가 별로 이루어지지 않고 있는데, 이는 불길한 흐름이다. 신선한 관점에서 사물을 보는 능력인 창조성은 저평가되어 있을 뿐 삶의 결정적 기술 가운데 하나다.

창조성은 우리가 비생산적인 방식에 고착되는 것을 막아준다. 만약 당신의 아이가 혼자 방에 틀어박혀 있기 시작했고, 당신의 배우자가 갑자기 거리를 두고, 회사에서는 엉뚱한 업무를 지시하고 높은 업무 능력을 요구한다면 당신은 폭넓은 해결책이 필요하다. 한 가지 해결책으로 이 모든 문제를 해결할 수는 없기 때문이다.

이때 요구되는 것이 창조적인 사고다. 창조적인 사고는 일반적인 해결책으로는 문제가 풀리지 않을 때 다양하게 써볼 수 있는 연장들을 제공해준다. 예컨대 아이가 기분이 축 가라앉았을 때 평소에는 당신이 부드러운 유머를 던지면 달라질 수 있다. 하지만 이것이 늘 통하는 것은 아니다. 그런데 만약 당신이 아이와 대화를 시작하는 법, 아이를 혼자 있게 해주는 법, 뭔가를 해보라고 조언하는 법, 서로의 거리를 인정하는 법, 아이를 안아주는 법을 알고 있다면 아이를 도울 기회는 크게 늘어날 것이다.

이처럼 우리의 도구상자가 크면 클수록 우리는 더 창조적일 수 있고, 고정관념에서 벗어날 수 있으며 효과적인 해결책을 찾을 가능성이 높아진다. 아이들도 마찬가지다. 친구 문제, 공부 문제, 가족 문제, 개인적인 문제가 생겼을 때_{이러한 문제는 당신 아이만 겪는 일이 아니라 당신이 아이였을 때도 늘 있던 일이다} 창조적으로 그리고 유연하게 생각할 수 있는 능력이 필요하다. 창조성이 떨어지고 있다는 것은 아이들이 불행하거나 갈등에 직면하거나 당황했을 때 문제 해결에 쓸 도구상자가 점점 작아지고 있다는 경고와 같다.

성숙하지 못한 부모가 아이의 문제를 대신해서 해결해줄 때마다 부모는 아이가 기발한 해결책을 찾아낼 기회를 빼앗는 셈이 된다. 아이가 찾아낸 해결책은 또 다른 해결책을 찾아내는 데에도 도움이 될 수 있는데 말이다. 또한 부모는 아이가 자신의 힘으로 문제를 해결했다는 데서 느끼는 자신감_{유능감}까지 빼앗고 마는 셈이다.

지나친 밀착 : 불행한 부모가 아이에게 의존한다

부모가 다른 어른들과의 관계에서 잃어버린 사랑과 유대감을 아이에게서 찾으려고 할 때, 따뜻함은 종종 건강하지 못한 의존으로 바뀌곤 한다.

부유한 사람들이 모여 사는 지역사회에서는 친밀한 관계를 맺기가 힘들다. 대부분 너무 바쁘게 살고, 큰 대문과 넓은 잔디밭, 높은 담벼락은 서로를 단절시킨다.

내가 어릴 때만 해도 설탕 한 컵이나 약간의 크림 또는 남는 감자를 얻으려고 우리 집에 들르던 이웃들이 많았다. 그런데 지금은 식료품 저장실에 한두 가지 물건이 없을 때 이웃집에 얻으러 갈 생각을 하는 것은 아주 웃긴 이야기가 되어버렸다. 일하는 여성들끼리 편하게 나누던 음식과 우정은 사라지고 이제는 포장음식과 전업주부만이 남았다. 그리고 자신의 문제를 사람들에게 이야기해봤자 그것이 얼마나 작은 문제이든 간에 돌아오는 것은 사람들의 지지와 위로가 아닌 낭패감뿐일 것이라는 두려움만이 남았다.

많은 부유한 여성들이 활발하게 사회생활을 하며 살고 있지만 진짜 친구는 거의 없다. 결혼 만족도도 낮고, 아이들과 똑같은 문제, 곧 압박감은 너무 많고 진짜 친밀감은 거의 없어 힘들어한다. 여기에다 자신의 문제에 대해 함께 이야기 나눌 친한 친구가 없을 경우, 부모는 아이에게서 위안을 찾게 된다. 이것이 바로 지나친 밀착인데, 부모와 아이 사이의 경계선이 무너져 결국은 아이에게 해가 되고 만다.

부모가 아이들 앞에서 피눈물을 흘리며 배우자에 대한 실망과 분노, 상처를 이야기할 때, 부모는 아이가 '자라가는 일'에 집중하지 못하도록 가로막는 셈이다. 아이가 불행해하는 부모를 지지해주고, 부모가 의지할 수 있는 단짝 친구이자 조언자가 되어줄 경우, 아이는 자신의 발달을 위해 써야 할 정서적 에너지와 안정감을 소진시키고 만다.

지나친 밀착이나 침범과 따뜻함의 차이를 알아야 한다. 따뜻함은 아이를 심리적 어려움으로부터 보호해주지만, 지나친 밀착과 침범은 가정에 문제를 불러일으킨다.

아이들이란 부모의 요구를 귀신같이 읽어낸다. 엄마가 아이에게 지나치리만치 많은 시간과 에너지를 쓰면서 엄마 자신을 아이의 삶에 끼워 넣는 것이, 실은 엄마 자신의 불행을 방어하기 위한 것이라는 사실을 아이는 본능적으로 안다.

불행한 엄마는 아이에 대한 과잉개입을 필요로 한다. 그리고 이러한 상황에서 흔히 볼 수 있는 심리적 드라마는 안타깝지만 아이가 엄마의 필요를 채우기 위해 자신의 욕구를 기꺼이 희생하는 것이다. 아이에 대한 부모의 과잉개입과 침범은 전형적으로 부모 자신의 욕구가 적절히 채워지지 않았다는 표시다.

결혼생활이 냉랭할 때, 아이의 침대 맡은 부모에게 따뜻한 아랫목이 된다. 하지만 부모가 자신의 재능과 걱정, 열망, 그리고 자기 자신을 자녀에게 쏟아부으면 부을수록 아이가 자신의 재능과 관심사, 열망을 발전시킬 수 있는 여지는 작아진다. 좋은 양육이란 그 목표가 언제나 의존이 아닌 자율성이 되어야 한다.

어미 새는 어린 새를 둥지 밖으로 슬쩍 밀어냄으로써 새끼가 스스로 날갯짓을 통해 날아오르는 법을 배우게 한다. 어미 새는 그 행위가 지닌 가치를 알고 있는 것이다. 이에 반해 과도한 개입을 하는 부모는 아이의 날개를 잘라내고 있는 셈이다.

칭찬이 '나쁜 따뜻함'으로
바뀌기 쉬운 이유

미국 도처에서 무분별하게 이루어진 자존감 운동은 격려와 칭찬, 따뜻함 사이의 경계를 흐려 놓았다. 집집마다 각종 자존감 프로그램에서 받은 배지와 리본, 심지어 아주 사소한 일로 받은 황금별 배지가 냉장고 문을 온통 뒤덮고 있지만, 요즘 아이들은 30~40년 전보다 더 자존감이 높다고 말할 수 없을 뿐 아니라 최근의 자료들을 보면 사실 정서적 어려움도 더 많이 겪고 있다. 게다가 학업 면에서도 더 떨어지는 편이다.[9]

수백 개의 연구 결과들을 통합해 포괄적인 결론을 끌어내는 메타 분석에 따르면, 자존감을 높이는 것 자체만으로 아이들이 학교생활을 더 잘하게 되거나 규칙을 더 잘 지키거나, 문제 행동을 덜 일으키고 또래와 잘 어울리거나, 다른 사람의 권리를 존중하는 따위의 바람직한 결과로 이어지는 것은 아니라는 사실이 밝혀졌다.[10] 실제로 자존감은 성취나 일탈과 아주 제한된 범위 안에서만 연관 관계가 있을 뿐이다.

오랫동안 자존감 분야를 연구해온 학자들에 따르면, 사람들이 마치 자존감을 자녀 교육의 만병통치약처럼 여기는 것은 오히려 건설적이지 못하며, 아이가 열심히 공부하고 좋은 품성을 보일 때 아이의 자존감을 세워주는 것이 값어치 있다고 말한다.[11]

하지만 이때도 아이의 윤리적인 행동과 노력, 성취에 대해 칭찬만

하는 것이 아니라, 더불어 아이가 잘못했을 때 부모로서 아이에게 실망감을 표현하고, 아이가 해로운 행동이나 스스로에게 상처 주는 행동을 했을 때, 노력을 게을리했을 때 바로잡아 주려는 모습이 함께 있어야만 한다. 아이에게 필요한 것은 한껏 부풀려진 자존감이 아니라 현실적인 자존감이다. 무분별한 칭찬은 아이가 자신을 정확하게 평가하기 힘들게 만든다.

무분별한 칭찬은 아이를 소극적으로 만들 수도 있다
부모들은 자녀에게 반사적으로 칭찬하는 경향이 있다. 그래서 칭찬이 아이의 정서적 발달에 부정적인 영향을 미칠 수도 있다는 사실을 상상하기 힘들어한다. 만약 따뜻함이 부모로서 무척 가치 있는 자질이라면 칭찬이야말로 관심과 감사, 따뜻함을 전해주는 것인데 어떻게 나쁜 것이 될 수 있다는 것일까? 지나친 칭찬에 의문을 품는 것이라면 타당할 수 있겠지만 "잘했어.", "우리 아들, 정말 멋진데."처럼 일상에서 날마다 쓰는 칭찬에 딴죽을 거는 것이라면 타당해 보이지 않는다.

　실제로 많은 부모들이 따뜻함과 칭찬을 뗄 수 없는 관계로 본다. 그러나 칭찬과 따뜻함은 똑같지 않다. 이러한 사실을 인정하는 것이 중요한 이유는, 왜 어떤 아이들은 감사할 줄 아는 아이가 되고, 어떤 아이들은 당연하게 여기며 감사할 줄 모르는 아이가 되는지를 이해하기 위해서이다.

　부유한 가정의 아이들에게서 흔히 볼 수 있는 불쾌할 정도의 특권

의식은, 부분적으로는 끊임없는 칭찬으로 아이의 자존감을 높여주려 했던 부모들의 노력의 부산물이다. 부유한 가정에서 자신이 특별하다는 말을 되풀이해서 들어온 아이들은 높은 자존감과 자기도취의 차이를 분간하기 힘들 수 있다. 머리 회전이 빨랐던 한 십대 내담자는 이렇게 말했다.

"내가 그토록 특별하다면 왜 식탁 차리는 것을 돕거나 쓰레기를 밖에 내다 놓아야 하죠?"

언뜻 들으면 논리적인 말 같지만 이 아이는 부모가 한결같이 중요시했던 개인주의_{개성}와 자존감을 '배려와 상호이해'의 반대 개념으로 이해하고 있었다. 자아도취 또는 자기 중심적인 생각은 당사자 개인한테는 치르는 대가가 별로 없을 수 있다. 그러나 종종 다른 사람들에게 그 대가가 돌아가곤 한다. 지친 엄마가 아들이 먹은 저녁 설거지를 대신하거나, 과로한 아빠가 딸을 대신해 쓰레기를 내다 놓는 식으로 말이다.

칭찬이란 칭찬을 하는 사람과 받는 사람 둘 사이에서 일어나는 일로, 그 결과도 두 사람 모두에게 영향을 미친다. 이것은 우리가 아이들에게 "너 참 똑똑하구나.", "넌 참 착하구나."라고 열 번, 백 번 또는 천 번 말한 후에 아이들의 반응을 관찰해보면 명백하게 드러난다. 대략 만 5세 이후가 되면 판에 박힌 칭찬에 보통 무관심하고, 더 흔하게는 "엄마니까 그렇게 말하지."라는 식으로 예리한 반응을 보인다.

사실 부모들은 자녀들의 욕구_{필요}를 채워주는 것만큼이나 부모 자신의 욕구를 채우기 위해 아이를 칭찬하는 경우가 많다. 부모는 좋은 의도로 칭찬을 하고, 칭찬으로 아이의 기분이 좋아지길 바라지만 칭찬은 부모의 기분도 좋게 만든다. 칭찬은 부모로 하여금 아이에게 애착을 갖게 하고, 아이의 노력에 관여하게 하며, 부모에게 아이를 더 사랑할 수 있는 지렛대 같은 역할을 해준다.

이런 의미에서 겉으로 보면 칭찬은 따뜻함이나 유대감과 관련이 있는 듯 보이지만, 좀 더 깊이 살펴보면 통제와 순응과 관련이 깊다고 할 수 있다.

많은 십대 내담자들이 좋은 성적이 정작 아이들 자신보다 부모에게 훨씬 더 중요하다고 이야기한다. 실제로 "참 잘했어.", "네가 자랑스럽구나.", "넌 참 똑똑하고 착하고 재능 있어." 같은 말들은 부모가 중요하게 생각하는 것들을 아이가 열심히 노력하도록 만드는 방법 가운데 하나다.

그런데 "엄마_{아빠}는 네가 단어 시험에서 A를 맞아서 참 자랑스럽다."라는 말에는 맞춤법에서 B를 맞거나 수학에서 C를 맞는 경우 지금보다는 덜 자랑스럽다는 뜻이 내포되어 있다. 그러나 B를 맞은 맞춤법 시험이나 심지어 C를 맞은 수학 시험이 사실은 아이가 더 많은 노력을 기울인 결과이고 더 높은 성취를 이룬 것일 때도 있다. 이런 경우 비록 부모의 의도는 선할지 몰라도 더 높은 성적을 바라는 부모의 칭찬이 실제로는 아이의 진정한 배움에 역효과를 내고 만다.

이런 식의 칭찬은 배움에 있어서 가장 중요한 측면인 노력과 향상

전보다 나아졌음을 간과하고 있다. 게다가 이런 식의 칭찬은 아이로 하여금 부모의 사랑과 수용이 조건적이라고 여기게 만든다.

한편, 어떤 특정 능력에 대해 계속해서 칭찬을 받는 아이는 새로운 것을 시도하는 데 관심이 적어지게 된다. 그러한 태도로 인한 대가 중 하나는 아이가 안전한 것만 하려고 하고, 새로운 것을 시도해 자신의 영역을 넓혀갈 기회를 잃어버린다는 점이다. 고작 10살 또는 11살 된 어린 아이가 새로운 운동이나 도전을 하기에는 너무 늦었다고 결론지어 버리는 모습은 참으로 걱정스러운 일이다.

평소 특정 능력에 대해 과잉 칭찬을 받아온 아이, 그 때문에 새로운 시도를 무척 어려워하는 아이들은 예전에 테니스나 체스, 수학이나 춤 실력으로 칭찬받았던 일들을 언급하며 해보라고 격려해주어도 수줍어하면서 새로운 것에 관심을 두려고 하지 않는다.

이처럼 다양한 사고와 활동의 제한은 아동기와 청소년기의 중요한 발달 과업 중 하나인 자신에게 잘 맞는 것들을 찾아내기 위해 자신의 관심사와 능력을 여러 영역에서 탐색하는 것에 방해가 된다.

칭찬은 양의 탈을 쓴 늑대가 되기도 한다

때로 우리는 우리가 잘하는 쪽을 따라가고, 때로는 우리가 관심 있어 하는 쪽을 따라간다. 이 두 가지가 늘 같지는 않다. 13살의 잘나가는 테니스 선수이자 몹시 신경질적인 엠마는 내 진료실에서 울고 있었다. 왜냐하면 아이는 혹독한 훈련으로 지쳐 있었고, 마음속으로는 주말마다 타호 호수에서 스키를 타는 친구들과 함께 놀고 싶었기 때문이다.

사실 엠마의 방에 붙어 있는 테니스 선수 린제이 데이븐포트의 포스터 뒤에는 거칠게 스키를 타는 유명 스키 선수 보드 밀러의 그림이 숨겨져 있었다. 하지만 엠마는 이미 국내 테니스 랭킹에 올라가 있었기 때문에 자기 마음이 바뀐 것에 대해 부모님이 지지해주지 않을 거라고 확신했다. 엠마의 말이 맞았다. 엠마의 부모는 내 진료실에 앉아 그야말로 기절초풍했다.

"엄마 아빠가 이미 모든 것을 쏟아부었는데, 어떻게 그걸 던져버리고 싶다고 할 수가 있죠?"

하지만 내 지지에 용기를 얻은 엠마는 부모님에게 자신은 테니스 선수가 되는 것보다 지금 친구들과 함께 있는 것이 더 중요하며, 자신이 훌륭한 테니스 선수였던 것처럼 훌륭한 스키 선수도 될 수 있을 것 같고, 뿐만 아니라 단순히 경쟁해서 시합만 하는 스포츠가 자신에게는 별로 재미가 없다고 덧붙였다.

엠마의 부모는 엠마야말로 미국에서 가장 재능 있는 테니스 선수 중 한 명이라는 사실을 딸에게 일깨워주며 딸을 설득하려고 애썼다. 그리고 엠마의 이름이 이미 여러 유명 스포츠 잡지에 실렸다는 사실을 언급하며 아이에게 온갖 찬사를 쏟아내면서 아이를 설득하려 했다. 이것은 칭찬처럼 보일지 모르지만 사실은 조종이다. 칭찬은 곧잘 양의 탈을 쓴 늑대가 되곤 한다.

나는 눈앞에서 엠마의 결심이 녹아 사라지는 것을 보았다. 진료실

소파에 몸을 깊숙이 파묻은 엠마는 부모가 열심히 쏟아부은 압박에 자신의 자율성을 얌전히 포기했다.

엠마의 부모는 딸에 대한 높은 기대와 자신들의 기대가 아이의 욕구와 발달 단계에 맞지 않다는 사실을 인정하는 것 사이에서 괴로워했다. 하지만 엠마의 부모는 자신들은 이미 큰 그림을 그려 놓았으며, 뛰어난 운동선수라는 사실이 올림픽 팀에 들어가거나 대학에 진학할 때 얼마나 유리하게 작용하는지 잘 안다며 의견을 굽히지 않았다.

엠마의 부모 말이 맞을 수도 있다. 나는 부모의 이런 식의 주장이 자기도취가 아니며 언제나 선한 의도에서 나온 것이라고 말하고 싶다. 유감스럽지만 나는 우리 부모님이 자신의 부서지기 쉬운 자아를 자녀의 성취로 채우는 모습을 보면서 자라왔다. 이처럼 대다수의 부모들 역시 엠마의 부모처럼 부모 말대로 해야 자녀가 더 흥미롭고 즐거우며 성취감 있는 삶을 살게 될 것이라고 믿기에 부모의 주장을 굽히지 않는다. 뛰어난 성취가 안겨다줄 기회를 생각하면 아이의 욕구가 일시적으로 희생되는 것은 충분히 감수할 수 있다고 믿는 것이다.

아이들이 잘하는 활동이 있을 경우, 그 일을 아이가 정말로 좋아하는지 아닌지를 알아보기 위해 그 일을 충분히 오랫동안 해보도록 권하는 것은 분명 이해가 된다. 그러나 일단 아이가 증상을 보이기 시작했거나, 눈물짓거나, 불안해하거나, 배탈이나 두통과 같은 신체적 고통으로 힘들어하기 시작했다면 아이를 너무 밀어붙이는 것이라 볼 수 있다.

상담이 이어지면서 엠마의 부모는 자신들이 엠마에게 지속적으로 해왔던 칭찬이 어떻게 엠마를 '궤도에 머물도록_{부모가 볼 때 딸이 가장 촉망받을 수 있는 모습에 머물도록}' 하는 방편이 되었는지를 이해하게 되었다. 그리고 엠마가 다양한 관심사와 능력을 탐색하는 것이 성장 과정에서 얼마나 중요한지도 알게 되었다. 그 결과 엠마가 새로운 분야에 열정을 보이는 것에 대한 반대도 줄어들었다.

마침내 엠마는 스키 선수가 되었다. 물론 아직은 그 분야에서 지극히 평범한 선수에 지나지 않지만 혹독한 훈련에 지쳐 있던 13살 엠마는 아동기를 되찾은 것에 가슴 설레했으며, 부모의 칭찬과 기대라는 짐으로부터 자유로워졌다. 선한 의도를 가지고 있던 엠마의 부모는, 늘 화나 있고 불안해하던 딸이 좀 더 행복하고 평온해졌다는 사실에서 큰 위로를 받기도 했다.

칭찬한다고 해서 무조건 따뜻한 부모가 되는 것은 아니다. 이미 잘하고 있는 아이를 더 잘하도록 압박하는 수단으로 칭찬을 사용하지 않을 때, 아이의 빈약한 자존감을 추켜올리는 수단으로 칭찬을 사용하지 않을 때, 그럴 때 칭찬은 따뜻함이 된다.

따뜻한 부모는 아이의 성취뿐 아니라 실수와 실패도 수용한다. 부모인 우리는 종종 아이의 불행에 가슴 아파하면서 서둘러 아이의 기분을 나아지게 하려고 애쓴다. 하지만 더 좋은 양육 방법은 아이가 얼마나 잘하고 못하는가와 상관없이 아이가 부모의 사랑을 경험할 수 있도록 해주는 것이다. 아이는 이러한 경험을 통해 부모의 사랑과 수용이 자신의 성취 여부에 따른 것, 곧 조건적인 것이 아니라는 사실을 배우게 된다.

부모의 진정한 따뜻함과 수용은 자녀가 얼마나 잘해내느냐와 아무런 관계가 없다. 아이 그대로의 모습과 관련이 있다. 무조건적인_{비조건적인} 사랑이란 내 앞에 있는 아이가 놀랍도록 고유한 존재이고, 아직 다듬어지지 않은 거친 면들이 있지만 부모인 우리가 다듬어주어 좋은 사람, 생산적인 사람이 될 수 있도록 격려해주는 것을 말한다. 그리고 그럴 수 있는 열린 마음과 넉넉한 마음을 가져주는 것을 뜻한다.

그렇다면 우리는 이러한 과제를 어떻게 다루어야 할까? 자녀가 기대에 미치지 못할 때, 부모를 실망시킬 때, 부모의 감정에 사랑과 따뜻함은 온데간데없고 어둡고 불행한 감정만 들게 할 때 자녀 양육은 부모들이 부딪히는 가장 큰 도전 가운데 하나가 된다. 이럴 때 부모는 아이를 비난하며 부모가 느낀 실망감과 분노를 처리하고 싶은 마음이 굴뚝같겠지만, 연구 결과는 아주 명료하다. 따뜻함과 유대감이야말로 양육의 특효약이며 비난과 거부야말로 가장 치명적이라는 사실이다.

비난과 거부가 안겨주는
손상을 피하라

부유한 가정에서는 부모가 대놓고 비난하기보다 은근히 비난하는 경우가 많다. 부모라면 누구나 '네가 태어나지 않았으면 좋았을 걸'과 같이 가혹하고 상대방을 거부하는 말들이 아이의 자아에 어떤 영향을 미칠지 잘 안다.

하지만 나는 수많은 상담 현장에서 부모들이 달콤한 말로 포장되어 있는 위장된 말들, 그런데도 여전히 아이에게 해가 되는 말들을 수없이 내뱉는 모습을 목격하곤 한다. 그리고 아이에게 가해지는 전형적인 비난의 내용을 보면 부모 자신이 불안해하는 부분들에 관한 것일 때가 많다.

"네가 딱 5킬로그램만 살을 빼면 다른 여자애들처럼 작은 탱크탑을 입을 수 있어. 아주 귀여울 거야."(자신은 44사이즈를 입고, 섭식 문제가 있으며, 딸의 체형이 날씬하지 않고 뚱뚱하다는 생각에 견딜 수 없어 하는 엄마의 말)

"네가 극장을 좋아하는 건 엄마도 알아. 하지만 인기 좋은 남자애들은 죄다 운동을 하러 가는 것 같던데, 너도 한 번 해보지 그래?"(아주 사교적인 엄마, 하지만 영화에만 관심이 있는 아들이 혹시 게이거나 적어도 다른 사람들이 아들을 그렇게 생각할까 봐, 그래서 사회관계에서 비호감형이 될까 봐 두려운 엄마의 말)

"넌 도대체 왜 심화반이 아니라 심리학을 들으려고 하는 거니? 넌

훨씬 똑똑하잖아." (자기 아들이 특출 나지 않고 평균 수준이라는 것을 인정하기 힘든 의사 아빠의 말)

부모가 생각하기에 아이에게 얼마나 세심하게 또는 에둘러 표현했든지 간에, 위와 같은 말들은 아이에게 '그걸로는 충분하지 못해'라고 공표하고 있는 셈이다.

이런 말들은 왜 안 되는 것일까? 위의 예에서 어떤 아이도 자기 파괴적인 행동을 하지 않았다. 단순히 자기의 있는 모습 그대로를 보여줬을 뿐이다. 이 아이들을 다른 아이로 바꾸려고 하는 것은 대개 불가능하며, 비록 가능하다 해도 자아 손상이라는 면에서 보면 그 대가가 너무 크다.

비난은 아이의 가치가 아닌 행동에 초점이 맞춰져야 한다

부모가 아이를 비난할 때를 보면, 부모가 아이한테서 싫어하는 부분이 무엇인지, 심지어 혐오하는 부분이 뭐고, 참기 힘든 단점이 무엇인지가 명확해진다. 비난은 부모가 느끼는 실망감을 아이 탓으로 돌리고, 그 실망감을 아이에게 투영하는 방법이다. 그럴 때 양육은 참으로 추한 것으로 변할 수 있다.

부모의 비난이란 주제는 특별히 주의를 기울일 만한 가치가 있다. 비난은 부모와 자녀 간의 소통에 있어서 상당히 치명적인 형태이기 때문이다. 비난은 '아이 자체가 지닌 가치'에 대한 부모의 생각이 아이에게로 전달되는 고유한 의사소통 방식이다. 따라서 안 된다고 말하거나, 부모의 불만족이나 심지어 실망감을 표현하는 것이 모두 비난에 해당하는 것은 아니다.

"친구를 그런 식으로 대하다니, 엄마아빠는 정말로 실망했단다."
처럼, 아이에게 좋은 가치를 가르쳐주기 위해 일부러 부모가 실망감
을 표현해야 할 때도 분명히 있다. 그러나 이때도 부모의 실망감이
아이의 존재 자체가 아닌 아이의 행동이나 선택에 대한 것임을 짚어
줘야 한다. "엄마는 정말 너에게 실망이구나."와 같은 감정조의 말은
아이를 급격하게 우울하게 만들거나 아니면 반대로 반항하는 행동
을 하도록 만든다.

비슷한 것으로 교정이 있는데, 양육에서는 중요하고도 필수적인
부분이다. 그러나 교정은 정보적인 면에서 이루어져야 하지 아이의
개성이나 인격에 대한 것이어서는 안 된다. 예컨대 12살짜리 아이가
공부를 하지 않아 수학 시험에서 형편없는 점수를 받았다고 하자.
여기서 부모는 몇 가지 선택을 할 수 있다.

- 무시하기 : 괜찮을 때도 많지만 부모의 무관심을 나타내는 신호
  일 수 있으므로 좋지 않다. 부모가 숙제를 챙겨주는대신 해주는 게
  아니라 아이들은 학교생활을 잘하는 아이들과 어울리는 경향이
  있다.
- 결과에 따라 처신하기 : "그럼 엄마랑 약속한 거다. 만약 성적이
  형편없으면 텔레비전은 주말에만 보고 주중에는 공부하는 시간
  을 늘리기로."
- 성공하지 못한 이유를 찾도록 도와주기 : 여기에는 아이가 자신이
  한 일에 대해 어떻게 느끼는지를 아이와 함께 이야기하는 것이

포함된다. "평소에 네가 수학을 잘한다는 건 엄마도 잘 알아. 혹시 이번 시험을 망친 무슨 이유라도 있니? 혹시 도움이 필요한 것은 없니?" 단, 이때 아이에게 질문을 퍼붓지 말고 아이의 말을 들어줘야 한다.

- **노력과 관련해 실망감 표현하기**: "엄마 생각에는 네가 좀 더 노력했으면 더 잘했을 것 같아. 엄마는 네가 최선을 다하지 않았다는 게 실망스러워. 하지만 이건 어디까지나 이번 성적의 문제이고 다음번에 더 열심히 할지 말지도 너한테 달렸어."
- **비난 또는 거부하는 반응 보이기**: "네가 형편없는 점수를 받을 줄 알았다니까. 넌 아무것도 못해. 그런 식으로라면 넌 절대 아무것도 못 해낼 거야."

앞의 네 가지 반응은 나름 모두 타당하고 부모의 양육 방식과 아이가 처해 있는 상황에 따라 달라질 수 있는 반면, 맨 마지막처럼 비판적으로 반응하는 것은 아이에게 오로지 해가 될 뿐이다. 왜냐하면 문제가 무엇인지는 전혀 언급하지 않고, 사실상 아이에게 자신이 결함투성이라고 느끼게 해 문제만 더 커지게 만들기 때문이다.

발달 중인 아이의 자아를 공격할 때마다 부모는 아이에게 자기혐오감을 심어주게 된다. 그런데 자기혐오감은 아이가 가질 수 있는 가장 위험한 감정이라 할 수 있다. 반복적인 공격과 거부, 비난은 아이로 하여금 자신이 본질적으로 사랑받을 가치가 없는 존재라는 불행한 결론에 이르게 만든다. 사랑받을 자격이 없다고 믿는 아이들은 우울증과 자살의 위험이 크다.

특히 자해는 청소년들의 반항적인 행동 가운데 일반화된 형태로 점점 늘어나고 있는데, 부모의 무자비한 비난을 마주할 때 시작되는 경우가 흔하다. 영민하지만 자해를 일삼던 한 내담자는 이런 오싹한 말을 했다.

"나는 부모님의 경멸을 온몸으로 모두 흡수해요. 그런 다음 그 경멸들을 내 몸의 피와 함께 흘려 내보내는 거죠."

따뜻함과 수용은 아이에게 사랑스러운 존재라는 느낌, 신뢰감, 상호이해를 길러주지만 비난과 거부는 자기혐오, 우울증, 공격성을 자라게 한다.

이 책에 나오는 이야기는 대부분 부모의 압력과 과잉개입, 침범과 마주하면서 우울해진 아이들, 곧 순응적인 아이들에게 초점이 맞춰져 있다. 하지만 끊임없이 비난하는 부모를 둔 아이들은 전혀 다른 식의 문제를 보이는 경향이 있다. 이 아이들은 종종 부모의 눈앞에서 과격한 행동을 보이고 반항하며, 심지어 반사회적이다. 부모가 이런 아이들의 고통을 이해하기란 훨씬 어려울 수 있다.

무자비한 비난은 부모에 대한 공격으로 발전할 수 있다

어슬렁거리며 내 진료실로 들어온 16살짜리 딜런은 한 손에 담배를 쥔 채 "진료실이 완전 구리네요." 했다. 나는 그런 딜런에게 "늘 이렇게 첫 만남을 매력적으로 시작하니?"라고 물었다. 순간 딜런은 방어가 풀리며 아주 짧은 순간이었지만 미소를 지었다.

물론 금세 무관심한 듯 공격적인 자세로 돌아가긴 했지만 나는 알고 있었다. 아이가 아직 웃을 수 있는 한 우리는 예방주사를 맞은 것과 마찬가지라는 사실을 말이다.

딜런의 부모는 모두 지식인이었다. 엄마는 교수이고 아빠는 성공한 작가였다. 딜런 외에도 두 명의 자녀가 더 있었는데, 두 아이는 학업 성적이나 지적 호기심을 중요시하는 부모의 가치와 대체로 잘 맞는 편이었다. 반면 딜런은 평범한 학생이었다. 시험 결과는 충분히 총명한 학생으로 나왔지만, 그의 진짜 재능은 뛰어난 손재주에 있었다.

딜런은 훌륭한 기계공이 될 수 있는 소질을 가진 아이였고, 실제로 낡은 차를 수리하며 많은 시간을 보내곤 했다. 그 차는 딜런이 자동차 정비소에서 일하며 번 돈으로 산 것이었다.

그런데 딜런의 부모는 아이의 관심사에 대해서는 전혀 이야기하지 않았고, 딜런에게 포부가 부족하고, 어리석은 데에 관심을 쏟는다며 계속해서 아이를 비난했다. 그러고는 지금처럼 계속 공부에 전념하지 않는다면 인생에서 아무것도 되지 못할 거라고 경고했다.

사실 딜런은 진정한 전문 기술을 가지고 있었고, 포부도 컸다. 딜런은 내가 상담한 학생들 가운데 학교를 졸업하고 정말로 취업을 하려고 계획하는 몇 안 되는 아이들 가운데 한 명이었다. 딜런과 오랫동안 심리치료를 해가면서 나는 자동차 오일을 교환하는 법을 배웠고, 바람 빠진 타이어를 보수하는 법도 배웠다. 만약 딜런이 덜 부유하고, 덜 경쟁적인 가정에서 태어났다면 그의 이러한 능력이 얼마나 가치 있게 여겨졌을지 우리는 쉽게 이해할 수 있다.

부모의 무자비한 비난 사격에 맞서 딜런이 취한 행동은 가정에서 이탈하는 것이었다. 딜런은 부모에게 너무 화가 난 아이들, 부모에게 정말로 사랑받지 못한다고 느끼는 아이들, 그래서 보트에 구멍을 내면 자기 역시 침몰할 것이라는 사실을 잘 알면서도 스스로 보트에 구멍을 내는 아이들 가운데 한 명이었다.

딜런은 마약에 깊이 빠져들었고, 경찰서를 드나들 만큼 심각한 싸움에도 여러 번 가담했다. 딜런은 '이 재수 없는 집안을 혼쭐 내주는' 자신의 능력을 자랑스러워했다. 자신의 일탈로 인해 부모가 고통받는 것을 보면서 어느 정도 희열을 느끼는 것 같았다. 이런 점에서 딜런은 감당하기 힘든 아이였다. 특히 마약 문제는 이 아이를 전문 치료시설에 입원시키는 것이 가장 좋은 선택이 아닐까 하고 나를 고민하게 만들었다.

진료실에서 만난 딜런은 어떤 날은 합리적이고 심지어 다정하기까지 했지만 또 어떤 날은 아주 강한 분노에 차 있었으며 상스러웠다. 하지만 시간이 거듭되면서 딜런과 나는 따뜻한 관계를 조금씩 발전시켜나갈 수 있었다. 그 이유는 적어도 부분적으로는 내가 딜런한테서 감탄할 만한 구석을 많이 찾아냈기 때문이다. 그 아이가 지닌 능력들과 끈기, 심지어 딜런이 느끼는 분노까지 말이다. 만약 딜런이 부모의 실망감을 정말로 내면 깊이 흡수해버렸다면, 그는 우울에 사로잡혔을 것이다. 그런데 딜런은 합리적으로 방어했고, 그래서 분노를 느낀 것이었다.

딜런은 조금씩 자신의 감정을 표현하기 시작했다. 자신이 부족하다는 느낌 그리고 결함 있는 존재 같다는 느낌을 서서히 드러내기 시작했다. 딜런은 자신이 못났다고 생각했기에 자기처럼 덜 떨어진 아이들과 어울려 다녔고, "누가 나같이 시시한 놈을 좋아하겠어?"라며 여자애들과는 거리를 두었다. 이런 말을 하는 아이들은 흔히 문제 행동을 일으켜 밤늦게 경찰서에서 전화가 오거나 소년원에 가야 할 일이 생기곤 한다.

일주일에 두 번씩 이어지던 딜런과의 상담이 6~7개월쯤 지났을 무렵, 나는 딜런에게 이제 마약과 술 문제도 함께 다뤄보자고 할 만큼 영향력이 생겼다고 느꼈다. 딜런은 자신이 약물 재활 시설로 보내질 수도 있고, 그러면 나와도 만날 수 없을 것이라는 사실을 듣고는 일주일에 다섯 번씩 단주 모임인 AAalcoholics anonymous : 익명의 알코올 중독자들이라는 단주 모임에 참석하고 약물과 술을 끊는 쪽을 택했다.

딜런에게서 우울함을 감추기 위한 마약과 알코올 남용이 사라지자 진료실에서 만난 딜런은 슬퍼하고 눈물을 흘렸다. 정말로 자신이 느꼈던 감정, "나는 실수투성이, 바보 멍청이밖에 되지 못할 거야."라는 감정을 드러내기 시작한 것이다. 나는 부모와의 상담을 통해 딜런에 대한 부모의 실망감과 딜런의 미래에 대한 부모의 걱정이 어느 정도인지를 확인할 수 있었다.

나는 부모에게 자신들과는 완전히 다른 딜런의 삶, 그런데도 만족스러운 삶을 상상해보게 했다. 그리고 딜런의 성격이나 특성을 공격하지 않으면서 그에게 적절한 한계선을 정해주는 법에 대해 이야기를 나누었다. 딜런의 부모는 자신들의 비난이 아들의 자아 발달에 얼마나 독이 되어 왔는지를 이해하기 시작했다.

딜런의 부모가 아이에게 얼마나 실망하고 얼마나 화가 났는지에 관계없이 대부분의 부모들처럼 딜런의 부모도 아이를 사랑하는 길을 되찾고 싶어 했다. 하지만 수년 동안의 비난으로 생긴 상처를 원래대로 돌리는 일은 쉽지 않았기에 딜런은 때때로 문제아로 돌아가곤 했다. 특히 자신이 거부당했다고 느낄 때 그랬다. 하지만 결국 몇 년 뒤, 딜런은 좋은 회복세를 보였고, 부모도 딜런을 받아들였을 뿐 아니라 딜런이 지닌 가치를 인정하게 되었다.

딜런이 심각한 증상으로 완전무장 했는데도 불구하고 마침내 잘 해낼 수 있었던 이유 중 하나는 부모의 가혹한 비난이 다행스럽게도 청소년기에 들어서야 본격적으로 시작되었기 때문이다. 그래서 사실상 딜런은 비교적 손상되지 않은 자아의 알맹이를 형성할 수 있었다. 내가 첫 번째 면담에서 짧은 순간에 보았던 딜런의 미소가 바로 그것이었다.

하지만 아주 어렸을 때부터 비난받아 온 아이들은 통원 심리치료로는 좋아질 가능성이 아주 낮다. 자아가 너무 손상되고 자기혐오감이 너무 심해 자기 파괴가 심각한 상태이기 때문이다.

따뜻한 내면의 목소리를 계발하라

비난이 아이의 발달에 심하게 부정적인 영향을 미친다는 사실은 계속해서 밝혀지고 있다. 그렇다면 어른들이 평소 갖고 있는 생각들을 이러한 사실에 비추어서 찬찬히 살펴볼 필요가 있다.

예를 들어 사람들은 부유한 가정의 아이들에게서 정서적 문제가 발생하는 비율이 높게 나타나는 이유에 대해 아이들의 스케줄이 너무 빡빡하기 때문이라고 생각한다. 부유한 부모가 아이의 방과 후 활동을 포함해 많은 면에서 아이를 밀어붙이고, 그 과정에서 아이들이 기진맥진하기 때문이라고 생각하는 것이다.

이 특이한 이론은 방송매체를 통해 널리 홍보되었고, 그로 인해 많은 부모들이 아이의 다양한 방과 후 활동운동, 미술, 음악, 봉사활동 등등 경험이 정말로 아이에게 좋은 것인지 아니면 해가 되는 것인지 걱정하기 시작했다.

여기서도 과도한 시간표란 아이가 경험하는 다양한 수준의 활동을 아우르는 포괄적인 개념이다. 만약 당신의 아이가 숨 쉴 시간, 생각할 시간 또는 밥 먹을 시간이 없다면, 그러면서 아이가 불행해하고 몸이 아픈 증상을 보인다면, 그렇다면 아이는 과도한 시간표에 시달리고 있는 것이다. 하지만 원기왕성하고 기운이 넘치는 아이들 중에는 다양한 범주의 활동에 참여하면서도 아무런 부정적 결과를 보이지 않는 경우도 있다.

최근 여러 가지 연구를 통해 과도한 시간표 뒤에 숨겨진 핵심 문제가 드러나기도 했다. 문제는 방과 후 활동 자체가 아니었다. 교외의 부유한 지역에 사는 14살 청소년들을 대상으로 실시한 연구 결과에 따르면, 아이들이 방과 후 활동에 참가하는 가장 흔한 이유는 재미 때문이었다. 단지 소수의 아이들만이 어른들의 압력 때문에 참가한다고 응답했다. 그 결과, 방과 후 활동이 아이들에게 미치는 영향은 대체로 긍정적이었다. 하지만 방과 후 활동에 대해 아이가 얼마나 잘했는지를 따지는 부모의 비판이 아이에게 해로운 것으로 나타났다.

특히 여자 아이들은 방과 후 활동에 대해 부모가 비난조로 대할 때 정서적 문제와 학업 문제를 겪기 쉬운 것으로 나타났다.[12] 아이가 공연에서 코러스 역할을 맡게 되었을 때, 그 사실을 기뻐해주는 부모와 "넌 짧은 대사라도 있는 역을 맡을 정도도 못 되는 거니?"라고 말하는 부모를 둔 아이가 겪는 경험에는 엄청난 차이가 났다. 자녀에게 높은 기준을 고집하는 것은 문제가 아니지만 기대에 미치지 못했을 때 아이에게 굴욕감을 주고, 아이를 헐뜯는 것은 문제가 된다.

부모인 당신은 스스로에게 어떻게 말하는지 들어보라. 만약 해야 할 뭔가를 깜빡 잊었을 때 당신은 어떤 생각이 드는가? "난 정말 바보라니까!"인가 아니면 좀 더 부드러운 목소리의 "정말 바쁜 하루였어. 모든 걸 기억할 수는 없는 거잖아."인가?

당신의 하루에 대해 평가하는 내면의 목소리는 혹독하고 비판적인가 아니면 다정한가? 이 목소리가 바로 우리 자녀들이 일상에서 날마다 듣는 목소리다. 당신의 부모는 당신에게 비판적이었는가? 만약 그랬다면 당신을 헐뜯고 얕잡아보듯이 말하던 그 목소리가 지금도 계속해서 들리는가? 만약 그렇다면 이제 당신은 새로운 목소리, 좀 더 부드러운 목소리를 개발할 필요가 있다. 당신의 하루를 함께해줄 목소리, 그리고 당신의 아이에게 들려줄 새로운 목소리를 만들어가야 한다.

적절한 훈육이 함께할 때 따뜻함도 빛이 난다

좋은 부모가 되는 것은 하나밖에 없는 당신의 자녀를 보물처럼 여기는 것을 뜻한다. 하지만 효과적인 부모 노릇이란 단순히 끊임없이 따뜻하고 편안한 존재가 되어주는 것 그 이상이다 비록 그것이 훌륭한 시작이라 해도 말이다.

부모는 아이에게 틀을 만들어주고, 이끌어주고, 교정해주며, 벌주고, 정보를 알려주고, 관찰하고, 본보기가 되어줄 필요가 있다. 그리고 이러한 모든 일들은 아이의 가장 중요한 부분을 공격하지 않고서도 충분히 이루어질 수 있다. 아이를 비난하기에 앞서, 만약 그 비난이 당신을 향한 것이라면 어떤 느낌일지 상상해보라. 만약 쏘아대는 듯한 느낌이 있다면 다르게 말할 방법을 찾아야 한다.

대부분의 부모들은 아이와 유대감을 잘 맺는다. 유대감은 아이를 성장시킴과 동시에 부모인 우리를 자라게 한다. 적절하게만 이루어진다면 아이와 부모 모두가 윈윈win-win 하는 효과적인 양육이 이루어질 수 있다.

반면 훈육에는 완전히 다른 감정이 실린다. 부모는 아이가 나쁜 행동을 했을 때 그에 맞는 벌을 주거나 아이의 무책임한 행동에 대해 그 결과를 받아들이도록 해야 한다는 것을 잘 안다. 하지만 감정적으로는 힘든 일이다. 훈육을 할 때 아이한테서 미소나 포옹, '사랑해요' 같은 말이 돌아올 리는 없기 때문이다. 반대로 분노나 경멸을 받기 일쑤다.

그러나 훈육이 유대감에 비해 훨씬 재미없는 일이라 할지라도 양육에 있어서 아주 중요한 부분이라는 것은 이미 많은 연구에서 밝혀진 바 있다. 훈육이 아이들에게 아주 중요한 보호 기능을 한다는 사실을 인식하고, 부모로서 아이를 효과적으로 훈육할 수 있는 기술들을 키워나가고, 그 속에서 기쁨을 배워간다면 아이에게 많은 도움이 될 것이다.

Chapter 7

부모이기에 때로는
악역도 맡아야 한다
: 적절한 훈육과 통제의 중요성

부유한 가정에서는 훈육이 뒷전인 경우가 흔하다. 돈이 아니라 시간을 가장 중요한 가치로 여기는 가정에서는 뚜렷한 보상은 없으면서 시간과 노력만 많이 드는 일들은 무시되기 쉽기 때문이다. 아들이 자기가 먹은 아침밥 그릇들을 정리하지 않고 가서 가정부가 치운다 해도 이상할 것이 없고, 딸이 축구장에 운동복을 두고 왔지만 너무 피곤해서 찾으러 갈 수 없다면 다시 새것을 사면 그만이다.

늘 바쁜 부모들은 아이들과 보내는 시간이 적은 것에 대해 이미 죄책감을 많이 느끼고 있다. 그래서 괜히 사소한 일로 아이와 갈등하고 분노하면서 시간을 낭비하고 싶어 하지 않는다. 그 결과 훈육은 뒷전으로 밀리게 되고 그저 아이와 기쁘게만 지내려고 하는 경우가 많다.

안타깝게도 그 결과 아이들은 자신의 충동을 조절하는 방법을 배우지 못하게 되고, 특히 십대들은 어떤 위험한 일이 생겼을 때 자신이 이용당하고 있는 건지, 심지어 희생양이 될 상황인지 아닌지를 분간하지 못하게 된다.

훈육이나 통제는 따뜻함이나 유대감과 마찬가지로 이 끝에서 저 끝으로 이어지는 하나의 연속선상에 있으며, 그 중간 정도가 가장 효과적이다. 훈육이라는 연속선에서 안 좋은 저쪽 끝에는 신체적 학대가 있고, 그 반대쪽 끝에는 느슨함과 무관심이 자리하고 있다.

여기서 분명한 사실은, 아이에 대한 신체적 학대와 정신적 학대 모두, 그리고 반대로 아이가 '제멋대로 해도' 그냥 놔두는 것 역시 아이에게 아무런 교육적 효과가 없으며 오히려 트라우마를 남기는 훈육법이 될 수밖에 없다는 사실이다.

확고함
: 부모의 권한 분명히 하기

대부분의 부모들은 적당한 선에서 아이를 대하려고 노력한다. 내 진료실을 찾는 많은 부모들이 묻고 또 묻는다. 아이가 어떤 식의 위반을 했을 때 훈육을 해야 하는지. 아이가 무례했을 때, 숙제를 안 했을 때, 개밥 주는 걸 깜박했을 때, 시험 점수에 대해 거짓말을 했을 때, 통금시간이 지나 들어왔을 때, 술을 마셨을 때, 마리화나를 피웠을 때 그럴 때 벌을 주어야 하냐고 묻는다.

이런 질문들은 개인적으로는 분명 중요한 문제다. 하지만 아이의 행실에 대해 날마다 하나하나 평가해볼 수 있는 에너지를 가진 부모는 소수에 지나지 않는다. 그러므로 가장 좋은 방법은 훈육에 있어서 전반적인 원칙을 세우는 것이다. 이때 훈육 원칙은 확고하고, 공평하며, 유연해야 한다. 그리고 각자의 가정에서 해도 되는 일과 하면 안 되는 일에 대해 나중에 가족끼리 왈가왈부하는 일이 생기지 않을 만한 원칙이어야 한다.

가장 중요하게 기억할 점은, 훈육이 서로 특별한 감정을 가지고 있는 부모와 자식 사이에서 일어나는 일이라는 점이다. 앞에서 살펴보았듯이 따뜻한 유대감은 아이에게 든든한 밑바탕이 되어 준다. 너울 치는 인생이라는 바다에서 배를 타고 항해하는 아이에게 있어서 유대감은 배가 덜 흔들리도록 해주는 바닥짐과 같은 역할을 한다. 또한 따뜻한 유대감이 있을 때 훈육자 역할도 효과적으로 하기가 더 쉬워진다.

부모들은 온갖 종류의 훈육 기법들을 배울 수 있다. 하지만 진심으로 아이와 사랑하는 관계를 맺지 못한다면 훈육은 실패할 수밖에 없다. 이것은 따뜻한 유대감이 있으면 아이에게 실망할 일도, 분노할 일도 없을 것이라는 의미는 아니다. 때로는 정말로 하기 싫지만 부모이기에 악역을 맡아야 할 때도 있다.

아이에게 관심을 기울이고, 한계선을 정해주고, 그것을 어겼을 때의 결과를 아이에게 알려주는 것이 부모의 일이기에 그 과정에서 아이가 화를 내더라도 기꺼이 감수해야 할 때도 있다. 이것은 양육의 한 부분이며 부모이기에 치러야 할 대가다. 양육이란 것이 얼마나 어렵고 요구사항이 많은지를 부모 스스로가 인정해야만 한다.

부모가 확고한 기준을 알려줄 때 아이도 편해진다

확고한 부모의 통제가 아이로 하여금 스스로를 돌볼 줄 알고, 공부도 잘하고, 정서적으로 잘 성장하며, 더 행복한 아이가 되는 것과 관련이 있다는 사실은 다양한 연구에서 밝혀졌다.[1]

확고한 원칙에 따라 아이를 통제하는 부모는 부모의 권한을 행사할 때 아이와 갈등이 적고, 부모와 아이 사이의 경계선이 모호하지 않아 그 선을 유지하기가 쉬워진다.

이처럼 각자의 역할과 기대치 그리고 그에 따른 결과가 명확할 경우, 어린이나 십대 청소년들이 사전 경험이 별로 없는 상태에서 뭔가를 결정해야 할 때 아주 도움이 된다.

겉으로 볼 때 청소년과 아이들은 부모의 의견에 무조건 반대만 하는 것처럼 보일지도 모른다. 하지만 부모가 자녀에게 기대하는 바를 분명히 밝히고, 따르지 않았을 때 어떤 결과가 생기는지를 정해주면 사실 부모의 기준을 훨씬 더 잘 따르게 할 수 있다.

예컨대 부모가 십대 초반의 자녀에게 마리화나 사용은 절대 허락할 수 없다고 분명히 밝혔을 경우, 지난 한 달 동안 한 번이라도 마리화나를 피웠던 아이들 중 단지 5%만이 다시 마리화나에 손을 댔다는 연구 보고가 있다. 그러나 마리화나와 관련해 자기 부모가 '다소 안 된다는 쪽'이거나 '허락하지는 않지만 그렇다고 안 된다고도 하지 않았다'고 인식한 십대들, 곧 마리화나에 대해 부모의 반대가 그리 분명하지 않다고 인식한 십대들은 같은 기간 동안 20%가 다시 마리화나에 손을 댔다.[2]

그리고 부모가 아이를 통제할 때는 진정성을 갖고 있어야 한다. 예컨대 아이에게 "어제 네가 자전거를 너무 무모하게 탔기 때문에 오늘은 친구와 자전거를 탈 수 없어."라고 말한다면, 부모는 정말로 그럴 마음이어야 한다. 괜히 해보는 협박은 얻는 것은 하나도 없고 잃는 것만 많을 뿐이다.

내 진료실을 찾는 청소년 내담자들의 경우 몇 주 정도가 흐르면 혼자서 또는 친구와 함께 뭔가 나쁜 행동을 하려는 계획을 꾸미곤 한다. 통금시간이 지났는데 집에 들어가지 않는다거나 술을 잔뜩 마시고 자연스럽게 성관계를 하는 것 따위인데, 비록 부모에게 들킨다 해도 대충 말로 때울 수 있을 것이라고 자신한다. 이것을 두고 청소년들의 '피로스의 승리이기고도 진 싸움. 옮긴이'라고 하는데, 시간이 거듭되면서 아이들은 깨닫게 된다. "우리 부모님은 내가 무얼 하든 정말로 상관 안 해요."라고.

많은 부모들이 아이가 규칙을 어겼는데도 다양한 이유로 그냥 내버려둔다. '우리 딸은 착한 아이'이기 때문에 또는 "우리 아이는 이미 너무 침울해 있어요. 그런 아이를 더 힘들게 만들 수는 없잖아요."라는 이유에서. 그것도 아니면 단지 십대인 아이와 전쟁에 뛰어들기에는 부모 자신이 너무 지쳐 있거나 불행한 상태이기 때문에 그냥 내버려둔다. 어찌 됐건 아이들은 부모가 자기에게 관심이 부족하기 때문에 끝까지 애쓰는 모습도 부족하다고 느낀다.

모니터링
: 내 아이가 지금 어디서 무엇을 하고 있는지 알고 있는가?

아이를 모니터링하는 부모들은 아이가 어디에 있고, 뭘 하고 있는지 관심을 기울이고 주시한다. 늦은 밤 "당신의 아이가 어디 있는지 아십니까?"라는 알림 방송은 모니터링의 본질을 정확히 짚어내고 있다. 부모라면 이 질문에 매일 밤 답할 수 있어야 한다.

부모의 모니터링은 유년기부터 청소년기에 이르기까지 아이에게 보호 효과가 있는 것으로 밝혀졌다. 아이에게 "어디 가는데?", "거기 가면 누가 있는데?", "그 집에 가면 부모님도 계시니?", "집에는 언제 올 건데?"와 같은 질문들을 백 번쯤 하다 보면 짜증내는 아이와 싸워야 할 수도 있다.

그러나 모니터링은 아이와 건강한 유대감을 유지해줄 뿐만 아니라 아이의 안전 확인에도 도움이 된다. 이러한 효과는 단지 심리적인 것이 아니라 실제로도 충분히 입증된 사실이다. 부모가 적극적으로 모니터링을 하는 아이들은 이른 나이에 술을 마시는 확률이 더 낮고, 위험한 성적 행동도 적게 하며, 학업성취도와 자존감도 더 높다.[3]

분명한 것은 가장 적당한 수준의 모니터링이란 그 상황이 지닌 잠재적 위험성과 아이가 그 상황에서 얼마나 제대로 판단할 수 있는가에 따라 달라진다는 사실이다. 놀라울 것도 없지만 연구에 따르면 위험에 처한 아이들에게는 높은 수준의 모니터링이 더 유익하고, 위험이 낮은 아이들에게는 다소 낮은 수준의 모니터링이 더 적합한 것으로 밝혀졌다. 그러나 이것은 어디까지나 정도의 문제이지 16살이나 된 아이를 계속 모니터링해야 하는지 아닌지에 대한 질문이 아니다. 그 질문에 대한 답은 애매할 것 없이 분명 '그렇다' 이다.

모니터링의 필요성은 이미 증명된 사실이다. 그런데 모니터링과 아이의 자율성에 대한 욕구 사이에서 균형을 맞추다 보면 무엇이 적절한 모니터링인지 부모와 아이 사이에 상당한 의견 차이가 생길 수 있다. 하지만 적어도 아이가 부모와 같이 살고 있는 한, 부모는 아이가 어디에 있고, 무엇을 하는지 정도는 알고 있어야 한다.

적절한 모니터링이 없을 경우 아이들은 잘못된 결정을 할 수도 있지만 나쁜 사람들에게 이용당할 수도 있다. 확고한 통제라고 말할 때 거기에는 아이를 모니터링하고, 아이의 행동에 주의를 기울이며, 아이가 위협을 받고 있을 때 개입할 준비가 되어 있는 부모가 항상 가까이 있다는 것을 뜻한다.

사실 부유한 가정의 아이들은 부모가 전문직에 종사하는 경우가 많고 너무 바쁜 나머지, 너무 일찍 자기 혼자 알아서 하도록 방치되는 경우가 흔하다. 그래서 부유한 가정의 많은 청소년들이 방과 후에 혼자 집에 남겨지거나 주말이나 심지어 방학 때도 혼자 지낸다.

내담자였던 한 여자 아이는 가족과 함께 멕시코에서 보냈던 불행한 크리스마스 휴가 이야기를 한 적이 있다. 부모는 리조트에서 아이들 방과 정반대쪽에 있는 방을 따로 예약했고, 부모가 관광을 다니는 동안 아이들끼리만 남겨두었는데 때로는 며칠씩 그렇게 지냈다.

당시 14살이었던 아이는 그 여행에서 나이 많은 남자의 유혹에 넘어가 술에 취한 채 처음으로 성 경험을 했다. 그 뒤 얼마 되지 않아 아이는 자해를 시작했고 치료를 받게 되었다.

내가 사는 곳에서는 학대 사례는 아주 적은 반면 이런 식의 방임은 드물지 않다. 너무 이른 시기에 혼자 남겨진 아이들은 분노와 우울을 느끼는 경우가 흔하다. 이런 아이들은 부모가 관여할 수밖에 없게끔 행동으로 표출하는 경향이 있는데, 학교 부적응과 비행, 알코올 남용, 난교, 자해가 여기에 속한다.

자제력
: 부모의 권위를 인정하는 아이가 참을 줄도 안다

11살짜리 여자아이가 친구를 만나려고 나가다가 침대 정리를 안했다는 엄마의 말을 듣게 된다. 아이는 명랑하게 돌아서서 침대를 정리하고 다시 밖으로 나간다.

또 다른 가정에서는 아이가 똑같은 이야기를 엄마의 차가운 눈길과 함께 듣는다. 아이는 여러 번 한숨을 쉰 뒤 방으로 돌아가 침대 커버를 대충 정리해놓고 나온다. 세 번째 가정에서는 문을 나서던 아이가 화가 나서는 "지금 농담하는 거죠?"라며 오랫동안 현관 앞에 서 있다.

어른들은 첫 번째 아이가 자제력이 좋은 편이고, 두 번째 아이도 그럭저럭 괜찮은 편이며, 세 번째 아이는 자제력이 부족하다고 말할 것이다. 자제력이란 단순히 아이의 행실이 바르냐 아니냐가 아니다. 자제력이란 아이가 뭔가 원하는 것을 두고 부모와 갈등이 있을 때 아이에게 확실한 한계선을 정해주고 따르도록 할 자격이 부모에게 있다고 아이가 믿는 것이다.[4]

침대 정리를 일상에서 중요한 부분으로 생각하는 가정이 있는가 하면 하찮게 여기는 집도 있다. 규칙은 집집마다 다를 수 있다. 어떤 집은 각자의 책임과 해야 할 허드렛일이 쭉 정해져 있고 이를 잘 지키기를 기대하지만, 어떤 집에서는 중요하게 꼽는 몇 가지 일만 신경 쓰면 될 수도 있다.

아이에게 책임감과 능력_{유능감}을 길러주는 일은 부모가 해야 할 가장 중요한 일 가운데 하나지만 이것을 해내는 방식은 집집마다 다를 수 있다. 나의 경우 침대 정리보다는 다른 일들을 더 중요하게 여기는 편인데, 이건 우리 아이들의 방을 보면 금방 알 수 있다.

그런가 하면 꼭 지켜야 하는 의무사항들도 있다. 누군가에게 도움을 받았을 때는 그 사람과 꼭 악수하기, '감사합니다'라고 말하기가 그렇다.

날마다 내 진료실을 찾는 엄마들 중에는 아이가 침대 정돈, 식탁 치우기, 빨래를 하지 않은 것을 두고 엄마인 자신이 너무 '쉽게' 구는 것이 아닌가 궁금해한다. 기본적인 자기관리는 분명 중요한 문제지만 사실 대부분의 아이들이 결국에는 침대 정리와 설거지하는 법을 익히게 된다. 정작 더 큰 문제는 부모가 정말로 중요하게 여기는 일이 있을 때 그것을 부모가 아이에게 강요할 권한이 부모에게 있다고 아이가 생각하느냐이다.

가령 당신이 침대 정리는 가끔 미룰 수도 있다고 생각하는 부모라고 치자. 하지만 오늘은 정말로 중요한 손님이 집에 방문하기로 했고, 그래서 아이에게 이 사실을 이야기했다. 이때 만약 아이가 부모의 요구대로 침대 정리를 했다면 괜찮다. 이처럼 자제력이란 부모인 당신이 진심으로 이야기했을 때 아이가 그것을 이해했다는 표현 중하나다.

나는 자제력이란 개념을 쓰길 좋아한다. 그 이유는 부모 각자의 규칙이 무엇인지와는 관련이 없기 때문이다. 실제로 규칙은 집집마다 다르다. 그리고 이 개념을 좋아하는 또 다른 이유는 부모의 규칙이 무엇이든 간에 그것을 강제할 힘이 없으면 가정이 무질서해지고 아이들이 반항할 가능성이 높아지는데, 이러한 사실을 부모들이 이해하는 데 자제력이란 개념이 도움이 되기 때문이다.[5]

당연한 말이지만 어린이와 십대 아이들은 부모와의 사랑하는 관계가 동기가 되어 움직일 때 자제하는 모습을 보이고 부모의 우위를 인정할 가능성이 훨씬 높다.[6]

자제력을 발휘하는 것은 힘든 일일 수 있다. 나쁜 행동이지만 너무 유혹적일 때 특히 그렇다. 예컨대 어린 아이에게는 쿠키를 훔치는 일이, 청소년에게는 술이나 담배의 유혹이, 성인에게는 배우자를 속이고 바람을 피우는 것 등이 해당될 수 있다. 각각의 상황에서 자제력을 보여줄 가능성은 사랑하는 부모나 파트너에 대한 애착에 따라 증가한다.

유연성
: 아이와 최후의 대결을 피해야 할 때를 아는 것

　지금까지 확고하고 지속적인 모니터링이 왜 필요한지에 대해 이야기했다. 그래 놓고 왜 갑자기 유연성을 강조하는 것일까? 어찌 되었든 유연성은 느슨한 양육과 한 끗 차이 아닌가? 부모가 유연성을 보이면 아이들이 부모를 조종할 기회로 보지 않을까?

　유연성은 건강한 부모-자녀 관계에서 무척 중요한 요소다. 이따금 아이가 잘못을 저질렀을 때 부모가 참을 수도 있고 또 참아줘야 하는 이유도 이 때문이다. 그러나 유연성이 아이의 책임까지 내려놓게 해준다는 뜻은 아니다.

　좋은 부모-자녀 관계에서 유연성은 소통의 한 형태다. 예컨대 미리미리 공부해두는 것이 규칙인 집이 있다고 치자. 만약 아들이 "시험을 망친 거 저도 알아요. 지난 이틀 밤 동안 몸이 안 좋아서 집중을 할 수가 없었거든요. 그러니 이번 시험은 그냥 잊어주세요."라고 말한다면 당신은 어떻게 하겠는가?

　아들이 규칙을 살짝 비틀긴 했지만 몸 상태가 안 좋아 그런 것이기 때문에 넘어가주는 엄마라면 유연성을 보여주고 있는 것이다. 이런 유연성은 엄마가 시험 점수보다 아들의 건강과 정직함을 더 신경쓴다는 사실을 아이에게 전달해준다.

　이 경우 미리 공부했어야 한다는 규칙을 엄마가 고수하는 것은 불

필요하고 역효과를 불러온다. 또 엄마와 아들 사이의 따뜻한 감정이 손상되기 쉽다.

물론 매번 변명을 일삼고 약속한 것을 지키지 않는 아이라면 그것이 공부든 집안일이든 다른 책임이든 간에 확고한 원칙이 필요하다. 하지만 부모가 단호한 태도를 보여야 할 순간조차도 부모는 여전히 따뜻함과 관심을 전달할 수 있다. 아이의 이야기를 들어주고, 아이가 자신의 행동을 더 잘 통제할 수 있는 방법을 찾아내도록 도와주고, 다음번에는 더 잘할 수 있을 거라고 아이를 응원해주면 된다.

만약 기본 원칙은 지키되 규칙을 살짝만 조정하고 싶을 때는 애초에 그 규칙을 무엇 때문에 만들었는지를 다시 생각해보아야 한다. 예를 들어 '텔레비전을 보거나 친구와 이야기하거나 컴퓨터를 하고 싶으면 그 전에 숙제부터 끝마쳐 놓기' 같은 규칙은, 일부 가정에서는 맞을 수도 있지만 어떤 가정에서는 아이가 먼저 30분 동안 텔레비전을 보거나 친구와 이야기하거나 컴퓨터를 하고 난 뒤에 숙제를 끝마치도록 하는 것이 더 맞을 수도 있다.

아이의 숙제에 대해 좀 더 유연해지려면 먼저 부모 자신의 모습을 모니터링해야 할 수도 있다. 하지만 숙제와 관련된 규칙에서 계속해서 예외적인 상황을 만들기보다는 차라리 부모와 아이 모두에게 더 잘 맞는 방식을 찾는 것이 나을 수도 있다. 부모들은 보통 아이에게 지쳤거나 실망했을 때 규칙을 조정하기도 하고"됐어. 이제 엄마는 네가 밤새도록 텔레비전을 봐도 상관 안 해", 아이가 부모 뜻대로 되지 않아서"다른 여자애들처럼 힙합 바지도 못 입게 하면서 무슨 얼어 죽을 학교야!"라며 아이가 반항할 때, 또는 민감함과 유연성, 상식 때문에 규칙을 바꾸기도 한다.

가정이 효과적으로 돌아가고 아이가 바람직하게 자라려면 부모가 아이를 안전하게 지켜주고, 자기 통제력을 길러주며, 좋은 가치들을 배워나갈 수 있도록 충분한 훈육을 해주어야 한다. 또한 동시에 아이의 독립심을 북돋아주고 따뜻함과 유대감을 유지해가려면 유연성 또한 충분해야 한다. 연구 결과에 따르면 자제력이 유연성과 결합될 때 아이는 개인적, 학업적 성공과 관련해 거의 모든 항목에서 적응력이 증가하는 것으로 나타났다.[7]

일찍 시작할수록 쉽다
하지만 결코 늦은 때도 없다

부모와 아이의 관계가 별로 좋지 않거나, 아이를 책임에서 면해주는 일이 되풀이될 경우 훈육을 하기가 특히 힘들어진다. 부모들 중에는 내가 제시한 훈육 방법, 다시 말해 좀 더 명확하고 확고한 훈육 방법이 효과가 없다고 말하는 경우가 더러 있다. 이러한 불만에 대해 나름 해명하자면 이렇다.

관계라는 것은 첫째, 무엇보다 수용과 신뢰를 바탕으로 만들어진다. 수용과 신뢰가 없는 상태에서 가출한 아이에게 확고한 훈육을 시도하는 것은 반항과 과격한 행동으로 이어지기 쉽다. 극단적인 경우 이런 부모들은 아이에게 한계선을 정해주고 그것을 어겼을 때 결과에 따르도록 하는 것이 불가능하다. 그래서 오히려 아이가 과격한 행동을 보이면서 부모의 건강과 안전이 위험해지는 경우도 종종 있다.

이런 수준이라면 아이의 안전을 보장할 수 있는, 잘 짜인 치료 프로그램에 아이를 보내야 할지도 모른다. 아이는 치료 프로그램을 통해 집에서는 결코 기르지 못했던 신뢰와 자기관리 기술들을 만들어나가게 된다.

이른바 '너만의 것을 하라'는 시대를 기치며 어른이 되고, 빠른 만족을 추구하며 살아온 부모들 세대에게는 아이에게 어떤 틀을 부과해주는 것이 힘들 수도 있다. 그러나 틀이 없으면 아이들은 비틀거리고 불안정해지고 만다. 아이의 분노 발작_{자신의 욕구가 좌절될 때 울거나 소리 지르거나 발길질을 하거나 뒹구는 따위의 행동을 하면서 폭발적으로 화를 내고 생떼를 쓰는 행동. 옮긴이}을 한 번이라도 지켜본 부모라면, 아직 어린 아이인 자신의 아이에게 얼마나 무섭고 수습 불가능하며, 굉장히 압도적인 감정이 있을 수 있는지를 알고 있다.

부모의 금지는 아이에게 일종의 오수탱크와 같은 기능을 한다. 이것을 통해 아이는 자신이 감당할 수 없는 감정과 경험을 다루는 법을 배우게 된다. 오수탱크라는 안전장치가 있을 때 아이는 "아빠한테 완전 죽을 거야."라고 말하면서 친구가 건네는 약물을 거절할 수가 있다. 이것은 아이에게 빠져나갈 구실을 만들어주고, 체면을 잃지 않게 해주며, 부모와의 소통을 열려 있게 해준다. 그리고 아이가 자신만의 영역을 좀 더 온전히 만들어갈 시간을 벌어준다.

비록 초기에 부모의 양육이 형편없었다 하더라도 나중에 부모가 양육 스타일을 바꾸면 아이의 결손이 적어도 부분적으로는 치료될 수 있다는 중요한 연구 결과도 있다.[8] 다시 말해 '지금 시작'해도 결코 늦지 않다는 뜻이다.

그러나 모든 훈육이 다 똑같은 것은 아니다. 우리가 살펴보았듯이 훈육이란 연속선상으로 존재하고, 그 끝에는 학대부터 시작해 적절한 훈육을 지나 무관심에까지 이른다. 한편 훈육은 또 다른 연속선상에서 존재하는데, 이것은 아이의 행동을 통제하는 훈육인지 아니면 심리적 조종에 의한 훈육인지와 관련이 있다.

행동 통제와
심리 통제의 차이

십대 내담자들과 부모 사이에서 보게 되는 갈등들은 거의 모든 경우 통제라는 주제와 관련이 있다. 평범하게는 "우리 엄마는 저를 너무 통제하려고 해요. 학교에 탱크탑을 못 입고 가게 해요."부터 "안 먹을 거예요. 왜냐하면 우리 집에서 유일하게 내 마음대로 할 수 있는 것이 그것뿐이거든요."라는 치명적인 수준에 이르기까지 통제는 부모와 십대 모두에게 중대한 문제다.

아이가 어떤 일들은 기꺼이 하고, 또 어떤 일들은 자제력을 발휘하도록 하는 것은 양육에서 대단히 중요한 부분이다. 이것은 우리가 아이들을 사회화하고 안전하게 지키는 방법이기도 하다. 부모가 통제를 행사하는 방식, 곧 부모가 아이를 '통제하려 드는지' 아니면 '통제가 잘 되고 있는 것인지'는 아이가 자라가는 방식뿐만 아니라 부모-자녀 관계의 질에도 중요한 역할을 한다.

통제의 사용과 오용은 광범위한 연구 주제다. 연구자들은 부모의 통제를 행동 통제와 심리 통제 두 가지로 나누는데, 가정 내에서 어떤 식의 통제가 더 우세한지와 아이의 적응력이 밀접하게 연관되어 있는 것으로 밝혀졌다.

아이를 양육하는 상황에서는 부모가 행동 통제나 심리 통제를 할 가능성이 언제나 존재한다. 길에서 아이를 질책하거나 심지어 등짝을 후려치며 아이를 혼낼 때, 부모는 행동 통제를 하고 있는 것이다. 아이가 공부를 더 열심히 할 때까지 차를 운전할 수 있는 특권을 뺏는 부모 역시 적절한 행동 통제를 하고 있는 것이다.

"무서워 죽는 줄 알았잖아."라며 어린 유아를 정신없이 혼내는 부모나, 십대 자녀에게 "너 그렇게 계속 빈둥거리면 평생 햄버거나 만들며 살게 될 거야."라고 굴욕감을 주는 부모는 심리 통제를 하고 있는 것이다.

행동 통제에는 자녀에게 권위 있는 부모가 되기, 아이 나이에 맞게 요구하기, 아이의 행동에 한계선을 정해주기, 아이를 모니터링하기가 포함된다. 반대로 심리적 통제에는 두 가지 특징이 있는데, 아이의 정신세계를 침범한다는 것, 그리고 죄책감, 수치심, 불안감을 들먹이면서 아이의 생각과 감정을 조종하려 든다는 점이다.

놀라운 일도 아니지만 행동 통제는 청소년의 발달에 긍정적인 효과가 있는 반면, 심리 통제는 아동과 청소년의 건강한 발달에 분명히 그리고 지속적으로 부정적인 영향을 미친다.[9]

행동 통제와 심리 통제는 그야말로 하늘과 땅 차이다. 행동 통제의 경우 "엄마는 네가 밤 11시까지는 집에 왔으면 하고, 엄마랑 아빠는 그것이 15살짜리에게 적절한 통금시간이라고 생각해."라고 말하는 것이라면, 심리 통제는 "네가 11시가 됐는데도 집에 오지 않는다면 엄마는 너에게 뭔가 나쁜 일이 일어났을까 봐 걱정하게 될 거야. 그러니 엄마한테 다시는 안 그러겠다고 약속해주렴."이라고 말하는 것이다.

부모들은 누구나 심리적 통제의 힘을 잘 알고 있다. 하지만 심리적 통제는 부모가 심한 불안감에 휩싸인 나머지 아이의 필요와 부모 자신의 필요를 구별하지 못할 때 쓰게 되는 최후의 전략일 때가 많다. 그러므로 부모가 자신의 욕구를 지나치게 강조해서 생각하다 보면 심리 통제라는 해로운 영역으로 빠질 공산이 크다. 그리고 이런 말을 자주 하게 되고 만다.

"네가 나한테 어떻게 이럴 수 있니?"
"여하튼, 엄마는 다 널 위해서 그런 거라고."

나는 이 부분을 쓰면서 나의 세 아들이 떠올랐다. 혹시 내가 아이들의 선택 때문에 너무 괴롭고 고민된 나머지, 아이들의 죄책감이나 수치심 따위를 이용해 아이들을 설득하려 한 적은 없었는지, 그 외에 다른 잘못된 무기를 동원한 적은 없었는지 생각해보았다.

나는 훌륭한 자녀들을 둔 행운아지만 그렇다고 아이들이 인생에서 큰 실수가 없었던 것은 아니다. 아이들이 일을 엉망으로 만들 때도 있었고, 내 인내심이 거의 한계에 다다를 때도 있었다.

하지만 그때마다 나는 아이에게 심리적 통제를 하게 되면 오히려 부모로서 정작 해야 할 일을 못하게 된다는 사실을 잘 알고 있었다. 만일 자녀가 십대가 되었을 때 부모에게 남겨진 무기가 심리적 통제밖에 없다면 부모로서 아이의 도덕적 발달을 위한 토대를 마련해주는 작업이 상당히 늦어진 셈이다.

행동 통제는 아이가 자신의 행동에 대해 책임을 지도록 하는 것이다
아이들이 자신의 행동을 발전시켜 나가고 다듬어가고 통제하는 능력은 어디에서 생겨날까? 그것은 부모의 기대, 그리고 그것을 어겼을 때의 결과와 한계선을 부모가 정해주는 것에서 생긴다.

모름지기 부모라면 통제라는 문제를 두고 자녀와 씨름하기 마련이다. 이는 전문가들도 마찬가지다. 로스쿨 학생이자 전반적으로 거의 모든 영역에서 훌륭한 아이인 나의 사랑하는 큰아들 로렌과도 그랬다. 그래서 그 이야기를 해보려고 한다.

로렌이 18살에 접어들었을 때 아이는 가장 친한 친구와 함께 우리 집에서 큰 파티를 열었다. 아이들은 손님을 초대할 때 조심하며 신경을 썼고, 원하지 않는 손님을 들이지 않기 위해 경호원을 고용했으며, 파티에서 술을 마시면 안 된다는 내 조건에 따라 와인과 술은 모두 2층 남편의 서재로 옮기고 열쇠로 잠갔다.

파티가 있던 그날 밤, 나는 어린 시절부터 쭉 알고 지내던 아들의 친구들과 아래층에서 잠시 시간을 보내고 11시쯤 텔레비전을 보러 위층으로 올라갔다. 남편과 다른 두 아들은 시외에 있었다.

나는 텔레비전을 보다가 잠이 들었고, 몇 시간 뒤 시끄러운 사이렌 소리와 잡다한 소음에 잠이 깼다. 알고 보니 몇몇 아이들이 우리 집에 올 때 가방과 외투 주머니에 술을 숨겨 왔고 내가 잠자리에 든 뒤 일부 아이들이 술을 지나치게 마셨던 것이다. 그 중 한 아이가 공황발작을 일으켜 죽을 것처럼 행동했고, 아들과 제일 친한 아이가 너무 놀라 119에 신고를 했던 것이다.

경찰, 소방관, 보안관, 구급차까지 현장에 도착했다. 나는 미성년자가 술을 마시도록 내버려두었다는 이유로 경찰에게 질책을 들었고 법정에 불려갔다. 큰아들과 아이의 절친은 흐느껴 울었고, 경찰은 창문으로 도망치려 한 다른 아이들을 호되게 꾸짖었으며, 나는 그 지역의 청소년 관련 모임에서 나쁜 이미지가 찍히고 말았다.

'행동 통제 VS 심리 통제'의 문제는 청소년 부모들에게 대부분 이런 식으로 벌어진다. 내 큰아들은 나름 최선을 다했지만 내가 분명 술은 안 된다고 이야기했는데도 친구들이 술 마시는 것을 그냥 보고만 있었다. 또 친구들이 집까지 차를 운전해서 갈 거라는 사실을 알면서도 술을 마시게 두어 결과적으로 친구들을 위험에 빠뜨렸으며, 나의 직업적인 입지도 위태롭게 만들었다. 우리 가족에게 결코 자랑스러운 순간이 아니었다.

그러나 나는 아들에게 굴욕감을 주어서 얻을 게 없다는 것을 알고 있었다. 아이는 이미 자신의 잘못을 알고 있었고, 그것은 내가 아이에게 줄 수 있는 어떤 죄의식보다도 효과적인 벌이었다. 여기서 아이가 배울 수 있는 교훈이라면 자신이 한 행동의 결과가 무엇인지를 진정으로 이해하는 것과 관련이 있었다.

고교 농구 대표팀의 선발 선수였던 아이는 내가 법정 소환 문제를 처리하기 위해 변호사를 만나러 갈 때마다결국 기각되었지만 나와 동행해야 했고, 때문에 여러 경기와 연습 시간을 놓쳐야 했다. 아이는 친구들과 함께 집 청소를 해야 했고, 친구들에게 그날 무슨 일이 있었고, 왜 자기 엄마가 법정 소환을 받는 것이 부당한지를 설명하는 편지를 지방 검사에게 써 달라고 부탁해야 했다.

또 내가 법적 문제로 따로 시간을 내야 했기에 아이는 그에 대한 보상으로 집안일을 해야만 했다. 그리고 한 달 동안 외출금지를 당했다. 이 모든 것이 적절한 행동 통제에 해당된다.

심리적 통제가 아이에게 독이 되는 이유

사실 이처럼 매우 감정적인 상황에서는 심리적 통제를 쓰고 싶은 유혹이 아주 강하게 든다. 하지만 만약 그랬다면 역효과만 생겼을 것이다. 죄책감이나 수치심을 활용했을 경우 우리 아들은 여전히 더 발전시켜야 할 삶의 기술들이 더 약화되었을 것이다. 왜냐하면 이런 죄책감이나 수치심과 같은 감정들은 자율성의 발달과 모순되기 때문이다.

이는 아이들이 죄책감이나 수치심을 절대로 느껴서는 안 된다는 뜻이 아니다. 반대로 우리가 부모로서의 역할을 잘하고 있다면, 아이들은 잘못된 행동을 했을 때 이러한 감정을 저절로 느끼게 될 것이다. 아이들의 양심은 비판과 거부가 아닌, 수년에 걸친 부모와의 사랑하는 관계, 친밀한 유대감 위에서 만들어지기 때문이다.

나는 심리적 통제를 쓰는 대신 그날 파티에 대해 아이들과 충분히 이야기를 나누었다. 누구의 책임일까? 뭐가 잘못된 것일까? 어떻게 했더라면 달라졌을까?

이런 질문은 새로운 경험, 흔히 흥분되지만 동시에 위험한 경험에 자주 맞닥뜨리게 되는 십대들에게는 아주 중요한 질문이라 할 수 있다. 술을 마실까? 얼마나? 마약을 할까? 어떤 마약을? 섹스를 할까? 얼마나 자주? 얼마나 많은 파트너와? 이렇게 스스로에게 묻고 생각해보게 하는 질문들을 통해 십대들은 스스로 옳고 그름에 대한 인식을 명확하게 할 수 있고, 다양한 상황, 때로는 어려운 상황도 잘 다룰 수 있다는 내면의 자신감을 만들어나갈 수 있다.

부모가 심리적 통제를 삼가야 아이들은 스스로 자기 내면으로 시선을 돌리고 이것은 아이가 필요로 하면 도와줄, 사랑 많고 존경하는 부모가 옆에 있다는 사실에 아이가 안심하기 때문에 가능한 일이다 여러모로 생각해보고, 진지하게 자기만의 시각을 가질 수가 있다.

어쩌면 그때 내가 아이에게 "어떻게 니가!"라고 말했을 수도 있다. 아마 사건이 있던 날 밤에는 한두 번 했을지도 모른다. 하지만 정말 해야 할 질문은 "어떻게 된 거니?"라는 것을 알고 있었다.

아이는 사건이 있던 날 밤 자신이 좋은 뜻을 계속 유지하려 했는데도 어떤 압력 때문에 자신이 그것을 놓치게 되었는지 이해할 필요가 있었다. 왜 파티가 통제를 벗어나게 되었는지, 그 일련의 상황에서 놓쳤던 사회적 기술은 무엇이었는지 생각해볼 필요가 있었다. 그래야 훗날 또 다른 또래 압력을 더 잘 다룰 수가 있다.

부모가 아이에게 화가 나 있거나 실망을 했을 때도 이런 질문과 대화는 꼭 필요하다. 자신의 분노를 날려버리는 것보다 아이의 안전과 발전을 더 가치 있게 여기는 부모라면 말이다.

좋은 판단력을 기르려면 수년이 걸린다. 아이들은 경험이 부족하고 판단력이 아직 미숙하기 때문에 후회할 만한 선택까지는 아니더라도 안 좋은 상황에 휘말리기가 쉽다. 이때 따뜻함과 통제를 동시에 강조하는 '권위 있는 양육' 방식의 원리를 이해한다면 아이들과 힘든 시기를 헤쳐나가는 데 도움이 된다.

아이의 건강한 사회화와 아이의 자율성이 자라도록 돕기, 이 두 가지 일을 동시에 잘해내려면 내 앞에 있는 아이를 존중해줌과 동시에 부모 자신이 기대하는 바가 무엇인지를 아이에게 명확히 알려주어야 한다. 이러한 두 현실 사이에는 차이가 별로 없을 때도 있고, 엄청난 간극이 있을 때도 있다.

부모인 우리는 아이들이 우리를 실망시켰다고 느낄 때 화가 나거나 절망하거나 위축될 수 있다. 그럴 때는 부모-자식 간의 힘의 차이를 이용하고 싶은 유혹이 강하게 밀려든다. 어린 아이가 나쁜 말을 쓸 때 찰싹 때리거나, 좀 더 큰 아이가 부모의 생일을 깜박했을 때 수치심을 주는 식으로 말이다.

그러나 아이가 몇 살이든 부모는 아이에게 통제를 행사하기 전에 자신이 하려는 행동이 과연 아이에게 좋은 선택을 할 수 있는 능력을 길러주는 것인지, 아니면 단순히 부모의 우위를 지키려는 것인지를 스스로에게 물어보아야 한다.

부모인 우리는 아이보다 몸집이 크고, 나이도 많으며, 경험도 더 많다. 대부분의 부모들은 더 나은 선택을 하는 데 별 문제가 없다. 부모가 해야 할 일은 아이들 스스로가 더욱 지혜로운 선택을 할 수 있도록 삶의 기술들을 익히며 자라가도록 돕는 것이다.

결국 효과적인 양육 능력은 여러 가지에 따라 달라진다. 부모 자신이 얼마나 양육을 잘 받았는지와 효과적인 양육 방식에 대한 부모의 관심과 이해의 정도에 따라 달라진다. 문제가 많은 가정에서 자란 부모들이 있는가 하면 훌륭한 부모 밑에서 자란 운 좋은 부모들도 있기 때문이다. 그리고 부모에게 맡겨진 아이의 유형에 따라서도 달라진다. 아이들 중에는 다른 아이들보다 양육하기 쉬운 아이들이 분명 있기 때문이다.

그러나 얼마나 아이를 잘 양육할 수 있는가에 있어서 가장 결정적인 요인은, 부모가 느끼기에 부모 자신에게 양육이라는 힘겨운 과업을 수행할 만한 충분한 사랑, 충분한 지지, 충분한 여유가 있느냐와 관련이 깊다.

Part 4

물질적 풍요의 폐해로부터
내 아이를 지키는 법〈심화편〉

-아이보다 먼저, 아이보다 더 행복하라

Chapter 8

풍요의 문화에서
아이를 키울 때
주의할 점

이 책은 부모-자녀 관계를 설명하면서 부모보다는 아이의 욕구에 초점을 두고 있는 편이다. 하지만 부모의 욕구는 어떨까? 부모가 부모라는 과업을 효과적이고 열정적으로 수행하려면 어떤 도움이 필요할까?

가령 유난히 동작이 굼뜬 5살 아이를 둔 부모라면 인내심이 있어야 하고, 15살짜리 십대 자녀가 혼자 있고 싶어 한다면 부모는 그것을 존중해주어야 한다고 말할 것이다. 하지만 한없이 꾸물대는 아이나 부모를 멀리하는 십대를 참아낼 여력을 갖추는 일은 이와는 별개의 문제다.

불만에 찬 13살짜리 아이가 부모 눈앞에서 문을 쾅 닫고 들어가버릴 때, 부모는 놓치고 있던 따뜻함의 중요성을 깨달을 수도 있겠지만 여전히 아무것도 느끼지 못할 수도 있다. 그리고 이미 밝혀졌듯이 물질 만능주의는 아이를 기르는 데 있어 파괴적인 가치로 작용한다. 부유한 동네에서는 운전면허증만 있으면 십대도 차를 소유할 수 있다는 식의 생각이 팽배하다. 하지만 이런 식의 태도는 오히려 아이들의 건강한 정서 발달을 가로막을 뿐이다.

따뜻함, 훈육, 물질 만능주의 이 모든 문제들을 효과적으로 다루기 위해서는 부모가 직면한 도전과제와 더불어 최고의 부모가 되고자 애쓰는 부모의 욕구에 대해서도 이야기해야 한다. 상담실에서 만나는 부모들은 모두 자녀 문제뿐만 아니라 부모 자신에게 무슨 문제가 있는 것은 아닌지 너무도 알고 싶어 한다.

인정하라
: 물질적 풍요의 대가는 반드시 있다

부모라면 누구나 처음에는 훌륭한 부모를 꿈꾸지만 방해하는 무언가가 꼭 생기기 마련이다. 유난히 까탈스러운 아이, 힘들게 하는 배우자, 부모 자신의 힘든 인생사, 피곤한 직업, 몸담고 있는 지역사회와의 갈등 같은 것이 그것이다. 여기에다 우리를 둘러싼 부유한 문화, 그리고 그러한 문화가 중요하게 생각하고 장려하는 가치들이 사려 깊은 부모들에게는 힘겨운 도전거리가 된다.

부유한 문화 속에서는 아이들의 가장 긴급한 욕구필요가 채워지기 힘들 듯이 부모들의 욕구 역시 마찬가지다. 부유하다는 것은 엄청난 장점이 있지만 그에 따르는 난제도 있기 마련이다. 아메리칸 드림이 만연해 있고, 신문과 방송들은 물질적인 부야말로 행복으로 가는 지름길이며, 그러므로 당연히 부유한 사람들이 불행한 경우는 드물다는 메시지를 줄기차게 쏟아낸다.[1] 그러나 이것은 분명 거짓이다. 지금까지 모든 연구 결과들을 종합해보면 분명하다. 그러므로 부유함으로 인해 불행해지기 쉬운 가정이 있다면 이를 예방하는 첫 단계는 부유함으로 인해 생길 수 있는 실제적인 문제들이 무엇인지 정확히 아는 것이다.

부유한 문화에서 공통적으로 치르게 되는 대가에는 몇 가지가 있다. 모든 부모들이 해당되는 것은 아니겠지만 대부분이 이러한 문제에 적어도 어느 정도는 직면해 있다. 잠시 시간을 내어 아래 목록을 찬찬히 읽어보며 생각을 해보자. 그리고 당신 가족이 타고 있는 배가 어디로 가고 있는지, 배가 가고 있는 방향이 당신 마음에 드는지 그렇지 않은지 생각해보자. 그런 다음, 당신에게 다른 선택권이 있는지 생각해보자.

모든 항목마다 중대한 개입이 필요한 것은 아니다. 때로는 친구에게 이야기하거나, 모임에 가입하거나, 잡지에 글을 쓰는 것만으로도 효과가 있을 수 있다. 하지만 만약 당신의 선택이 진정으로 만족스럽지 않거나 당신과 가족의 고통이 분명하다면, 좋은 심리치료사나 상담자를 찾는 것이 현명하다.

- 집은 부유한 편이지만 가족 중 누군가는 대개 초과 근무를 하고 있다. 이는 종종 긴 시간, 지나치게 오랜 시간 동안 가족과 떨어져서 지내는 것을 뜻하며, 엄마들은 대체로 혼자서 아이를 기르는 듯한 느낌을 받을 수 있다.

- 재정 면에서 성공한 가족의 경우 힘의 불균형이 자주 나타나는데, 부부 중에 돈을 더 많이 버는 쪽이 명령을 더 많이 한다.

- 부유한 가정의 부모들은 안정이 깨지는 것을 싫어한다. 그래서 부를 쌓느라 엄청난 노력과 에너지를 쏟는다. 이같이 불행한 상황은 무한정 계속될 수도 있는데, 가정의 경제적 안정이 위협당할까 봐 두렵기 때문이다.

- 바쁜 스케줄 그리고 물질적인 것에 집착한다(이런 것들은 우정, 영성, 지역사회 참여와 같이 인간의 삶의 질을 향상시키는 요인들과 상충된다).

- 외로움은 부유한 생활방식에서 두드러진 특징이 될 수 있는데, 외로운 이유는 주변 사람들이 완벽함은 높게 평가하고 연약함을 보이면 눈살을 찌푸리기 때문이다. 그리고 이러한 가치 체계는 진정으로 친밀한 관계, 양육 관계가 자라는 것을 방해한다.

- 어머니들은 정서적 지지와 위안을 얻기 위해 자녀에게 지나치게 의존한다. 이혼은 정서적, 재정적 두려움으로 다가온다. 여성들은 남편에게 고분고분하게 굴지는 몰라도, 길게 봤을 때 자신이 정서적으로 의지할 가장 좋은 대상이 자녀라는 것을 잘 알고 있으며, 이 때문에 자녀에게 과잉개입하고 간섭할 위험이 높다.

- 매우 유능한 사람들은 자기 일을 스스로 관리하는 데 익숙하다. 이런 부모들은 자녀를 교정하는 데는 도움을 청할지 몰라도, 부모 자신의 약함이나 결핍, 연약함은 마주하길 꺼려 한다.

- 이처럼 부모 자신의 문제에 대해서는 도움 받기를 꺼리기 때문에, 그 결과 쉽게 해결할 수 있는 문제를 더 어렵게 만들 수도 있다.

- 아이와 부모 자신 모두에게 지나치게 높은 성취를 기대하는 것은 완

벽주의를 만들어내는데, 완벽주의는 많은 연구를 통해 우울증의 전조임이 밝혀졌다.

- 부유한 지역사회에서는 경쟁을 강조하고, 좋은 성적, 트로피, 명문학교 입학과 같이 외적인 성공을 강조한다. 그 결과 내적 동기가 아닌 외적 동기가 커지게 되면서 아이가 여러 가지 심리적 어려움을 겪을 위험이 높아진다.
- 알코올과 약물에 손을 대는 비율은 부유한 가정에서 더 높다. 가족들이 눈치를 챘든 채지 못했든 가족 중 누군가에게 알코올 또는 약물 문제가 있을 수 있는데, 이는 흔히 우울증을 방치한 결과일 때가 많다.

위 문항들은 부유한 가정에서 문제를 야기하는 것으로 알려진 여러 요인들을 참조한 것이다. 이 가운데 일부는 주로 부유한 문화 자체가 지닌 문제들인 반면, 일부는 부유한 사람들 사이에서 공통적으로 발견되는 개인의 문제와 좀 더 직접적으로 연관된 것들도 있다.

인간의 심리는 자신이 살고 있는 지역사회가 안겨주는 압력과 끊임없이 상호작용하기 마련이다. 이 사실을 알고 있어야만 부모들이 겪는 어려움이 일차적으로 지역사회의 특성에서 생긴 결과인지, 아니면 개인적인 문제가 오랫동안 해결되지 않은 채 지속되면서 생긴 결과인지 분간하기가 쉬워진다. 물론 대부분의 복잡한 문제들이 그렇듯이 이 두 가지도 대개는 어느 정도 섞여 있다.

대세를 거스려라
: 모두가 한다고 옳은 것은 아니다

부모가 자신이 몸담고 있는 지역사회와 맞지 않는다고 느낄 때 이것은 효과적인 양육에서 커다란 도전과제가 된다. 부유한 동네에서는 이른바 더 많이 일해야 더 많이 얻는다는 식의 가치를 굉장히 강조한다. 그런데 이러한 가치에 대해 뭔가 잘못된 된 것 같은 불편함을 느끼는 부모들이 많다. 하지만 자신이 이상한 것이라 생각하고 그냥 침묵하는 경우가 흔하다.

부유한 동네에서는 주변 사람들 모두가 성취와 높은 지위라는 문화적 기준에 완전히 집착하는 것처럼 보인다. 그 결과 아무도 '임금님은 벌거숭이'라고 말하지 못한다.

가장 유명하고 사랑받던 NBA 선수였던 크리스 멀린Chris Mullin에 대한 이야기가 있다. 멀린은 10살짜리 아들이 있었는데, 아이는 아주 빼어난 선수는 아니었지만 교외 지역의 한 축구 선발팀에 뽑혔다. 아이는 시합을 즐겼고, 뛰어난 선수가 되기 위해 열심히 운동했다.

네 아이의 아빠였던 멀린은 해마다 여름이면 가족과 친구들이 있는 동부로 가서 지내곤 했다. 멀린 가족이 동부로 여름 휴가를 갈 것이라고 발표했을 때, 축구 선발팀에 뽑힌 아들의 코치가 최후통첩을 보내왔다. 만일 아이가 여름 방학 동안 훈련을 받지 않는다면 그 잘나가는 팀에서 자를 것이라고. 다른 부모들은 모두 코치의 요구를 받아들여 여름 휴가 계획을 바꾸었다.

하지만 멀린과 아내 리즈는 백만 분의 1초 만에 결정을 내렸다. 그들은 동부로 여름 휴가를 떠났고, 아들은 그 팀에서 잘렸다. 하지만 아들은 지방의 다른 축구팀에서 운동을 계속할 수 있었고, 특별한 일도 일어나지 않았다.

부모 자신의 선택을 믿어라

이따금 부모인 우리는 우리에게 선택권이 있다는 사실을 잊어먹곤 한다. 분명 아이들은 부모에게 다른 친구들은 모두 부모의 무감독 파티나 통금시간 없애기, 자동차 사주기 등을 허락받았다면서 부모를 설득하고 조종하려고 애쓴다. 이때 부모는 자신의 시각이 다른 부모들과 다르다는 것을 발견하게 된다. 그럴 때 부모인 우리는 외로울 수 있고, 실망할 수도 있다.

그러나 아이와 관련한 문제에 있어서 무언가 강한 감정이 든다면 부모 자신이 믿는 것이 옳은 길이라고 자유로이 선택할 수 있어야 한다. 대부분의 부모들은 훌륭한 직관을 가지고 있다. 그러므로 무엇보다 주변의 압력을 느낄 때에는 이러한 직관을 믿어야 한다. 아이들이 자기 스스로의 선택이라고 느끼는 것이 중요하듯이, 부모 역시 양육과정에서 하는 선택들이 자신의 깊은 내면으로부터 나온 것이라고 느낄 수 있어야 한다.

지역사회나 학교에서 이루어지는 결정들이 언제나 아이의 편에서 가장 유익한 것은 아니다. 또 유익하다 하더라도 내 아이에게는 좋은 결정이 아닐 수도 있다. 만일 당신이 학교 정책에 동의하지 않는다면, 자기 목소리를 내야 한다. 지역사회에서 가장 중요한 변화들 중 일부는 생각 있는 사람들이 참여할 때 시작된다.

내가 사는 동네에서는 어린이 축구 선수 선발전을 앞두고 몇몇 학부모들이 지나치게 개입하고 코치까지 이상한 행동을 하는 바람에 많은 부모들이 질려버린 사건이 있었다.

이를 계기로 부모들은, 모름지기 청소년 스포츠에는 과도한 경쟁이 있어야 하고 1년 내내 훈련에 매달려야 하며 아이들을 많이 다그쳐야 한다는 생각을 거부하기 시작했다. 그리고 학교 쪽에 라크로스 시합을 건의했다. 라크로스 시합 lacrosse. 10명의 선수로 이루어진 두 팀이 잠자리채처럼 그물이 달린 막대를 이용해 공을 던지거나 잡으며 하는 운동 경기. 옮긴이은 무리하지 않고 합리적인 시간만 들이면 되고, 나쁜 행동에 대해서는 확실히 제재를 가할 수 있게끔 고안된 게임이다.

실제로 이 경기는 부모와 아이들 모두에게 즐거움이 되었고, 몇몇 극성맞은 부모와 코치의 지나친 열심으로 인해 부모들이 마음 상하는 일 없이 함께 즐기고 교제하는 좋은 기회가 되었다.

이 책에서 다루었던 문제들, 곧 지나친 부담감과 어른들로부터의 소외, 부적절하게 간섭하기, 통제하려는 행동, 느슨한 훈육규율은 부유한 동네의 모든 가정에서 발견된다. 부모가 십대 자녀들과 같이 술을 마시거나 술에 취한다. 아이들은 공공연하게 나쁜 말을 쓰지만 부모가 지적해주기는커녕 눈 하나 깜짝하지 않는다. 아이들은 교실이나 운동장에서 탐나는 자리를 두고 서로 싸운다.

부모가 아이들에게 공동체 의식을 높여주려고 애쓰는 것도 중요하지만 또한 부모가 바라는 공동체를 부모 스스로 만들어나갈 필요도 있다. 물론 물살을 거슬러 올라갈 때 실망하여 물러서게 될 수도 있다. 하지만 비슷한 관심사를 가진 사람들을 찾게 될 수도 있다. 사실 당신이 어떤 집단에서 반대 시각을 가진 유일한 사람일 가능성은 거의 없다. 틀림없이 다른 누군가도 당신과 같은 사람을 찾고 있을 수 있다.

집단의 일원이 되고 싶어 하는 것은 인간의 보편적인 욕구다. 대학교 로고가 새겨진 옷이나 제품들이 시장에 쏟아져 나오는 현상은 자신을 그 집단과 동일시하고 싶은 사람들의 욕구를 상징적으로 보여준다. 이런 현상을 두고 어떤 사람들은 부모의 경쟁 심리를 나타내는 또 하나의 징후라고 보기도 한다. 하지만 나는 이것이 부유한 지역사회의 일부분이라 할 수 있는, 부모들과 아이들의 내적 허기굶주림와 좀 더 관련이 있다고 생각한다.

내가 대학에 다닐 때만 해도 구내서점에서 옷을 파는 일은 없었다. 그러나 지금은 대학 구내서점에서 옷을 파는 구역이 책을 파는 구역만큼이나 넓어졌고, 스웨터와 티셔츠, 모자, 수영복, 점퍼, 담요 외에도 여러 물건에 학교 이름을 넣은 물건들이 팔리고 있다.

아이가 다니는 학교와 부모 자신을 동일시하는 것은 즐거운 일이다. 하지만 그보다는 우리가 살고 있는 지역사회의 일부임을 느낄 수 있는 방법을 찾아야 한다. 그 방법이란 불만을 이야기하거나 관계를 끊어버리는 것이 아니라 중요한 문제들에 동참하는 것으로 가능하다.

예컨대 PTA학부모교사연합회 모임, 야간 부모교육, 학교 위원회 모임에 참석하는 것은 좋은 방법이다. 그리고 지역의 전문가 단체나 정치나 종교, 사회 관련 기관에서 자원봉사를 할 수도 있다.

일반적으로 부유한 아이들은 가난한 아이들보다 이타심이 부족하다. 이것은 성장할수록 더욱 심해지는데, 부모가 지역사회에 참여하는 모습을 아이에게 보여준다면 아이는 다른 사람들의 필요를 알게 되고 존중하는 법을 배우면서 이타심을 키우게 된다. 그리고 부모도 지역사회와 관계를 맺고 있고, 함께 참여하고 있다는 느낌을 가질 수 있다.

모범을 보여라
: 부모가 먼저 책임지는 모습을 보여주라

지난 1년 반 동안 앤드류라는 15세 소년을 치료했다. 아이는 처음 만날 당시 아주 심한 코카인 문제가 있었지만 나름 대단한 통찰력을 지닌 아이였다. 다정하고 섬세한 이 아이는 학비가 아주 비싼 사립학교에 다니고 있었고, 성격은 조용하고 예술에 관심이 많았다. 그러다보니 외향적이고 흔히 자기 과장이 심한, 대부분의 인기 있는 남자 아이들과는 잘 섞이지 못했다. 아이는 집에서도 거의 위안을 얻지 못했다. 부모는 둘 다 매력적이고 아주 성공한 사람들이었지만 자기 일과 힘겨운 결혼생활에만 온통 에너지를 빼앗겼다.

앤드류의 부모는 매달 의무적으로 치료 모임에 참석했다. 이 모임은 가족 안에서 일어나는 심리적 갈등의 원인을 밝혀내고 아들의 약물 테스트 결과를 알려주기 위한 것이었다. 하지만 부모의 참여 태도는 피상적이고 산만해 보였다.

앤드류는 부유한 집안의 남자 아이들이 그렇듯 많은 돈을 이용해 약물에 쉽게 접근할 수 있었다. 이 때문에 마음속의 분노와 버림받은 느낌을 직면하기보다는 약물에 의지하기가 쉬웠다.

코카인은 대단히 유혹적인 약물이다. 분노에 차 있고 불행해 하던 청소년들이 코카인을 흡입하면 순식간에 편안해지는 것을 경험할 수 있다. 그런 청소년들에게 코카인 대신 일주일에 두 번씩 1~2년에 걸쳐 상담 치료를 받으면 코카인을 하는 것보다 더 편안해질 거라고 설득하기란 결코 쉽지 않다.

하지만 앤드류는 온화한 성격에다 미술에 대한 열정이 합쳐지면서 강력한 치료 인자로 작용했다. 앤드류는 상담을 하면서 내가 점점 더 자신의 이야기를 잘 들어주고 있다는 느낌을 받았고, 코카인 사용 후에 필연적으로 따라올 수밖에 없는 심리적 추락이 그림을 그리는 데 방해가 된다는 것을 깨달았다.

그는 조금씩 감정을 표현하는 법을 배워 나갔고, 다음에는 분노를 관리하는 법을 배워갔다. 필요할 경우 부모와 직면하기도 했다. 그의 훌륭한 자질을 금세 알아본 사람들의 지지를 받으면서 말이다.

부모는 인기 있는 무리를 좇으며 사는 것을 가치 있게 여겼지만 앤드류는 그렇지 않았다. 대신 미술에 대한 관심을 함께 나눌 수 있는 남자 아이 둘, 여자 아이 둘을 발견하고는 그들 무리에 합세했는데, 작긴 해도 아주 친한 친구들이었다. 그리고 약 7개월 후, 앤드류는 코카인을 완전히 그만두었고, 다시 코카인에 손대기 쉬운 상황을 피하는 법도 배웠다.

모범이 되지 못하는 부모는 자신과 아이를 속이게 된다

앤드류의 치료가 끝나갈 즈음, 나는 한밤중에 그에게서 다급한 전화를 받았다. 밤늦게 출출해 간식을 찾으러 부엌을 뒤지던 앤드류가 코카인이 가득 담긴 작은 대접을 발견했던 것이다.

앤드류는 다시 약물에 손을 댈까 봐 무서워했다. 하지만 더 중요한 것은 앤드류가 코카인에서 벗어나려고 그토록 몸부림치고 있다는 사실을 잘 알면서도 그 집의 누군가가 코카인을 사용하고 있었다는 사실이다.

앤드류는 그 사실에 경악을 금치 못했다. 그는 나와 통화하며 코카인을 변기에 버렸다. 나는 먼저 아이를 만난 다음, 다음날 부모님을 따로 만나기로 했다.

놀랍게도 앤드류의 부모는 둘 다 몰래 코카인을 습관적으로 사용하고 있었다. 앤드류에게 코카인에 다시 손을 대도록 부추기는 수많은 압력들이 사실은 부모한테도 있었던 것이다. 아들에게는 코카인 사용이 약물 의존, 환각, 정신병, 뇌졸중, 부정맥, 심지어 죽음을 불러올 수도 있다는 정보를 1년 반 동안 열심히 알려주면서도, 정작 부모 자신은 그러한 정보에 꿈쩍도 하지 않았던 것이다.

부모는 아들이 약물 문제가 없기를 바랐다. 하지만 부모인 자신들은 코카인을 조절할 수 있고, 자신들은 어른이며 아이가 아니라고 믿었다. 하지만 그들은 자신들의 행동이 코카인을 끊으려는 아이의 결심과 집이 안전한 공간이라고 생각하는 앤드류의 생각에 나쁜 영향을 미칠 것이라는 사실을 귀담아듣지 않았다.

만일 아이가 자신의 행동에 대해 책임질 줄 아는 사람이기를 바란다면, 부모인 우리가 책임감에 있어서 본보기가 되어야 한다. 아이가 술을 너무 많이 마신다며 진료실로 데려온 부모, 하지만 정작 자신의 음주 문제에 대해서는 말하지 않는 부모, 아이에게는 약물을 끊으라고 하면서 자신은 몰래 감춰두고 계속 하고 있는 부모는 아이와 자기 자신을 속이고 있는 것이다.

앤드류는 비록 잠깐이긴 했지만 예상대로 다시 약물에 손을 댔다. 하지만 금세 균형감을 되찾았고, 자신이 어른이 되어 가는 과정에서 부모가 걸었던 길을 자신이 지나고 있다는 사실을 직시하게 되었다. 이것은 청소년에게 힘들고도 정신이 번쩍 드는 교훈이다.

앤드류의 어머니는 자신의 코카인 사용이 아들과 가족들에게 피해를 입혔다는 사실을 이해하게 되었고, 단약 모임에 가입하고 약물 사용도 중단했다. 하지만 아버지는 자신의 약물 사용은 순전히 오락과 기분 전환용일 뿐이라며 달라질 마음이 없다고 했다.

앤드류와 아버지의 관계는 여전히 거리감이 있었는데, 책임감이 부족한 아버지에 대한 안타깝지만 적절한 반응이라 할 수 있었다. 만일 부모인 우리가 나쁜 행동이나 잘못된 가치관을 갖고 있으면서 그것에는 신경을 쓰지 않으려고 하거나, 잘못 판단했던 일들을 직시하려고 하지 않는다면 아이가 진실된 어른으로 성장하기 위해 해나가야 할 힘든 과업들을 피하지 않고 똑바로 맞서기를 기대할 수는 없다.

실수는 필연적이고 책임은 필수적이다

다음 이야기는 당황스럽기도 하지만 풍요의 문화가 던져주는 압력에 우리가 얼마나 취약할 수 있는지를 잘 보여준다.

내가 최악의 부모였던 시절이다. 국어 시험에서 A를 맞은 막내아들이 마지막 주 시험에서 B⁺로 떨어지자 나는 아이를 호되게 꾸짖었다. 눈물을 흘리던 아이는 비참하고 쓸쓸한 표정을 하더니 침대에 누워 이불을 머리끝까지 덮어썼다.

나는 내 행동이 도가 지나쳤고, 내 실망감이 아이와 관계가 없고, 대신 끊임없이 성적을 강조하는 지역사회와 나 자신의 경쟁심과 관련이 있다는 것을 잘 알고 있었다. 나는 내 안에서 일어났던 감정이 무엇인지 확실해질 때까지 충분히 기다렸다가 아이에게 다가가 미안하다고 말했다. 그리고 둘 사이에 있었던 일에 대해 아이와 함께 이야기를 나누었다.

그 다음 주, 아이가 성적표를 가지고 왔는데 국어가 B⁺이었다. 교사는 평가란에 다음과 같이 써 놓았다. '열심히 공부함. 친절하고 착한 마음을 지닌 아이임. 생각이 깊고 배려심 많음.'

25년 동안 부모로 살아오면서 그때만큼 제대로 혼나 본 적이 없다. 이런 부끄러운 이야기를 하는 이유는, 내 직업이 늘 부모들에게 스스로에 대해 정직하게, 찬찬히 살펴보라고 말하는 직업이기 때문이다.

분명히 이야기하고 싶은 것은, 이것은 고통스럽지만 충분히 할 수 있는 일이고 무엇보다 엄청나게 가치 있는 과정이라는 점이다. 부모라면 누구나 이런 문제와 씨름해야 한다. 아이에게 끊임없이 "네가 하려고 하는 것에 대해 잘 생각해보렴."이라고 일깨워주듯이 부모인 우리도 자신에게 똑같이 그렇게 해야 한다.

부모도 사람이다. 그렇기에 실수도 한다. 부모 역시 또래의 압력에 굴복하기도 하고, 자신의 실망감을 자녀에게 투사하기도 한다. 이런 실수를 했을 때 부모인 우리는 아이에게 사과하고, 우리 자신에 대해 설명하고, 누구도 완벽한 사람은 없지만 스스로의 감정에 정직하고 진실하기 위해 노력할 수 있다는 것을 본보기로 보여주어야 한다.

인생에서 실수는 필연적이고 책임을 지는 것은 필수적이다. 실수 자체는 유감일 수 있지만 실수를 통해 조심하고 방심하지 말아야 할 자신의 문제에 대해 알 수 있고, 자신의 행동에 책임을 지고, 비판적 사고를 하는 모습을 보여줌으로써 부모는 아이에게 내적 성찰이라는 가치에 대해 본보기가 되어줄 수 있다.

또한 지역사회의 가치들이 부모에게 어떤 식으로 좋은 영향과 나쁜 영향을 미칠 수 있는지를 아이와 함께 이야기해야 한다. 그럴 때 아이들은, 아동기를 거쳐 청소년기로 옮겨가면서 점점 더 압력이 커지는 문제들에 대해 폭넓게 생각해볼 기회를 가질 수 있다.

내려놓아라
: 완벽주의라는 독약을 멀리하라

부유한 동네에서는 개인주의와 완벽주의, 성취주의, 경쟁과 물질주의를 지나치게 강조한다. 반면 협력이나 이타주의, 박애주의처럼 좀 더 친사회적인 가치에 대해서는 별로 관심이 없다.[2] 이처럼 건강하지 못한 기준들이 가정 안에 스미기 쉽기 때문에 많은 사람들이 긴장하고 있으며 다른 분위기를 만들기 위해 많은 애를 쓰고 있다. 그러나 이것이 전부가 아니다. 부모인 우리가 지역사회 내에서 주변을 주의 깊게 살펴보는 것만큼이나 우리 내면을 들여다보는 일이 아주 중요하다.

부유한 동네는 아주 뛰어나고, 단호하며, 숙련되고, 경쟁적이며, 자기중심적이고, 성공한 사람들로 가득하다. 그런데 부유한 동네 분위기가 아니라 부모 자신들이 아이들은 물론이고 부모 자신에게도 해로운, 건강하지 못한 가치관과 행동들을 강요하는 경향이 있다. 무엇보다도 완벽주의적인 성향의 부모들이 그렇다.

'참 쉬운 완벽Effortless Perfection' 이라는 말은 듀크 대학에서 만들어낸 말이다. 이 말은 여성들에게 날씬함이나 예쁨, 옷 잘 입기 같은 전통적인 기준뿐만 아니라 성취, 업적, 좋은 성적, 유능한 직업과 같이 전통적으로 남성에게 요구되던 기준까지 함께 요구하면서 여성에게 뛰어나기를 강요하는 강력한 사회적 압력을 표현한 말이다.

우연찮게도 이 두 가지 범주에서 모두 뛰어나려고 과로를 일삼는 젊은 여성들은 정신적 육체적 고통을 많이 호소하고, 술과 약물 남용뿐 아니라 섭식장애 비율도 높은 것으로 나타났다.[3]

'참 쉬운 완벽'이란 말 자체가 모순이기도 하지만 노력하지도 않고 모든 것을 잘할 수 있다는 생각은 정직하지 못하며 위험한 생각이다. 경기에서 항상 1등의 자리를 지키기 위해 노력하다 보면 우리는 점점 지치게 되고, 우리를 더 뛰어나게 해주는 연료와도 같은 것들 곧 휴식 시간, 창조적으로 생각할 자유, 자기를 의식하는 것들 내려놓기, 관계성 등을 빼앗길 수 있다.

좋음 good의 적은 최고 best 이다

어느 토요일 밤이었다. 남편이 영화를 보러 가자며 컴퓨터 앞에 앉아 있는 나를 끌고 나갔다. 마침 책의 이 부분을 쓰느라 온 정신이 쏠려 있던 나는, 부엌을 치우거나 아이들의 숙제를 확인할 때만 빼고는 몇 주 동안 의자에만 앉아 있던 터였다.

분명히 나는 너무 움직이지 않고 있었다. 일시적이긴 해도 이런 모습은 남편을 불안하게 했다. 평소 남편은 요구하는 것이 많지 않은 사람이다. 그래서 그날 저녁 나는 컴퓨터를 끄고는 글을 쓸 때 입고 있던 낡은 스웨터에, 정말로 손질이 필요한 헝클어진 머리를 하고 최소한의 립스틱도 바르지 않은 채 외출을 했다. 집을 나서기 전 거울이라도 한 번 봤어야 하는 그런 몰골이었다. 나는 아는 사람과 부딪히지 않기만을 기도했다.

하지만 우리 부부는 여러 무리의 친구들과 몇몇 동료들, 심지어 내담자들까지 만났다. 그때마다 나는 내 차림에 대해 계속해서 사과했다. 영화가 끝나고 극장에서 나올 때까지 나는 스웨터에 달린 모자로 얼굴을 절반 이상 가린 채 살금살금 차로 걸어갔다.

나는 내 차림이 불편하게 느껴졌고, 단지 그 이유 때문에 영화가 끝난 뒤 동료들과 교류하고 좋은 친구들과 자연스럽게 만날 수 있는 기회를 포기했다. 중산층의 전형적인 패션이 아닌 내 모습이 얼마나 변변찮고 바보 같은지 나 자신이 탐탁지 않았고, 끊임없이 부족하다고 느꼈다. 그래서 과로하고 녹초가 된 나 자신을 측은히 여기는 대신 겉모습 때문에 스스로를 질책했다.

'그걸로는 부족해요'라는 말은 내 진료실에서 날마다 울려 퍼진다. A팀에 들지 못해 눈물 흘리는 12살짜리 축구 선수와 성적 문제만 아니면 여러모로 칭찬할 만하지만 성적 때문에 낙담한 고등학생, 그리고 가정과 자녀들을 완벽하게 만들려는 헛된 노력에 빠져 있는 지친 엄마들의 '그걸로는 부족해'라는 말이 진료실 벽을 울린다.

나는 내담자들의 불안감을 줄여주려고 정말 열심히 일하지만 바로 그 때문에 내가 놓치고, 희생하고 있는 부분들을 발견하고는 고민에 빠졌다. 분명 마감에 시달리며 일하는 사람들이나, 밤낮으로 계속 일하는 사람들이 볼 때 나는 충분히 괜찮은, 그 정도면 괜찮은 엄마로 보였다.

하지만 그 괜찮음이 완벽한 가정을 꾸리기 위해 애쓰는 엄마들, 직장에서 최고의 자리에 오르려고 고군분투하는 부모들, 그리고 1등이 되고 가장 똑똑한 아이가 되려고 애쓰는 아이들이 있는 부자 동네에서는 괜찮지가 않았다.

상담실에서 부모가 아이에게 "그 정도 성적으로는 충분하지 않아. 넌 더 잘할 수 있다니까."라거나, "그냥 최선을 다해."라며 가장 흔한 말을 던질 때, 눈동자를 굴리며 부모를 경멸하던 아이들의 마음이 이해가 간다.

부모들은 너무나 자주 이런 이중적인 말을 쓰면서 불편한 진실을 가리려고 한다. 부유한 동네의 많은 부모들이 기대하는 것은 상대적인 최고가 아니라 절대적인 최고가 되는 것이다. 볼테르는 "좋음good의 적은 최고best이다."라고 했는데, 대부분의 부유한 부모들이 알고 있듯이 그 적은 부유한 가정에도 떡하니 자리를 잡고 있다.

부유한 문화와 부정적인 완벽주의의 관계

그렇다면 완벽주의자들이 자신이 상위 중산층에 속한다고 느끼게 되는 것일까, 아니면 상위 중산층의 무언가가 사람을 완벽주의자로 만드는 것일까? 그것도 아니면 완벽주의와 부유함이 동시에 나타나게 되는 뭔가 또 다른 이유가 있는 것일까?

내담자 가운데 세 아이의 엄마이자 매력적이고 똑똑한 한 여성이 있었다. 변호사였던 그녀는 나중에 전업주부가 되었는데 집과 아이들, 심지어 자기 자신까지 날마다 쓸고 닦았다. 그 결과 겉으로 보면 모든 것이 빛났지만 그 이면을 보면 그녀는 우울했고 진통제를 남용했다. 이 점만 빼면 그야말로 똑똑하고 사려 깊은 그녀가 왜 그토록 겉모습과 아이들의 성취, 커튼 색이 뭐가 더 나을지에 집착했던 것일까?

똑똑하고 열심히 일하는 사람들은 다른 사람들에 비해 상위 중산층에 들려고 열심히 노력하는 자신을 발견할 가능성이 높다. 물려받은 재산과 별개로 돈 좀 번다는 사람들은 성취와 발전을 중시하는 전문직이나 경력에 마음과 영혼을 바치기 때문이다. 그리고 완벽주의는 의료나 법률 또는 비즈니스 책을 탐독하는 데 도움이 될 가능성이 높다. 그렇다면 이처럼 유용한 완벽주의가 어떨 때 부정적인 완벽주의로 빠지게 되는 것일까?

부정적인 완벽주의는 우울과 연관이 깊을 뿐 아니라 섭식장애, 강박장애, 심신장애psychosomatic disorders. 심신증 또는 정신신체증 : 심리적 요인으로 인해 신체적 질병 문제가 나타나는 것을 말함. 옮긴이, 그리고 심각하게는 자살 같은 여러 심각한 정서적 문제와 강하게 연관되어 있다.[4]

부정적인 완벽주의는 실패를 피하고 결점이 없는 것처럼 보이고자 하는 강렬한 욕구에 의해 움직이는데, 그 뿌리는 요구하는 것이 많고 비판적이며 조건적인 부모와 관련이 있다. 부모의 인정과 사랑이 아이가 잘한 정도에 따라 조건적으로 주어질 때, 친밀감과 애정은 고통스러운 것이 된다.

부정적인 완벽주의는 내면 깊숙이 자리한 불안감과 연약함을 감춰준다.[5] 특히 상대가 지나치게 높은 기준을 갖고 있는 것처럼 보이고 그 기준을 채워야만 인정과 수용을 얻을 수 있다고 느낀다면, 그 사람은 강한 무기력감을 느끼게 된다.

성취에 있어서 외적인 잣대를 중요시하는 부유한 동네의 분위기는 그것이 화학 시험에서 A를 맞아야 하는 것이든, 최신 유행에 맞게 액세서리를 착용해야 하는 것이든 간에 우울증과 약물 남용 비율이 높게 나타나는 것과 직접적으로 연관이 있다. 또한 전반적으로 삶이 견디기 힘들 정도로 어렵다는 느낌과도 관련이 있다.

완벽을 좇다 보면 지금 이 순간을 놓치게 된다

한 내담자는 가족에게 완벽한 크리스마스를 만들어주려고 노력했는데 그야말로 지치는 일이었다. 그녀는 친구들과 가족들에게 결코 잊지 못할 크리스마스를 만들어주기 위해 몇 달에 걸쳐 집을 꾸미고, 여러 나라에서 선물과 장식품, 식재료를 사 모았다. 그 과정에서 사소한 실수들이 생겨나자, 예컨대 태국에서 사온 장식품에 금이 가 있고, 냅킨 고리가 빨갛게 번져 있었으며, 쇼핑몰에서 주문한 피칸 롤케익 대신 아몬드 바가 배달되자 그녀는 점점 짜증이 났고 마침내 우울해졌다.

크리스마스 날 아침, 남편이 그녀에게 비싼 포르쉐 오픈카를 선물했지만 그녀는 너무 지치고 우울한 나머지 침대에서 나오지도 못했고, 결국 선물을 보지도, 차를 타보지도 못했다. 완벽한 크리스마스는커녕 가끔은 힘들어도 전반적으로 축제나 마찬가지였던 가족의 크리스마스 휴가를 그녀가 끔찍한 악몽으로 바꿔놓고 말았다.

완벽한 크리스마스, 완벽한 아이, 완벽한 외모, 완벽한 가족, 완벽한 휴가, 완벽한 가정, 완벽한 결혼 또는 완벽한 우정은 없다. 이것이 진짜 현실이다. 그러므로 우리 삶에서 완벽이란 생각 자체를 버리고 강점과 약점이 공존하는 진짜 삶을 살아야 한다. 그래야만 우리 아이들이 자신의 한계에 부딪쳤을 때 망가지지 않고, 노력한 것에 대해 기쁨을 누리며, 더 성장하는 법을 배울 수 있다.

물론 최선을 다해서 잘해야 할 때도 있다. 수술을 담당하는 외과 의사, 비행기를 운전하는 조종사, 택시를 모는 운전사, 우리는 이들이 최선을 다하고 자기 일에 열정이 있기를 바란다.

하지만 이것은 완벽을 좇는 것과는 다르다. 완벽을 좇는 것은 인생을 흘려보내는 것을 말한다. 완벽을 좇다 보면 계속 미래에 초점을 맞추게 되고, 지금 이 순간을 놓치게 되기 때문이다. 큰 기쁨을 좇느라 작은 기쁨들을 놓치고 만다는 뜻이다.

이것은 존재하지도 않는 아이를 찾아다니느라 정작 자기 앞에 있는 아이를 보지 못한다는 뜻이기도 하다. 또한 현실을 받아들이는 대신 자기 자신과 주변을 환상으로 에워싸고, 그로 인해 삶에서 진짜 감정, 진짜 사랑, 진짜 유대감을 빼앗기고 만다는 것을 뜻하기도 한다.

완벽함을 추구하다 보면 엉망진창인 진짜 삶으로부터 다른 곳으로 눈길을 돌리게 된다. 만일 부모인 당신의 실제 삶이 잘 돌아가지 않는다면 괜스레 아이를 몰아세우지 말고 당신 자신을 바꾸어야 한다.

완벽한 사람은 없다. 우리 자신과 우리의 자녀를 진심으로 사랑하고 진심으로 지켜주고 성장시키기 위해서는 우리 앞에 있는 진짜 그 사람, 가지각색의 재능과 열망, 능력, 욕망을 가진 진짜 그 사람에게 우리의 눈길을 돌려야 한다. 친밀하다는 것은 그 자체로 충분히 좋을 때가 많지만, 완벽함은 훨씬 더 많은 대가를 요구한다는 사실을 깨달아야 한다.

생각을 바꾸라
: 좋은 삶에 대한 근시안적 사고를 넘어서라

부모들은 겉보기에 완벽한 모습을 지키기 위해 아이에게 잘못된 방법을 쓰곤 한다. 가령 높은 성적을 받으면 승용차를 사 준다거나, 좀 더 우수한 팀에 들어가면 통금시간을 늦춰주는 식이다. 이것은 자녀가 빛을 발할 때에만 행복해하는 천박한 부모들만의 이야기가 아니다.

우리가 아이들을 더 근사해 보이도록, 남들보다 더 잘하도록 몰아세우는 이유는 단순하지가 않다. 때로는 그 이유가 부모인 우리 자신의 우울이나 채워지지 않은 욕구와 관련될 때도 있고, 우리가 지나치게 완벽주의를 위해 애쓰는 것과 관련될 때도 있다. 하지만 더 많게는 우리의 자녀들이 재정적인 면에서 부모와 똑같이 또는 부모보다 더 편하게 살았으면 하는 마음과 관련될 때가 많다.

부모들은 돈 걱정이 없을 때 삶이 더 편하고 만족스러울 수 있다는 것을 알기 때문에 아이들에게 그런 기회를 주고 싶어 한다. 부모 세대는 누구나 아이들이 더 편하고 보람 있는 삶을 살기를 바란다. 우리가 아이들에게 남보다 뛰어나고 더 좋은 성과를 내도록 다그치는 이유도 그래야만 더 행복할 거라고 믿기 때문이다.

부유한 동네의 많은 부모들이 전문적인 일에 종사하고 있고, 자신의 일에 열정을 가지고 있다. 이런 부모들에게는, 전문적인 일을 통해 느끼는 만족감이 없어도 아이가 행복할 수 있다는 사실이 상상조차 할 수 없는 일이 된다.

하지만 보람 있는 삶이란 다양한 모습을 띠기 마련이다. 높은 성적이나 명문 대학, 특정 직업이 행복으로 가는 유일한 길이라 주장하는 것은 너무나 근시안적인 생각일 수 있다. 잘 사는 삶의 형태는 매우 다양하다. 인류학자인 카를로스 카스타네다 Carlos Castaneda 는 이렇게 경고했다.

"모든 길은 같다. 가슴으로 하나를 선택하라."[6]

'가슴 heart'은 저마다 다르다. 부모인 우리가 만족했던 것에 아이들도 똑같이 만족하기를 강요한다면 우리는 아이들이 삶을 여행하는 길, 곧 자신의 가슴과 더 가까운 길을 가고자 하는 것을 방해하는 셈이 된다. 뿐만 아니라 아이가 세상을 다르게 볼 수 있는 기회, 곧 우리 아이만이 지닌 독특하고 생생한 눈으로 세상을 이해할 수 있는 기회를 빼앗는 것이 되기도 한다. 내 경우를 예로 들면 이렇다.

남편과 나는 늘 둘째아들 마이클을 두고 '강박증이 가득한 집안에 사는 창의적인 아이'라고 농담을 하곤 했다. 이 말에는 항상 자부심과 약간의 걱정이 섞여 있었다. 마이클은 햇빛이 시간에 따라 뒷마당 잔디 위를 옮겨가는 모습을 관찰하고, 색색의 전지와 주름 종이로 거실을 열대 섬으로 바꾸어놓곤 했다. 또 주방 도구들을 이용해 계속해서 게임을 만들어내며 시간을 보냈다. 반면 한 발 한 발 앞으로 나가는 걸 좋아하고 거의 빈둥거려 본 적이 없는 우리에게는 아이의 이런 재미가 다소 이상하게 느껴졌다.

마이클이 꽤 어렸을 때다. 아이는 나와 같이 해 뜨는 모습을 보기 위해 이른 아침 우리 방으로 와서는 지난밤 늦게 잠자리에 든 나를 깨우곤 했다. 그러면 세 아이의 엄마로서 무엇보다 늘 잠이 부족했던 나는 지친 팔을 들어 아이에게 손사래를 치곤 했다.

하지만 아이가 커 가면서 고집도 함께 커졌고, 결국 아이와 함께 해돋이를 보기 시작했다. 그것은 예전에는 한 번도 경험해본 적 없는 일이었다. 나는 그야말로 깜짝 놀랐는데, 해돋이 광경의 아름다움 때문이 아니었다. 내 아이의 얼굴에 가득한 경외심이 너무나 아름다웠던 것이다.

나는 아이의 눈을 통해 바라보는 세상에 대해 조금씩 관심을 갖게 되었다. 아이가 만들기를 할 때 쓰려고 모아둔 색색의 작은 조약돌, 사진과 잡지로 만든 콜라주, 아이가 자기 방을 꾸미는 데 쓰리라고는 생각지도 못했던 물건들, 그리고 내가 일을 해내고 궤도를 유지하는 데만 잔뜩 신경 쓰느라 나도 모르게 무시해왔던 삶의 부분들에 눈길이 가기 시작했다.

마이클은 마치 연극영화학을 전공하는 학생 같았다. 아이는 내게 가르치길, 창조성독창성은 강물과 같다고 했다. 물살이 아주 거세면 그 사람도 물살과 함께 흘러가거나, 아니면 물살이 그 사람 곁을 흐르면서 그의 영혼을 깨우고 갈 것이라고 했다. 아마도 강물과 함께 흘러가는 쪽이 아이에게는 더 쉬운 선택이겠지만, 아이의 그런 모습은 내 삶까지 풍요롭게 만들었다. 이른 새벽 일어나지 않았더라면 절대 상상할 수도 없는 방식으로 말이다.

나는 아이가 무슨 직업을 구할지, 과연 잘 살아갈 수 있을지에 대한 걱정을 그만두기로 했다. '좋은 삶'이란 돈과는 별로 관계가 없으며, 모든 것이 '자기 가슴이 시키는 길'을 잘 찾아내는 행운과 관련이 있다는 것을 깨달았기 때문이다.

부모의 불안감을 조장하는 문화에 휘둘리지 말라

부유한 동네에서는 학업 성취를 과대평가한다. 그로 인해 개인적 성취나 인성과 관심사는 희생되고 만다. 내 아이들이 중학생이었을 때, 세 아이 중 두 아이가 운동에 관심이 있었다. 그 때문에 저녁이면 아이들과 야구나 농구 경기를 끝까지 지켜봤고, 그 중 하루는 예술에 관심이 많은 둘째아이를 위해 시에 대해 함께 이야기를 나눴다.

많은 학교들이 학업 성적을 높이기 위한 회의는 많이 여는 반면, 다른 종류의 개인적 성취나 지역사회와 함께 하기 위한 방법을 논의하는 회의는 별로 열지 않는다. 잘 교육받은 사람, 좋은 시민이 되기 위해서는 개인적 성취와 지역사회 참여가 똑같이 중요한데도 말이다.

부모들은 명문 대학 입학사정관들이 출연하는 교육의 밤_{입학 설명회}에는 떼로 몰려다니면서 입학 과정에서 아주 작은 것이라도 자기 아이에게 유리할 만한 정보, 하지만 사람들이 잘 모르고 있는 정보를 모으고 싶어 한다. 그러다보니 한쪽에서는 부모들의 그런 불안감을 이용해 돈을 벌려고 하는 거대한 시장이 만들어진다. 어처구니없게도 유아를 위해 학습용 장남감을 사라고 꼬드기는 장난감 회사부터, 아이의 연합고사, 대학 수능시험, 로스쿨 입학시험, 대학원 입학시험 점수를 높여준다고 광고하는 교육 서비스에 이르기까지 엄청난 시장이 만들어진다.

많은 책과 잡지들은 엄마들에게 죄책감을 불러일으킨다. 자기네가 제공하는 지침서와 로드맵이 없다면 엄마들은 아무 쓸모가 없고 아이를 잘 키울 수 없는 것처럼 이야기하고, 그런 엄마들을 유치하고 나태하고 쓸모없는 사람으로 몰아 붙인다.

하지만 우리는 이러한 압력에 맞서야 하고, 우리 자신의 가치를 증명해야 한다. 그리고 우리가 아이들에게 쏟아붓는 불안함과 걱정들을 막아야 한다. 곧 아이의 성적을 높이기 위해, 그리고 아이를 완벽하게는 못해도 그래도 부모인 자신이 뭔가라도 하고 있다고 느끼고 싶기에 아이를 학교에서 학원으로, 학원에서 또 다른 학원으로, 이 캠프에서 저 캠프로 끌고 다니게 만드는 불안감과 걱정을 막아내야 한다.

미국 내에만 해도 수천 개의 학교가 있고, 3만 개 이상의 직업과 수없이 많은 예술적, 지적, 기계적, 물리적, 여가적 취미와 학습 기회들이 있다. 나는 우리 세 아이 모두가 각자 아주 다른 분야에서 강점을 갖고 있었던 덕분에 나와 지역사회가 갖고 있던 교육 관점이 얼마나 근시안적이었는지를 절실히 깨달을 수 있었다.

큰아이는 고집이 세고, 말이 많고, 사고가 직선적이다. 아이를 맡았던 한 교사는 큰아이를 두고 '완벽한 교외 지역 아이'라고 표현했는데, 내 귀에 딱히 칭찬으로 들리지는 않았다. 하지만 큰아이는 학교라는 시스템에 잘 맞는 아이였고, 학교생활을 행복하고 성공적으로 해냈다.

한편 창의력이 풍부한 둘째 아이는 자신의 관심사에 대해 별로 지지받지 못했다. 아이는 교사로부터 "선생님 말에 계속 집중해야지."라는 말을 수시로 들어야 했다. 아이에게는 교실에서 이루어지는 재미없는 '시험을 위한 공부'보다는 길거리를 돌아다니는 것이 훨씬 다채롭고 지적으로도 훨씬 배울 것이 많았다. 학교 교육은 아이의 관심사를 채워줄 수 없었고, 지역사회도 아이의 예술적 재능을 별로 지지해주지 못했다.

다행히 내가 사는 동네는 예술 사업을 열심히 지원하고 있었던 터라 아이의 교육을 보완하는 것이 그리 어렵지 않았다. 그러다보니 아이를 위해 학교 밖에서 연극과 춤, 노래 수업을 찾는 것이 비교적 쉬웠다.

그런가 하면 막내 아이는 언어적인 면보다는 시각적, 공간적 감각이 좋은 아이였는데, 학교는 언어 감각이 좋았던 둘째 아이와 마찬가지로 막내 아이에게도 별 도움이 되지 못했다. 아이가 공간적인 것을 이해하고 손으로 작업할 줄 아는 엄청난 능력을 갖고 있었는데도 중학교에 다니는 동안 학교에서 그와 관련해 받은 교육 혜택이라고는 잠깐 동안의 목공소 방문이 전부였다.

아이는 고등학교에 가서야 마침내 자기와 비슷한 아이들로 북적거리는 건축관을 발견했다. 그러나 무엇보다 먼저 아이는, 장차 다리를 건설하고 빌딩을 세우고 운송 시스템을 지어낼 자신에게 아무런 관심도 가져주지 않았던 교육 시스템과 그로 인한 마음의 상처부터 치유해야 했다.

'열린 태도'로 아이를 관찰하라

부모는 자기 아이만이 지닌 고유한 강점에 주의를 기울여야 한다. 그런데 아이의 강점이 뚜렷이 보일 때도 있지만 열심히 살펴야만 알 수 있을 때가 훨씬 많다. 아이를 잘 살펴보려면 아이에게 폭넓은 직업을 경험할 수 있고 만족감을 안겨주는 다양한 여가 활동을 해볼 기회가 주어져야만 한다. 그래야만 자기 주변에서 흔히 볼 수 있는 이웃들의 모습, 곧 부유한 지역사회에서 많이 볼 수 있는 투자 전문가, 사업가, 기업가 같은 몇몇 전문직을 넘어 더 큰 세상을 상상할 수가 있다.

나는 진료실에서 "우리 부모님은 세상에 오직 두 가지, 의사와 변호사만 존재한다고 생각해요."라고 말하는 아이들을 많이 봐 왔다. 이런 부모들 때문에 똑똑하고 재능 있는 아이들이 오히려 학교에 적응을 하지 못해 일찍 학업을 포기하는 경우가 많았다.

부모들은 친구를 사귀는 문제에 있어서는 아이에게 다양한 모임의 사람들과 사귀어보라고 권한다. 너무 일찍 사교적인 기회를 닫아버리지 않도록 하려고 말이다. 그와 마찬가지로 아이들이 잠재적으로 가지게 될 직업이나 관심사나 대학에 대해서도 너무 일찍 결정하지 말고 선택권을 열어두도록 아이들을 지도해야 한다.

내가 알고 있는 재미있는 사람들 중에는 한 가지 이상의 직업경력을 가진 사람들이 꽤 있다. 그들은 자신의 인생에서 다른 것을 시도할 수 있는 호기심과 용기를 가진 사람들이다. 만일 우리가 인생의 시야를 넓히고, 완벽해지려는 노력을 자제하고, 젊은 시절 우리 대부분이 갖고 있던 패기를 회복할 수 있다면, 새로운 배움에서 느끼는 짜릿함과 모험도 재발견할 수 있을 것이다.

이 책을 쓰는 동안 나는 막내아들과 함께 수화 수업을 듣기로 결심했다. 솔직히 말하면 나는 시각-공간 능력이 절대적으로 중요한 그 수업에서 완전히 최악의 학생이다. 사실 아직도 나는 오른쪽 왼쪽을 구분하려면 내 다리에 난 상처부터 확인해야 하는 그런 사람이다. 그런데도 나는 그 수업이 재미있기만 하다. 아이와 함께 시간을 보내는 것도 좋고, 아이가 어려운 수화를 나보다 더 잘할 때 아이의 얼굴에 실리는 뿌듯함을 보는 일도 좋으며, 입으로 말하기라는 나만의 안전지대를 넘어 도전하는 내 모습이 마냥 좋기만 하다.

아이비리그 외에도 대학은 많고, 전문직 외에도 성취감을 주는 직업들도 많다. 또한 다양한 동호회 활동을 통해 평소 경험하기 힘든 가치 있는 활동들에 참여할 수도 있다. 테니스를 잘 치는 하버드 의대생도 좋지만 부모인 우리는 자녀들에게 재미나고 타당하며 가치 있는 선택의 세계가 많다는 사실도 알려주어야 한다.

이웃과 교류하라
: 공동체성이 부모와 아이를 보호해준다

언젠가 동네 식료품 가게에서 나오다가 흥미로운 장면을 목격했다. 양손에 무거운 식료품 봉지를 든 중년의 엄마가 13살쯤 되어 보이는 아들에게 차 트렁크에 자전거를 싣고 식료품 싣는 것도 도와달라고 애원하고 있었다. 그런데 아들은 경멸이라고밖에 할 수 없는 눈빛으로 엄마를 쳐다보면서 "꺼져!"라고 말했다.

엄마는 여전히 짐을 든 채 아들을 어르고 달랬다. 엄마는 아들에게 저녁으로 아들이 가장 좋아하는 음식을 만들어줄 것이라고, 그러려면 얼른 집에 가서 개밥도 줘야 하고, 또 아들이 내일 입을 수 있도록 운동복을 세탁소에 맡겨야 한다고 했다. 그러니 얼른 차에 자전거와 식료품을 싣고 집으로 가자고 했다.

그러나 아들은 엄마의 애원에 꿈쩍도 하지 않았다. 차 트렁크에 자전거를 싣는 것도, 쇼핑 봉투를 싣는 것도 거절했다. 엄마는 어깨가 푹 꺼지는가 싶더니 이내 눈물을 흘리기 시작했다. 그런데 적어도 수십 명의 어른들이 이 패배한 엄마와 괴롭히는 아들을 쳐다보며 한 마디 말도 없이 스쳐 지나갔다. 아이와 부모 간의 갈등을 다루는 데 익숙했던 나는 아이 엄마에게 다가가 뭘 도와주면 좋겠냐고 물었다.

"제발이지 아이가 저랑 같이 집에 갈 수 있었으면 좋겠어요. 그래주실 수 있겠어요?"

엄마는 여전히 울면서 말했다. 나는 아이 쪽으로 돌아서서 자전거에 손을 얹으며 이건 큰 실수였다, 예의 최고 전문가다운 목소리로 조용하게 말했다.

"아들, 지금 엄마랑 같이 집에 가야 한단다. 자전거를 차에 싣고,

식료품 싣는 것도 도와주렴."

보통 아이들은 낯선 사람이 이야기하면 조심하는 기색을 보이기 마련이다. 그런데 그 아이는 전혀 그렇지 않았다. 어린 녀석이 나를 똑바로 쳐다보더니 "내 자전거에서 그 빌어먹을 손을 떼지 않으면 확 분질러버릴 거예요."라고 하더니 자전거를 획 돌려 미친 듯이 페달을 밟으며 사라졌다.

아이 엄마를 향해 몸을 돌리던 나는 그제야 내가 엄마와 아이가 이야기할 기회마저 날려버린 것을 깨달았다. 그리고 내가 커다란 고통, 아마도 오랫동안 계속되어 왔을 그 엄마의 고통의 드라마 속으로 걸어 들어갔다는 것도 알 수 있었다.

"집에 가서 남편과 상의해보시면 어떨까요? 아드님은 곧 돌아올 겁니다. 확실해요." 그러자 그녀는 애처롭게 대답했다. "집엔 아무도 없어요." 내가 "그러면 친구에게 전화해보세요. 두 사람을 다 잘 알면서 도움이 될 만한 사람한테요."라고 하자 그녀는 우울한 눈으로 나를 보며 토해내듯이 말했다. "아무도 없다고요." 순간 그녀의 절망감과 나 자신에 대한 무력감이 나를 에워쌌다. 나는 그저 내 차 쪽으로 몸을 돌리며 "미안해요."라고 중얼거려야 했다.

나는 그 엄마와 아들 사이에 무슨 일이 있었는지 알 길이 없다. 그녀가 이혼을 했는지 또는 남편이 다른 도시에 살고 있는지 알지 못한다. 아들과 그녀의 관계가 늘 그렇게 문제가 많았는지 아니면 그날 잠깐 불화가 생긴 것인지도 모른다. 그러나 "아무도 없다고요."라고 외치던 그녀의 고통스러운 한마디는 그 후로도 몇 년 동안 내 마음 속에 그대로 남아 있었다.

나에게 있어 그 사건은 너무나도 많은 부유한 부모들이 경험하는 고립감, 그리고 그로 인해 아이에게 조종당하고, 괴롭힘 당하고, 심지어 학대받아야만 했던 부모들의 취약성을 보여주는 상징적인 예가 되었다.

인간 관계가 취약할 때 부모든 아이든 약해지기 마련이다

내 진료실에는 자녀에게 괴롭힘을 당하는 부모들, 자녀를 괴롭히는 부모들, 교사와 그 밖의 서비스 제공자들을 괴롭히는 부모들에 대한 사례만 따로 모아놓은 파일이 있다. 모두가 이 책의 주제에 관심이 많은 다른 지역의 전문가들이 보내준 것들이다.

수백 개의 사례들을 읽고 나자 패턴이 분명하게 보였다. 가족이나 친척, 친한 친구, 나아가 공동체성이 살아 있는 지역사회라는 보호 요인이 없을 때 상대방을 조종하고 괴롭히거나 반대로 상대방으로부터 조종당하고 괴롭힘 당하는 양상이 커지고 있었다.

- 코네티컷 주 페어필드 카운티에 사는 12살 소년이 친구 6명과 함께 부모님이 술을 보관하던 장식장을 열었다. 아이들은 완전히 취할 때까지 마셨고, 그 가운데 두 아이는 급성 알코올 중독 증세를 일으켜 인근 병원으로 실려 가야만 했다.

  경찰관이 그 집 아이에게 몇 가지 질문을 하자 아이는 공격적인 태도를 보였고 뉘우치는 기색이 전혀 없었다. 경찰관은 아이 부모에게 상담을 받아볼 것을 제안했지만 아이는 이렇게 말했다. "귀담아들을 필요 없어요. 경찰들이 늘 하는 말이잖아요." 결국 부모는 치료를 거절했다.

- 뉴저지 주 모리스 카운티에서는 중학교 1학년짜리 소년이 같은 반 친구의 가방에서 지갑을 훔치다가 현장에서 붙잡혔다. 부모와 함께 교장실로 불려간 아이는 교장의 책상 위에 발을 올리더니 책상에 있던 펜을 집어 들어 교장의 메모지에 낙서를 하기 시작했다. 하지만 부모 중 누구도 아이에게 예의 바르게 행동하라고 말하지 않았다. 교장이 도둑질로 인해 아이가 정학을 당할 수도 있다고 하자 아이 아버지는 자신이 변호사임을 교장에게 상기시켰다.

- 버지니아 주 페어팩스 카운티에서는 사람들에게 인기가 많고 성공한 여성 내과 의사가 얼굴에 복합 골절을 입고 응급실에 실려 왔다. 지난 몇 년 동안 벌써 네 번째였다.

끈질긴 한 사회복지사의 권유로 그녀는 10년이 넘는 결혼생활 동안 학대받아 왔으며, 그 지역사회의 유지였던 남편이 언어적 학대에서 시작해 이제는 생명을 위협하는 신체적 학대까지 일삼고 있다고 털어놨다. 대저택에 살고 있다는 것을 이용해 남편은 아무리 소리 질러도 아무도 못 들을 테니 실컷 소리 지르라며 아내를 비웃곤 했다.

- 텍사스 주 노스달라스에서는 3명의 남자 고등학생들이 방과 후에 근처에 사는 지적장애 소녀를 한 고등학생의 집으로 유인했다. 아이들은 소녀에게 성 행위를 해주면 소녀를 좋아해주겠다고 했다. 하지만 소녀가 겁을 먹고 도망가려 하자 아이들은 힘으로 제압한

뒤 강제로 구강성교를 시켰다.

이 때문에 세 아이는 경찰서에 붙잡혀 갔는데, 세 아이의 부모들은 모두 변호사를 대동하고 경찰서에 나타났고, 보석금을 내고는 아이들을 데리고 갔다. 한 아버지는 경찰서를 나서며 이렇게 말했다. "사내애들이 그럴 수도 있는 거지 뭐."

이러한 사례들을 접할 때 부유한 사람들은 자녀들의 괴롭힘이나 조종, 학대와 같은 심각한 문제들이 자기 아이들만의 문제가 아니고 생각보다 훨씬 흔한 일이라는 사실에 안도하기도 한다.

이런 사례들이 다소 극단적일 수도 있지만 정도만 약할 뿐 부유한 동네의 부모들이라면 누구나 이런 문제의 징후에 익숙한 것이 사실이다. "좀 있으면 도우미 아줌마가 올 거잖아요."라며 침대 정리를 하지 않으려는 아이, "나한테 이래라 저래라 하지 마요. 나도 돈 있어요."라며 동성애나 여성을 혐오하는 음악을 못 듣게 하는 부모에게 대드는 아이, 봄방학을 이용해 일주일 동안 칸쿤_{멕시코의 휴양지}에서 놀고 싶어 부모에게 "만약 안 보내주면 너무 속상해서 수능 공부를 못 할 거 같아요."라며 부모를 조종하려 드는 아이, "곁에 있는 사람이라도 나의 라이프스타일을 지지해줘야 되는 거 아냐?"라며 직장에서 돌아왔을 때 집안이 조용하기를 요구하는 남편의 모습이 대표적인 것들이다.

부유한 가정에서는 힘의 오용이 광범위하게 이루어지고 있고, 이것은 심각한 골칫거리다. 따라서 다음 세대를 이끌어갈 리더가 될 아이들을 제대로 키우려면 부모인 우리의 모습이 거만하고 착취하는 태도가 아니어야 하고, 특히 아이들에게 공정함과 정의로움을 길러주기 위해 신경 써야 한다.

고립감의 치료제는 서로 교류하는 것

사회학자들은 사람들이 지역사회 안에서 서로 활발히 교류하고, 그 힘을 바탕으로 지역사회의 강한 응집력이 개인의 성장과 성숙에 중요하다는 사실을 오랫동안 강조해왔다. 이런 지역사회가 만들어질 때 아이들은 개인적 욕구만이 아니라 집단의 욕구도 소중하게 생각하는 멤버십을 사회화하게 된다.

반대로 지역사회의 응집력이 약하고 가치관이 매우 경쟁적이며 개인주의적일 경우, 구성원들은 서로 지지받지 못한다고 느끼고 서로 경계하게 된다. 부유한 지역사회의 사람들은 응집력 부족과 공동 가치의 결여로 인해 고통받고 있다. 이런 환경에서 개인들은 '사람들은 다 자기밖에 몰라'라는 느낌을 받게 된다.

아이들은 친구의 단점이 자신의 장점이 되기 때문에 수학 숙제를 도와달라는 반 친구의 전화에 답하지 않는다. 이런 상황이야말로 부유한 부모들이 아이에 대해 진정으로 열의를 발휘해야 하는 순간이다.

부모는 우수한 성적만큼이나 훌륭한 시민의식을 중요하게 생각한다는 사실을 아이에게 분명히 알려주어야 한다. 따라서 지역사회가 함께 참여하는 독립기념일 퍼레이드나 교회나 성당에서 후원하는 자선행사에 아이를 데리고 가야 한다. 거기서 아이가 혹시라도 협동심이 부족하거나 다른 아이에게 오만하게 굴거나 다른 사람을 괴롭히는 징후가 보이지는 않는지 살펴보아야 한다. 만약 그런 모습이 보인다면 부모는 아이에게 실망했다는 것을 표현해야 한다.

우리의 부모 세대들은 지금 아이들보다 더 어려운 시대를 살았고, 동네에도 전문직보다는 노동을 해서 먹고사는 사람들이 많았다. 하지만 동네 사람들이 서로 돕고 관여하는 경우가 많았는데, 이는 아이를 잘 키우는 데 있어서 없어서는 안 될 부분이었다.

동네에는 수십 개의 눈이 있어 아이가 오가는 모습을 지켜보고 있었기 때문에 창고에서 몰래 담배를 피우는 아이가 누구인지 다들 알았다. 아이들 사이에 괴롭힘이 없었다면 순진한 소리겠지만, 누가 동네 깡패인지 쉽게 알 수 있었고, 이런 아이들이 인기가 있기는커녕 회피하는 대상일 때가 많았다.

어른들은 하나같이 아이들의 일탈 행동을 보고 그냥 넘어가지 않았다. 비록 당신의 부모님은 그렇지 않은 편이었을지 몰라도 동네 사람들이나 교사들은 대개 그랬을 것이다. 아이들이라면 당연히 어른들에게 예의 있게 행동해야 했고, 따라서 앞서 식료품 가게에서 있었던 일 같은 것은 상상도 할 수 없었다.

첫째로 아이는 부모에게 욕을 하지 않았을 것이고, 둘째로 다른 부모들이 재빨리 개입해 힘들어하는 아이 엄마를 도와주었을 것이다. 아버지가 경찰관이었던 나는 이웃 사람들이 자기 아이를 데리고 와서 우리 아버지에게 '따끔하게 한 말씀 해 달라'고 했던 기억이 지금도 생생하다. 그 사람이 누가 되었든 간에 괴롭힘과 조종은 지역사회의 무관심을 먹고 산다.

이처럼 서로 돕고 관여하는 지역사회에서는 어려움이 생기거나 자원을 나눠 써야 할 때, 또는 도움이 필요할 때 서로 힘을 합친다. 그리고 사람들은 자기가 어려웠을 때 주변 사람들이 보여준 친절을 기억하게 된다.

부유한 지역에 살고 있는 사람들이 외로움을 느끼는 이유 중 하나는 힘든 문제를 혼자 해결할 수 있는 돈과 정보를 갖고 있기 때문이다. 또 다른 하나는 주위 사람들한테 거절당하거나 자존심 상하는 것이 두려워 이웃에게 손을 내밀려고 하지 않기 때문이다.

사람들의 이러한 두려움은 괜한 걱정이 아니다. 부유한 지역사회에서는 개인의 성취를 지나치게 강조한다. 그로 인해 주민들의 참여를 높이려는 지역사회의 노력이 실패로 돌아갈 수도 있다. 하지만 부유한 지역사회 안에 퍼져 있는 고립감을 변화시키기 위해 노력하는 부모들이 있다면 그런 흐름을 변화시킬 수 있다.

나는 세 아이가 청소년기에 접어들 때마다 아이의 친구 엄마들에게 전화를 걸어 아이들의 행동을 어디까지 허용할 것인지에 대해 서로 의견을 하나로 맞추려고 노력했다. 미성년자 관람불가 등급의 영화 같은 경우에는 늘 사소한 의견 차이가 있었지만, 전반적으로 엄마들 모두가 자기 아이들이 예의 바르고 책임감 있게 행동해야 한다는 데는 의견을 같이했다.

나는 엄마들에게 나의 아이가 무례하게 굴거나 배려심이 부족하거나 통금시간이 지나서도 돌아다닐 경우 알려 달라고 부탁했다. 이 같은 비공식적 합의를 통해 아이들은 자기가 누구네 집에 있든 간에 허용되는 행동과 허용되지 않는 행동이 무엇인지 알 수 있었고, 동시에 엄마인 나는 '내가 혼자가 아니구나' 라는 느낌을 받을 수 있어서 정말 좋았다.

고립감의 좋은 치료제는 서로 관여하는 것이다. 같은 생각을 가진 사람들에게 다가가고 관계가 발전할 때 부모라는 우리의 과업도 쉬워지고 부모 스스로도 강해져서, 자녀나 배우자에게 학대당하거나 조종당하는 것을 피할 수 있다.

용기를 내어라
: 이혼 문제에도 정면으로 맞서라

아주 부자인 사람들은 이혼율이 높은 편인 데 반해 상위 중산층의 이혼율은 다른 집단들보다 비교적 낮다. 이것은 고학력일수록 결혼을 늦게 하기 때문일 수도 있고 어린 나이에 하는 결혼은 이혼을 예측할 수 있는 가장 커다란 요인이다 경제적으로 안정된 결혼생활을 떠난다는 것이 두려워서일 수도 있다.

흔히 이혼 소송은 남성보다 여성들이 많이 하는데, 부유층의 경우에는 이것이 명확하지가 않다. 부유한 여성들은 결혼생활이 지극히 불행할 때도 이혼을 주저하는 경우가 많다.

일반적으로 이혼을 하게 되면 아이들에게 정서적 문제가 생길 위험이 높아진다. 이혼 가정의 아이들은 일반 가정의 아이들에 비해 성인 초기에 진정으로 사랑하는 관계를 시작하는 데 어려움을 겪는다. 그러므로 이혼을 생각할 때는 다른 대안이 있는지 신중하게 고민해야 한다.

부유한 여성들이 불행한 결혼생활을 참고 사는 이유

부유한 여성들은 이혼이 자녀에게 미칠 영향에 대해서 걱정을 많이 하지만 자신이 누리던 생활 수준을 유지하지 못할 수도 있다는 것에도 신경을 많이 쓴다. 이 두 가지 걱정은 분리하기 힘들 때가 많다. 당연히 여성들은 자신의 사회·경제적 지위가 현저히 떨어질까 봐 두려워하고, 자신이 대단히 소중하게 여기는 값비싼 교육과 과외 활동을 아이들에게 제공할 수 없게 될까 봐 걱정한다.

그래서 아이가 대학에 들어가거나 졸업할 때까지 기다렸다가 이혼 계획을 세우는 여성들도 드물지 않다. 또한 이런 여성들은 나름 뽐내며 살아온 생활방식을 잃어버려도 자신이 과연 견뎌낼 수 있을지를 걱정한다.

여성이 이혼을 고려할 수 있는 힘, 이혼까지는 아니더라도 불행한 결혼생활에 변화를 요구할 수 있는 힘은 여성이 남편에게 의존하는 정도, 단순히 경제적으로뿐만 아니라 심리적인 면에서 남편에게 얼마나 의존하고 있느냐에 따라 달라진다.

마찬가지로 남성들은 이혼으로 인해 자질구레한 집안일을 처리해줄 사람이 없어지고, 바쁜 직장생활에 쫓기다 보면 정작 아이들과 함께할 시간이 부족해질까 봐 걱정한다. 그리고 아이들과의 관계가 크게 멀어지는 것이 두렵기 때문에 결혼생활의 문제를 직면하지 못하게 된다.

언젠가 한 동료가 부자 남편을 둔, 이른바 남부러울 것 없는 중년 여성에 대해 이야기해준 적이 있다. 그 여성은 언제 자고, 언제 일어날지, 그리고 남편이 집에 있을 때 전화 통화는 몇 분 동안 가능한지를 모두 남편이 정해준다고 했다. 다른 모든 면에서는 똑똑하고 능력 있는 그 여성이 왜 그런 말도 안 되는 통제를 참고 사는지 물었을 때, 그 여성의 대답은 간단했다.

"남편만 빼면 나머지는 다 행복하거든요."

실제로 그녀의 생활에는 분명 부러워할 만한 면들이 많았다. 아이들은 유명 사립학교에 다니고 있었고, 늘 짜릿한 여행을 즐기고, 여러 채의 아름다운 집에 살면서 보람을 느낄 수 있는 봉사활동도 꽤 규모 있게 하고 있었다. 그렇기에 그녀에게 이혼은 선택 사항이 아니었다. 게다가 더 흥미로운 사실은 그녀가 남편과의 관계를 바꿔볼 생각조차 하지 않는다는 것이었다.

"정말로 열심히 노력해서 여기까지 온 거예요. 괜한 불화를 만들까 봐 두려워요."

불공평한 관계에 대해 남편에게 어떻게 이야기를 꺼내면 좋을지 알려주었을 때 그녀가 했던 대답이다. 그녀는 정서적 지지를 남편에게서 구하는 대신 시종일관 아이들에게 의지하고 있었다. 그러나 16살인 아들은 엄마를 괴롭히는 아버지와 수동적인 어머니로부터 탈출할 계획을 이미 세운 상태였고, 침대 밑에는 집에서 가장 먼 지역의 대학 입학 안내서들이 무더기로 쌓여 있었다.

결혼생활에서 힘의 불균형이 클 경우, 재정적으로 의존적인 배우자는 변화를 만들어내기에는 자신이 너무 힘이 없다고 생각하기 마련이다. 심지어 돈 있는 배우자에게 착취당한다고 느낄 수도 있다.

우리 집에서 멀지 않은 곳에 살고 있는 한 상속녀는 가까스로 유지해온 20년 동안의 결혼생활을 최근 끝내기로 결심했다. 부부에게는 아들이 둘 있었다. 아내는 재정적으로 매우 안락한 상황이었기 때문에 법원은 남편에게 적지 않은 돈을 지불하라고 판결했다. 그녀는 일을 손쉽게 처리했다. 그 지역에서 가장 비싼 변호사를 고용한 다음 소송을 2년간 계속하면서 남편의 돈이 바닥날 때까지 괴롭혔다.

결국 남편에게 남겨진 선택은 법정 싸움을 계속하면서 파산에 이르거나 아니면 아들에 대한 친권을 비롯해 많은 부분을 포기하는 것뿐이었다. 돈줄을 쥐고 있는 배우자가 상대 배우자를 정서적으로 그리고 재정적으로 교묘하게 통제하고 조종하려 들 때, 그것을 참고 사는 것은 악마와 거래하는 것이나 마찬가지다.

이 사례의 경우 다른 많은 사례들과 마찬가지로 진짜 희생자는 부모들의 전쟁에 볼모로 잡혀 있는 아이들이다. 돈이 있으면 상대를 내 편으로 유혹하기가 쉽다. 아이들은 이른바 더 달콤한 것, 가령 더 멋진 휴가, 수영장이 있는 집, 자신만의 방을 따로 줄 수 있는 부모에게 끌리는 경우가 흔하다.

하지만 중요한 것은 이혼을 앞둔 부모가 자녀의 마음을 끌기 위해 물질적인 것으로 유인하는 것이 아이에게 얼마나 파괴적인지를 알아야 한다는 것이다. 부모의 이 같은 행동은 아이를 물질주의에 젖게 만들 뿐이다. 이혼 가정의 자녀들이 가장 필요로 하는 것은 물질적인 것이 아니라 정서적 안정감이라는 것은 이미 많은 연구에서 밝혀졌다.

부부 사이에서 어느 한쪽이 돈 때문에 조종당하고 심지어 학대까지 받으면서 함께 사는 이유는 무엇일까?분노와 무력감에 시달리고 있을 때 효과적인 부모가 되기란 지극히 힘든 일이다 한 가지 이유는 잘못된 결혼생활의 실패는 말할 것도 없고, 지극히 사소한 실패까지도 견디기 힘들어하는 사람들에게 있어서 자신의 망가진 결혼생활을 다른 사람들에게 드러낸다는 것은 저주나 다름없는 일이기 때문이다.

경제적으로 부유하기에 가능한 삶, 이른바 겉보기에 좋은 삶은 어떻게 해도 피할 수 없을 것 같은 삶의 문제들을 감추는 데 도움이 된다. 물질적인 것을 좇다 보면 가정생활의 불행을 잠시나마 잊을 수 있다. 슬픔은 고급 와인과 비싼 보드카 속에 사라져버리고, 먼 도시 최고급 호텔에서 다른 사람과 정사를 나눈다. 하지만 이러한 해결책들은 일시적인 것에 지나지 않고 일반적으로 결혼생활과 개인 문제를 모두 악화시킬 뿐이다.

그런데도 이들은 결혼생활의 실패라는 것이 두렵고 또는 도저히 감당할 수 없는 감정이기 때문에 다른 식의 삶의 변화_{이혼이나 별거는} 생각조차 하지 않는 경우가 흔하다.

결혼생활이 너무나 견디기 힘들고 학대적일 경우, 그래서 육체적 정신적 건강을 위해서라도 결혼생활을 끝내야만 하는 경우, 당사자는 많은 것을 감내해야 한다. 혼자 아이를 키우는 것은 대단히 힘든 일이다. 재혼해서 다른 가정과 합쳐 새 가정을 이루는 것 역시 여간 어려운 일이 아니다. 더구나 그 결혼생활을 유지하는 것은 더 힘든 일이다. 사랑에 대한 낭만적인 생각도 연인과의 관계가 현실이 되면 오히려 고통스러울 뿐이다. 그러나 그 어려움이 무엇이든 간에 함께 살 수 있으려면 타협점을 찾아야 하고, 도저히 함께 살 수 없는 문제에 대해서는 함께 논의해야 한다.

이혼 과정도 아이에게 훌륭한 가르침의 기회가 될 수 있다

이 책은 삶을 살아가는 데 있어 독립적이고, 생산적이며, 진정성의 가치를 강조하고 있다. 그런데 자녀의 눈에 부모의 삶이 진실되지 못하고, 그런데도 부모가 자녀에게 자기 안의 진짜 목소리를 열심히 찾아야 한다고 말한다면, 그 말이 자녀에게 진정성 있게 들리지 않을 것이다.

만일 부모인 당신이 어려움을 겪고 있다면_{부부 사이의 갈등이든 뭐든 그} 것에 대해 아이에게 쉽게 설명해주는 것이 중요하다. 그리고 아이가 많이 불안해하지 않도록 해주고, 문제 해결을 위해 부모가 최선을 다하고 있다는 것을 아이에게 알려주어야 한다.

이럴 경우 좋은 점이 있다. 만약 부모가 이혼하는 상황이라면 십대 후반의 자녀들은 결혼생활에서 엄마, 아빠가 저질렀던 실수가 무엇인지 이해할 수 있게 되고, 그 결과 훗날 자신의 배우자와는 더 좋은 관계를 더 건강하게 유지할 가능성이 높아진다.

이번 장은 부자들의 양육과 관련된 공통적인 문제들에 대해 다루고 있지만 결코 완벽하지는 못하다. 사전조사에 따르면 부유한 엄마들은 나르시시즘자기도취과 마조히즘피학증이라는 특이한 조합을 보일 수 있는 것으로 드러났다.[7] 어쩌면 이것은 영리하고 능력 있는 여성들이 아주 성공한 남편들에게 엄격하게 통제당하면서도 참고 사는 이유 중 하나인지도 모른다.

풍요의 문화가 만연해 있는 지역사회들을 살펴보면 개인주의와 경쟁, 물질 만능주의와 같은 가치들에 완전히 사로잡혀 있는 곳이 있는가 하면, 아이들에게 좀 더 건강한 환경을 만들어주려고 노력하는 지역사회도 있다. 이처럼 부유한 사람들, 부유한 지역사회라고 해서 다 똑같지는 않다. 동일한 사안을 두고 전혀 신경 쓰지 않는 개인이나 지역사회가 있는가 하면, 그것을 문제로 인식하는 사람들과 지역사회도 있다. 중요한 것은 분명 많은 부모들이 풍요의 문화에 질려 있고, 환멸을 느끼고 있으며, 자녀들에게 더욱 건강한 대안을 마련해주고 싶어 한다는 사실이다. 하지만 안타깝게도 이러한 변화를 어떻게 만들어가야 할지 잘 모를 때가 많다.

실제로 이른바 잘나가는 부모들이 부부 사이의 문제가 심각한데도 한쪽이 일방적으로 참고 살아가는 식으로 옳지 못한 타협을 일삼을 때, 이런 사실을 정면으로 문제 삼는 사람은 부모가 아닌 '십대 내담자'들일 때가 많다. 이것은 내가 성인보다 청소년을 더 많이 만나기 때문일 수도 있고, 십대가 성인에 비해 더 유연하고 자신의 선택에 덜 매여 있기 때문일 수도 있다.

사만다가 어둠 속에서만
춤출 수 있었던 이유

사만다는 아름다운 금발의 캘리포니아 소녀였다. 긴 금발머리, 맑고 푸른 눈, 큰 키와 운동으로 다져진 몸매. 그녀에게서는 내 진료실을 찾는 사람들에게서는 거의 볼 수 없는 강한 자신감 같은 것이 흘러넘쳤다.

처음 사만다의 지나온 삶을 살펴보면서 그녀가 상담을 통해 원하는 것이 무엇인지 파악하려고 노력했다. 사실 치료를 요청한 사람이 사만다의 부모가 아니라 사만다 자신이었기 때문이다. 그 사실만으로도 나는 그녀의 고통이 얼마나 심각한 것인지 신경 쓸 수밖에 없었다.

부모는 사만다가 수월한 아이였고, 정서적 문제의 징후는 없었다고 했다. 과거 두 아들이 중독 재활시설에서 지낸 적이 있지만, 막상 사만다가 전문 상담가에게 진료를 받게 해달라고 하자 부모는 무척 당황스러웠다고 했다.

부유한 CEO인 아빠와 아주 잘해주는 엄마 사이에서 태어난 사만다는 자신이 가진 특권의 자리가 어떤 것인지 잘 알고 있었다. 그녀는 부족한 것이 없었다. 자기에게 아낌없이 퍼주는 부모가 다소 불편하긴 해도 내가 만난 많은 청소년들이 그랬던 것처럼 감사하게 여기고 있었다.

16번째 생일 선물로 반짝반짝 빛나는 빨간 BMW를 받았을 때는 좀 당황하기도 했지만 사만다는 잦은 여행과 최신 유행하는 옷들을 즐기며 지냈다. 사만다는 자신이 똑똑하고 매력 있으며 인기 있는 사람이라는 것도 알고 있었다.

하지만 오래지 않아 사만다는 자신이 얼마나 슬프고, 외로우며, 오해받고 있다고 느끼는지를 털어놨다. 사만다는 자유시간 중 많은 시간을 잠으로 보냈고, 자주 울었다. 그리고 자신의 미래에 대해서도, 진정으로 행복해질 가능성에 대해서도 절망감을 느꼈다. 사만다는 우울증을 앓고 있는 것이 확실했고, 무서우리만치 치밀한 자살 계획도 갖고 있었다.

사만다는 다른 사람들이 자기를 실패자로 볼 거라면서 그런 식으로 평가받는 것을 두려워했다. 그녀는 재능 있는 댄서이자 치어리더였지만 단지 어둠 속에서만 연습할 수 있었다. 혹시라도 거울에 비친 자기 모습을 보게 되면 그 모습에 실망하게 될까 봐 두려웠기 때문이다.

그래서 치어리더 시험이 있을 때마다 편두통이나 장에 탈이 난 것처럼 속여 시합을 피하곤 했는데, 한 번은 시합 자체가 불가능해 보이도록 하려고 동네 약국에서 붕대를 산 뒤 팔에 삼각건을 두르고 시합장에 나타나기도 했다. 완벽하게 해내지 못하면 혹독한 비난을 받을 것이라는 왜곡된 생각 때문에 사만다는 이처럼 극단적으로 행동할 수밖에 없었던 것이다.

사만다의 아버지는 평소 최우수 이하는 모두 낙제나 마찬가지라고 말했고, 사만다는 아버지의 그런 엄격한 규정을 자기 것으로 내면화한 상태였다. 사만다의 아버지는 가족을 대할 때도 회사를 경영하는 방식대로 대했다. 기준은 높았고, 융통성은 없었다. 사만다는 춤에 흠뻑 빠져 있었지만 아버지는 "그걸로는 먹고살 수 없어."라며 딸의 열정을 비웃었다.

두 차례의 치료 면담이 끝났을 때(나는 보통 처음 6주간은 부모와 함께 상담을 진행한다) 사만다의 아버지는 "그런 헛소리는 신경과민인 우리 아내와 딸이랑 하는 게 낫다니까요."라며 앞으로는 면담에 오지 않겠다고 했다.

그는 꽤 오랜 기간 가족과 떨어져 지냈는데, 그가 꿈에 그리던 가정은 완벽하고 우아하고 이룬 것이 많은 가정이었다. 지저분하고 혼돈스럽고 알코올 중독자 가정이었던 자신의 원가족과는 정반대 모습을 그는 아내에게 기대했고, 아이들도 그렇게 자라주기를 기대했다. 그리하여 가족들을 심하게 통제했고, 자신의 행동으로 인해 가족들이 느낄 불행감에 대해서는 신경을 쓰지 않았다.

한편, 순응적이고 겁이 많은 아내는 남편이 가족들을 괴롭혀도 그냥 방관했다. 남편은 아이들에게 거리감을 두고 공격적이었던 반면, 아내는 불안해하면서 아이들에게 과잉개입했다.

세 아이의 엄마인 그녀는 아이들이 더 어렸을 때까지만 해도 자신이 엄마라는 사실이 너무나 기뻤다. 아이들이 어린 아기였을 때 그녀는 아이들에게서 신체적, 정신적 위안뿐만 아니라 남편의 냉혹한 비난과 가혹함으로부터 도망쳐 안도감을 얻을 수 있었다.

그러다가 큰아들이 사춘기에 접어들었고, 아이는 그 시기의 아이들이 겪는 고민들로 정신이 없었다. 그 무렵 그녀의 우울증과 음주가 시작되었다. 안타깝게도 그녀는 자녀가 개별화되는 과정을 엄마에 대한 거부라고 느꼈고, 그래서 아이들과 점점 멀어지게 되었다.

그녀는 주말마다 그리고 가끔은 주중에도 가족들과 떨어져 지냈다. 아이들 일은 아이들이 알아서 하도록 했는데, 아이들은 하긴 했지만 엉망이었다. 그래도 그녀는 적어도 딸인 사만다와는 유대감을 이어갈 수 있었는데, 그 이유는 어떤 면에서는 사만다가 과격한 행동을 일삼는 아들들과는 반대로 엄마처럼 우울증을 앓고 있었기 때문이었다. 그렇게 그녀와 사만다는 자주 흥청망청 쇼핑을 하면서 비록 일시적이나마 괴로운 가정생활에서 벗어날 수 있었다.

사만다의 엄마는 몹시 고립되어 있었다. 자동문 너머 대저택에 살고 있었지만 이미 충분히 훌륭한 그 집을 리모델링하느라 상당히 많은 돈과 시간을 쓰고 있었고, 술을 지나치게 많이 마셨으며, 자신이 우울증이 심하다는 것도 잘 알고 있었다. 그러나 자기는 모든 것을 다 가졌기 때문에 상황을 바꿀 수는 없다고 느꼈다.

하지만 사실 그녀는 가진 것이 거의 없었다. 남편과는 정서적으로 학대받는 관계에 있었고, 아이들과는 긴장 관계에 있었다. 지역사회와의 관계나 지지도 부족했고, 자기효능감이나 삶에 대한 통제감은 사실상 없는 상태나 마찬가지였다. 그러면서도 자신의 비참한 운명으로부터 딸을 보호하고 싶어 했고, 그래서 사만다가 조금이라도 자율적인 모습을 보이면 그것을 남편에게 들키지 않게 하려고 갖은 애를 썼다.

사만다는 여름 방학 때 권위 있는 예술 프로그램에 참석해도 된다는 합격 통지서를 받았는데 혹시라도 춤 기술을 더 발전시키고 싶어 하는 사만다의 마음을 남편이 아프게 할까 봐 남편에게는 캠프라고 꾸며댔다. 사만다의 엄마는 남편의 방해 없이 딸이 하고 싶은 일을 할 수 있도록 사만다와 자주 결탁하곤 했다. 그녀는 평지풍파가 일어나 외롭고 초라한 모습이 되지 않으려면 그 정도의 속임수는 필요하다고 여겼다.

사만다는 가능하면 되도록 최고의 모습만 보이려고 노력했다. 그리고 자신의 문제는 사소한 일로 치부하며 비웃었다. 예민한 관찰력을 갖고 있었던 사만다는 가족이 지닌 심리적 문제들이 잘 보였지만, 자신의 그런 능력조차 깎아내리기 일쑤였다. 그러나 시간이 지나면서 사만다는 뭔가 채워지기보다는 오히려 여러 면에서 박탈당하는 기분이 들었다. 집에서도 잔뜩 주눅이 든 가정부와 달랑 둘이 남겨질 때가 많았다.

사만다가 느끼기에 부모의 빈자리란, 특히 엄마의 빈자리란 바로 관심의 부족이었다. 사만다는 "제가 축구팀을 때려칠 수도 있었는데 엄마와 아빠는 그게 무슨 의미가 있는지도 모를 거예요."라고 했다.

부모의 관리 감독이 소홀한 것을 이용해 사만다의 오빠들이 과격한 행동을 일삼고 법적인 문제를 일으킨 반면, 사만다는 자기 방에만 틀어박혀 지냈고 우울증에 빠졌다. 아이들의 행동을 계속 주시하는 부모가 없는 상황에서 삼남매 모두 가족으로부터 너무나 빨리 쫓겨난 듯한 느낌을 받았던 것이다.

엄마가 행복해야 아이도 행복하다

부모가 집에 있을 때면 사만다는 통제하는 아버지와의 갈등을 피하고 우울한 엄마를 돌보기 위해 늦게까지 일을 했다. 사만다는 "나는 알맹이가 부족해요."라는 말을 자주 했는데, 딱 맞는 말이었다. 사만다는 부모가 그녀에게 무엇을 기대하는지는 알고 있었지만, 자신이 원하는 삶이 무엇인지 또는 미래에 뭘 하고 싶은지에 대해서는 거의 생각하는 것이 없었다.

아버지의 통제와 엄마의 우울증으로 인해 사만다는 튼튼한 자존감의 재료가 되는 자질들, 예컨대 스스로 마음을 추스르고, 역경을 견뎌내고, 창의적이며 유연하게 생각하고, 세상에 하나밖에 없는 존재로서 사랑받고 있다는 느낌과 안정감을 키워나갈 기회를 빼앗기고 말았다.

사만다는 랄프로렌이라는 의류 광고의 모델인 금발의 어린 주근깨 와스프WASP : White Anglo-Saxon Protestant 약자. 앵글로색슨계 미국 백인 신교도. 현재 미국을 장악하고 있는 주류 사회 및 계급을 지칭하는 말로 통한다. 옮긴이 소녀를 무척이나 좋아했는데, 심지어 특별한 동족의식까지 느낄 정도였다. 광고에서 소녀 모델은 이렇게 말한다.

"그 사람들이 완전 열린 마음인 것처럼 보이고, 그래서 당신은 그 사람들에 대해 어느 정도 안다고 생각하겠지만, 그것은 단지 이미지일 뿐이야."

3년 동안의 치료 후 사만다는 많이 좋아졌다. 약물치료를 하면서 우울증도 최악의 상태는 벗어났고, 점차 스스로를 보호할 수 있게 되었으며, 내 진료실에서도 나름 열심인 내담자에 속했다. 여전히 불안감과 무력감이 있었지만 인생이라는 바다를 항해하는 법을 열심히 배우고 싶어 했다.

나는 인내심을 가지고 그녀의 자율성을 지지해주고, 이따금 그녀가 저지르는 실수까지도 격려해주었다. 나는 사만다의 겉모습이 아닌 그녀의 내면에서 진정성이 꿈틀꿈틀 되살아나는 것을 보면서 큰 감동을 받았다. 사만다가 용기를 내어 부모님에게 댄스 경연대회에 참가하겠다고 이야기하고 대회에 나갔을 때 나는 직접 가서 공연을 보았고, 단지 그녀의 재능만이 아닌 그녀의 용기와 독립심이 살아나는 모습에 힘찬 박수를 보냈다.

사만다의 부모는 자신들의 지나온 삶을 살펴보려고 하는 마음이 아직까지는 부족한 편이었지만 사만다의 우울증이 좋아지는 것을 보면서 좀 더 협조적이 되었다. 거의 모든 부모와 마찬가지로 사만다의 부모도 잘난 점과 못난 점이 있는 사람들이었지만, 딸에게는 최고를 주고 싶어 했고, 딸이 활기를 되찾는 것을 보면서 기뻐했다. 그리고 이 과정에서 부모도 자신의 불우한 어린 시절에 대해 어느 정도 이해하게 되었다.

사만다는 현재 대학에 다니며 잘 지내고 있다. 정기적으로 전화 상담도 계속 하고 있다. 부모로부터의 분리와 예측 가능하고 용기를 북돋워주는 성인치료자과의 애착이 좋은 결과를 가져오는 데 도움이 되었다. 하지만 만약 사만다의 부모가 딸과 함께 심리치료 과정에 좀 더 열심히 동참했더라면, 사만다만이 아니라 부모까지도 더 놀라운 결과를 경험했을 것이다.

아이에게 심리치료를 받게 할 때는 마치 발레 학원이나 축구장에 아이만 떨구어주고 가듯이 해서는 안 된다. 부모는 자기만의 '탁아소 유령'을 직면하는 작업에 전념해야 한다. 탁아소 유령이라는 시적인 문구는 아동 분석가인 셀마 프라이버그Selma Fraiberg가 만든 말인데, 심리적으로 여전히 해결되지 않은 채 남아 있는 우리 자신의 과거나 심리적 상처, 그리하여 부모인 우리가 아이를 양육하는 방식에 여전히 영향을 미치고 있는 우리의 과거를 뜻한다.

부모는 아이를 양육하는 방식을 스스로 평가하고, 때로는 어렵더라도 개인 또는 생활방식을 변화시킬 필요가 있다. 나는 어린 내담자들이 스스로 자기 자신에 대해, 그리고 자신이 하려는 선택에 대해 날카롭게 살펴보는 모습을 보면서 그때마다 놀라곤 한다. 부모들도 똑같이 그런 용기를 보여주어야 한다.

아이의 행복은 엄마의 욕구가 적절히 채워질 때 그 밑에서 시작된다

사만다의 사례는 부유하지만 불행한 많은 가정들의 특징을 전부 다 보여주고 있다. 빛나는 겉모습 뒤에 정서적인 문제와 개인의 고통들이 많이 숨겨져 있다. 부부 간의 불평등한 권력 관계, 외로움, 완벽주의, 약물 남용, 물질적인 것에 대한 의존, 변화를 요구하면 불화가 생기고 이혼하게 될 것 같은 두려움까지 모두 담겨 있다.

치료자로서 나는 이 사례의 결과에 대해 만족할까? 그렇기도 하고 아니기도 하다. 사실 심리치료에서 사만다와 같은 결과는 흔치 않다. 나는 사만다가 자기 삶의 궤도를 되찾을 수 있었다는 사실이 기쁘고, 앞으로 행복한 삶을 살아갈 수 있을 거라고 낙관한다.

사만다가 아이를 낳는다면 불행했던 원가족의 심리적 악순환의 고리를 끊고 충분히 좋은 엄마가 될 수 있을 것이다. 그러나 나는 또한 알고 있다. 사만다의 엄마와 아빠가 자신의 고통을 얼마나 회피하며 살아왔는지, 그리고 그 고통을 달래기 위해 부유함이라는 문화에 의존하는 대신 자신의 힘들었던 과거를 살펴볼 수도 있었지만 그렇게 하지 않았다는 사실을 말이다.

나는 우연히 사만다의 엄마를 만나곤 한다. 그녀는 가방 안에 멋진 가죽으로 제본한 사진첩을 들고 다니면서, 사만다가 단과 대학에서 출연했던 댄스 리사이틀 사진들을 보여주곤 한다.

딸을 엄청나게 자랑스러워하는 그녀의 눈동자를 보고 있노라면, 그녀도 사만다처럼 불행한 상황에서 정서적으로 또는 말 그대로 자유로워질 수도 있었을 텐데 그렇지 못한 아쉬움이 언뜻 스치는 것만 같다. 그녀는 자기 자신을 위해 싸우기에는 두려움이 너무나 컸다.

그래도 다행히 딸을 위해서라면 싸울 수 있었다.

　엄마들은 모순된 압박감에 시달리면서도 어쩔 수 없다고 느끼는 경우가 흔하다. 무엇보다 부유한 엄마들은 자기에게는 아무런 대안도 선택권도 없다고 느끼는 경우가 많다. 왜냐하면 자신들이 고민하는 딜레마를 다른 사람들이 사소한 일로 치부해버리거나, 아니면 자신의 능력을 넘어서서 파격적인 변화를 요구할 것이라고 착각하기 때문이다.

　엄마란 존재는 가족의 정서적 심장과 같다. 엄마들은 아이들, 남편, 가정, 학교, 직장에서 요구하는 일들을 살피고 해내느라 바쁘다. 그 과정에서 심리학의 가장 기본적인 원칙, 곧 아이의 행복은 언제나 엄마의 욕구가 적절히 채워질 때 그런 엄마 밑에서 시작된다는 사실을 놓치고 만다.

　이 명제가 얼마나 필수적인지를 온전히 이해할 수 있도록 마지막 장에서는 여성이 자신의 필요욕구를 인식하고 신경을 쓰는 것이 어째서 중요한지를 살펴볼 것이다.

Chapter 9

물질적으로 풍요한 엄마들의
고립감 문제 해결하기
: 엄마부터 행복하라

지금까지 우리는 부유한 문화와 아동 발달, 부모의 양육 방식 그리고 부모인 우리가 해왔던 실수들까지 살펴보았다. 이제 이 책에서 가장 어려운 부분에 이르렀다. 그것은 이유를 불문하고 부모인 우리 자신을 친절하고 다정하게 대하는 일이다.

아이의 건강한 삶에 있어 가장 중요한 요소는 엄마의 평온함이다. 많은 물질적 풍요를 누리며 사는 아이들에게서 정서적 문제가 더 심각한 이유에 대해서는 여러 가지 해석이 있다. 예컨대 미디어 같은 문화의 영향이나, 점점 더 높은 성취를 요구하는 교육 추세를 지적할 수 있다.

그런가 하면 부모들이 지닌 두려움을 지적할 수도 있다. 자신의 아이가 뒤처질까 봐, 그래서 지금과 같은 지위나 계층, 물질적 혜택을 계속 누리지 못하게 될까 봐 걱정하는 부모의 심리를 꼽을 수도 있다.

한편 약물이나 물질 만능주의, 부모의 잦은 야근 또는 대형 중·고등학교를 다니면서 아이가 익명의 존재가 되는 현실을 지적할 수도 있다. 분명 이러한 요소들이 모두 부유한 집안의 아이들에게서 정서적 문제 발생 비율이 비정상적이리만치 높은 이유에 대해 나름 일조하고 있는 것이 사실이다.

하지만 미디어에서 강조하는 내용이나 사회 정책을 짧은 기간 안에 바꾸기는 힘들다. 그렇다면 가장 즉시 영향을 미칠 수 있는 부분이 무엇인가를 고민할 때 우리가 던져야 할 가장 중요한 질문은 "어떻게 하면 부유한 엄마들이 더 행복해지고, 아이가 덜 괴롭도록 도울 수 있을까?"이다.

인정하라
엄마란 힘든 역할이다

나는 일차적으로 청소년들을 치료하고 있지만 계속해서 머릿속을 떠나지 않는 질문이 하나 있다. 그것은 "어떻게 하면 이 아이에게 좋은 양육이 최대한 많이 제공되게끔 할 수 있을까?"이다. 이러한 변화를 가져오려면 항상은 아니더라도 대개 엄마에게 의지할 수밖에 없다는 사실도 잘 알고 있다.

분명 좋은 양육을 하려면 엄마와 아빠 두 사람의 자원을 다 끌어모아야 가능하다. 하지만 사람들은 양육에 있어서 엄마와 아빠의 차이를 인식하지 못할 때가 많다. 또 엄마와 아빠의 차이에 대한 과학적 증거와 부모들의 직관을 무시할 때도 흔하다.

아이는 엄마의 유전자 50%, 아빠의 유전자 50%를 받아 태어나지만 태아기의 경험은 전적으로 엄마의 배 속에서 이루어진다. 알다시피 임신 중에 엄마의 건강 상태가 좋고 돌봄을 꾸준하게 잘 받을 경우 아기의 발달에 긍정적인 효과가 있지만, 반대로 엄마가 우울하거나 술을 지나치게 마시거나 지속적으로 돌봄을 받지 못할 경우 아기에게 부정적인 결과를 초래한다.

게다가 아이를 키울 때도 엄마와 아빠가 똑같이 참여하는 것은 아니다. 물론 아이의 발달에서 아빠의 영향이 결정적으로 중요한 부분들도 많다. 하지만 대부분의 가정에서 아이를 키우는 일은 압도적으로 엄마의 책임이기 때문에 엄마의 강점과 약점이 아이의 발달에 영향을 미치기가 훨씬 쉽다.[1]

대부분의 아이들이 거의 평생 아빠보다 엄마와 더 친하다고 느낀다.[2] 따라서 아이의 건강한 정서적 발달이 엄마의 정서적 건강에 달려 있다는 사실은 놀라운 일도 아니다.[3]

이런 이유 때문에 이 장은 엄마들을 위한 내용으로 이루어져 있다. 무엇보다 양육에 있어서 엄마만이 지닌 고유하고 결정적인 영향력을 인식하는 것이 중요하다. 하지만 엄마의 역할을 강조하다 보면 자칫 엄마들을 비난하거나 엄마들에게 부담만 더 지워주는 것처럼 보일 위험이 있다. 그러나 결코 그런 의도는 아니다. 오히려 나는 이 책을 통해 엄마들이 안도감을 느낄 수 있기를 바란다. 엄마들이 직관적으로 진실이라고 알고 있는 것들, 그것이 실제로 타당성이 입증되고 인정된 사실이라는 것을 확인하면서 안도감을 느낄 수 있기를 바란다.

엄마는 아이를 기르면서 '전부 나한테 달렸어전부 내 몫이야' 라고 느끼는 경우가 많은데, 사실이 그렇다. 엄마는 아이를 기르는 일에서 가장 큰 몫을 담당하고, 엄마가 불행해할 때 양육은 훨씬 힘겨운 일이 된다.

그런데 안타깝게도 연구에 따르면 엄마 역할을 잘해내고 있는 여성들 가운데 우울과 불안, 약물 남용, 외로움, 만성적 불행감을 겪는 비율이 예상 외로 높다.[4]

아이를 기르는 일은 참으로 감사하고 보람 있는 일이지만 그만큼 아주 힘든 일이기도 하다. 미디어가 부夫를 낭만적으로 그리듯이 모성도 미화하는 경향이 있다. 엄마들이 집안 문제로 정말로 고통받는 모습을 잘 묘사하는 경우도 더러 있지만 주로 보이는 것은 엄마와 함께 행복하게 웃고 있는 아기 사진이 실린 육아 잡지들이다.

엄마라는 일은 힘든 일이다. 해야 할 과업도 많다. 그 중에서 가장 어려운 과제는 아이의 발달 단계를 아는 것이다. 아이는 나이마다 신체적으로, 심리적으로 해낼 수 있는 일이 다르다. 이를 발달 이정표라고 하는데 이에 대해 배워야 한다.

여기에다 권위 있는 부모 곧 따뜻함과 사랑을 주면서 동시에 아이에게 일관되고 분명한 한계선을 정해주는 법을 배워야 한다. 이런 일들은 정말로 힘든 일이지만 미디어들은 이 점에 대해서는 별로 다루지 않는다.

가령 유명 합합 가수 에미넴이 출연한 영화 「8마일」은 엄마와 자식 사이의 문제를 그리고 있는데, 엄마들은 대체로 정신적으로 문제가 많은 사람으로 등장한다. 그래서 "엄마가 엉망이니까 애가 그 모양이지."라는 대사처럼 아이가 말썽투성이인 것도 이상할 게 없어

보인다.

하지만 흔히 놓치기 쉬운 사실은 청소년을 양육한다는 것이 얼마나 힘에 부친 일인지, 심지어 비교적 정상적인 부모들한테도 결코 만만치 않은 일이라는 점이다. 그런데도 엄마들은 이를 망각한 채 자녀와 싸우고 있는 자신에 대해 부족함을 느끼기 쉽다.

엄마라는 역할이 힘든 이유

되풀이되는 일상으로 짜여져 있는 양육이라는 현실 속에서는 예상치 못한 일들이 계속해서 툭툭 튀어 나온다. 부모라면 누구나 뚱해 있거나 반항적인 십대 자녀의 얼굴을 보는 순간, 지금껏 양육에 대해 배웠던 내용이 순식간에 바람과 함께 사라져버리는 경험을 해보았을 것이다. 전반적으로 충분히 똑똑하고 직관력 있는 아이가 엄마의 가장 약한 부분을 공격해올 때, 엄마로서 잘못된 판단을 하는 실수를 저지른 경험도 분명 있을 것이다.

부모는 성인군자가 아니다. 부모라는 과업을 시작하면서 일부분만 준비가 된 상태로 부모가 되었을 뿐이다. 만약 부모인 우리가 양육에서 필연적일 수밖에 없는 감정들, 곧 기쁨과 유대감, 자존감, 고통, 거부, 상실, 실망감이 서로 교차할 수밖에 없다는 사실을 이해한다면, 우리 자신에게 좀 더 너그러워질 수 있을 것이다. 그리고 그 결과 좀 더 사랑이 넘치고 효과적인 부모에 가까워질 수 있을 것이다.

청소년기 자녀를 양육하는 일은 특히 심리적으로 힘든 일일 수 있다. 청소년과 가족 관계 전문가인 래리 스타인버그Larry Steinberg는 이 주제에 대해 포괄적인 글을 썼다. 그는 부모들이 직면하는 다양한 어려움 가운데 청소년기 자녀 때문에 힘들었던 경우를 아주 잘 묘사하고 있다.[5]

부모와 십대 자녀가 집에서 다퉜다고 하자. 아이는 학교에 갈 것이고, 학교에서는 수업도 하고 친구들까지 있어 시간이 바삐 지나간다. 그래서 적어도 집에 오기 전까지는 그 싸움에 대해 생각할 겨를이 없다. 반면 부모는 하루 종일 그 생각에 사로잡힌 채 스스로를 꾸짖고, 아이에게 굽혀줬어야 했는지 아니면 부모의 입장을 고수해야 했는지를 고민한다.

한편, 십대 자녀를 양육하면서 가장 힘든 일 가운데 하나는 자녀와의 정서적, 육체적 분리다. 사실 이것은 있을 수밖에 없는 일이다. 언젠가 동료 한 사람이 자신이 겪었던 일을 들려주었다. 처음에 그녀는 큰아들과 마음이 잘 맞았다. 큰아들은 시인과 철학자의 영혼을 가지고 있었고, 아주 좋은 천성을 타고난 아이였다. 그렇게 아이가 커 가는 동안 두 사람은 서로의 관계에서 늘 큰 기쁨을 누렸다.

그런데 큰아들이 십대가 되었을 무렵, 아이는 엄마와 점점 거리를 두었고 반항하기 시작했다. 심리학자였던 그녀는 머리로는 아이가 마땅히 해야 할 일을 하고 있다는 것을 잘 알고 있었다. 아이는 엄마와의 분리를 시도하고 있었던 것이다. 그녀는 큰아들이 엄마에 대한 애착도 강하지만 분리되려는 욕구가 더 클 거라는 사실도 잘 알고 있었다. 그야말로 머리로는 다 알고 있었다.

하지만 정서적으로는 완전히 뭔가를 빼앗긴 듯한, 잃어버린 듯한 느낌이 들었다. 그야말로 엄청난 상실감이었다. 부모들은 수년을 아이를 키우는 데만 온통 빠져 살기 때문에 아이가 부모로부터 분리되려고 할 때 그 고통은 어마어마하다.

엄마가 된다는 것은 수많은 도전들의 연속이며, 자신이 약하게 느껴질 때 그 어려움은 더 커지기 마련이다. 그리고 그로 인한 결과도 다양하다. 배우자와 이혼해 한부모single parent가 되기도 하고, 또는 한부모가 아닌데도 한부모처럼 느껴지기도 한다. 이때 필요한 것이 자녀가 유난히 사랑스럽게 굴지 않더라도 여전히 엄마인 내가 사랑받고 있다는 것을 확인시켜 줄 수 있는 정말로 친한 친구들이다. 그런데 그렇지 못한 사람들이 많다.

엄마 자신의 정서적 욕구를 알고 관심을 기울여라

잔뜩 화가 난 아이, 그래서 엄마를 응징하고 엄마로부터 단절되고 싶어 안달인 아이와 단 둘이 집에 있을 때, 엄마는 자신이 한없이 궁핍하고 나약하게 느껴지고 무시당한다고 느낀다. 하지만 이 같은 상황을 당장 바꿀 방법은 없다. 엄마가 아이의 화를 참아줄 마음과 그럴 힘이 있든지, 아니면 지친 나머지 그럴 수 없든지 둘 중 하나뿐이다.

만약 엄마 자신이 효과적인 양육을 할 수 없을 만큼 지쳐 있다는 것을 주기적으로 발견하게 된다면, 양육에서 더 좋은 의사결정을 하려고 애쓰기 전에 먼저 부모 자신에게 관심을 돌려야 한다. 효과적인 양육을 수행할 수 있는 최고의 순간은, 부모가 힘든 시기를 견뎌낼 수 있는 내적 자원들을 충분히 갖고 있을 때다. 내적 자원이란 친한 친구, 자기만의 관심사, 자기를 지지해주는 사람들, 자신에게 정말로 중요한 것과 그렇지 않은 것을 분별할 수 있는 맑은 정신을 뜻한다.

그렇다면 어떻게 하면 이 모든 과정을 잘 지나갈 수 있을까? 어떻게 하면 진정으로 기쁨을 만끽하고, 양육이란 일에 따르기 마련인 단절감을 견뎌낼 수 있는 경지에 이를 수 있을까?

무엇보다 부모 자신의 정서적 욕구가 무엇인지를 분명히 알아내고, 그것에 관심을 기울여야 한다. 이것은 이기적으로 자신에게만 몰두하라는 뜻이 아니다. 아이의 자아가 건강하게 발달하는 데 있어서 엄마의 자아가 아주 중요하다는 사실을 반드시 알고 있어야 한다는 뜻이다. 먼저 엄마의 욕구가 적절히 채워져야만 하고, 그래야만 필요할 경우 아이를 위해서 엄마 자신의 욕구를 잠시 미뤄두는 것이 가능하다.

과로하고, 공허하고, 외롭고, 우울한 사람은 행복하거나 만족해하는 사람에 비해 부모 노릇이 더 힘들 수밖에 없다. 예컨대 정말 목말라 죽을 것 같은 상황이라면, 다른 사람과 물 한 잔을 나눠 마실 여유가 없을 것이다. 하지만 이미 마실 물이 충분하다면 나누어줄 뿐 아니라 심지어 잠시 동안은 물 없이도 지낼 수가 있다. 현실 속에서 엄마들은 '잠시 동안 없어도 참고 지내기'를 요구받을 때가 많다.

엄마가 주변 사람들한테 그리고 엄마 자신에게 받는 것이 많을수록 엄마는 아이에게 더 많은 것을 줄 수가 있다. 이것은 엄마가 직업이 있든 없든, 이혼을 했든 아니든, 자식이 하나이든 여럿이든 관계가 없다. 여기서 핵심은 엄마가 삶을 계속해나가고, 삶의 방향성을 갖고 있으며, 자기 삶에 목적과 의미가 있다고 느낄 수 있도록 엄마의 내면에 충분한 사랑과 지지, 격려를 끌어 모을 수 있느냐다. 행복은 위장할 수 있는 것이 아니다. 엄마인 내가 사랑받고 있고, 가치 있으며, 친밀한 관계를 맺고 있다고 느낄 때, 자녀 역시 그럴 것이다.

또 한 가지 분명히 짚고 넘어가야 할 점은, 행복한 여자일수록 행복한 엄마가 될 수 있다는 것은 사실이지만, 그것이 여성 자신의 욕구를 보살펴야 하는 유일한 이유는 아니라는 점이다. 오로지 더 좋은 엄마, 더 좋은 아내 또는 더 좋은 직장인이 되기 위해 엄마 자신의 안녕이 중요하다면, 그 순간 우리는 스스로에게 몹쓸 짓을 하고 있는 셈이 된다.

사회·경제적으로 부유한 계층의 여성들이 자신들의 불행에 대해 도움을 요청하는 비율이 가장 낮다.[6] 이는 비정상적으로 높은 기준, 그리고 남들에게 절대로 연약해 보이면 안 된다는 생각, 여기에다 완벽이라는 허울이 벗겨지지 않도록 사생활을 열심히 방어하며 살아온 결과라 할 수 있다.

마침내 마법사의 커튼을 젖힌 도로시처럼, 우리는 모두가 사기꾼이라는 것이 들통 날까 봐 두려워한다. 이러한 걱정들은 심각한 고립감을 낳고, 고립감은 흔히 지나친 음주나 약물 남용이나 우울증을 동반한다. 이제 부유하고 잘나가는 여성들도 자신의 욕구를 바라보는 시각을 바꿔야 한다. 엄마 자신의 욕구야말로 엄마가 자신을 위해 도움을 요청하고 또는 싸워야 하는 충분한 이유가 된다.

부유한 엄마들의 고통을 무시하지 말라
: 부유한 엄마들도 충분히 힘들다

연구자들과 임상가들은 노동자 계급과 중산층 엄마들의 삶을 조명하고 이해하기 위해 가난한 엄마, 미혼모, 입양모, 레즈비언 엄마 등을 연구하고 있다. 결코 쉽지 않은 이 연구의 목적은 엄마들의 고통을 낮추고, 사회의 가장 기본 단위인 가정이 좀 더 효과적으로 기능하도록 도울 수 있는 방법을 찾아내려는 것이다.

마찬가지로 재정적으로 안정된 엄마들이 부딪히는 문제를 이해하려고 노력할 때도 탐구하고 공감하는 시선으로 바라봐야 한다. 부유한 엄마들의 불행을 두고 타당성이 없다거나 신경과민이라거나 엄마들의 이기심쯤으로 단정 짓는 것은 정확하지도 않을 뿐더러 오해의 소지가 있다.

대부분의 부유한 엄마들은 아이에게 사랑과 관심을 쏟는다. 그리고 자신이 얼마나 완벽하고 능력 있는 사람인지를 세상에 보여주고, 반대로 자신의 취약함은 감추기 위해 온갖 애를 쓴다. 이 과정에서 부유한 엄마들은 많은 심리적 어려움을 겪을 수밖에 없다.

부유한 가정은 엄마들에게 요구하는 것이 많다. 자녀 양육도 잘해야 하고, 살림도 멋스럽게 잘해야 하고, 교양도 있어야 하며, 사회적으로도 멋있어야 한다. 약한 모습을 보여서도 안 되며 완벽하게 보여야 한다.

이것은 분명 무척이나 힘들고 괴로운 일이다. 하지만 미디어들은 엄마들의 이런 고통을 쓸데없이 찔찔 짜는 것쯤으로 치부하고, 엄마들 스스로도 "내가 불평할 게 뭐가 있다고…."라는 식의 혼잣말로 끝낼 때가 많다. 하지만 이러한 것으로 불행한 현실을 변화시킬 수는 없다.

심리학에는 'IP Identified Patient' 곧 '확인된 환자'라는 개념이 있다. 흔히 가족 가운데 한 명이 치료를 받으러 오면 가족 전체의 문제까지 함께 가지고 오는 경우가 많다. 우울증이나 섭식장애를 가지고 있는 딸이나 약물 남용이나 규칙을 함부로 어기는 아들이 있을 경우, 가족의 관심사는 비뚤어진 가족체계보다 확연하게 문제를 드러낸 자녀 한 명에게 쏠리게 된다.

가령 자기 파괴적인 행동을 일삼는 자녀가 있을 경우, 엄마의 알코올 중독 문제나 아버지의 괴롭힘, 잘못된 결혼생활과 같은 근본적인 문제들은 아이 문제가 시급하기 때문에 뒤로 밀리고 마는 식이다.

앞서 사만다의 사례에서 보았듯이 아이의 치료 결과가 좋다 할지라도 부모가 같이 치료받지 않는다면 그 결과는 반감될 수밖에 없다. 내 경우를 보면, 처음에는 자녀의 우울증이나 과격한 행동 때문에 치료를 시작했다가 결국에는 엄마까지 치료를 받는 경우가 절반 이상은 된다.

이런 엄마들은 흔히 아이가 좋아지는 모습을 보면서 용기를 얻고, 자신도 치료를 통해 도움과 지지를 받으면 좋아질 수 있을지 모른다는 생각에 치료를 결심한다.

아이가 불행해할 때 치료실에 전화해 예약을 하는 사람은 대개 엄마들이다. 그런데도 엄마인 우리는 왜 자신을 위해서는 전화를 하기가 그토록 힘든 것일까? 왜 자기 자신을 돕는 일은 몇 년씩 미루면서 아이를 돕는 일에는 반사적으로 그리고 자연스럽게 나서는 것일까?

엄마의 연약한 모습을 보여주는 것도 양육의 일부다

부유한 엄마들은 여러 모습을 지닌다. 영리하고 경쟁심이 강하고, 끈기 있고, 흥미롭고, 재미있다. 그들은 연약하지 않다. 적어도 남들 앞에서는 말이다. 연약함이란 일종의 인정하기이다. 상처 입은 감정과 궁핍함, 일이 잘 풀리지 않는 현실에 대한 인정이다. 따라서 부유하고 잘나가는 엄마들에게는 그야말로 편치 못한 일이다.

우리는 우위에 서기를 좋아한다. 안전하고 능력 있고 성취감을 느낄 수 있는 위치를 좋아한다. 학부모교사연합회 모임, 꽃집, 주유소, 네일 살롱, 심지어 사교 모임에서도 엄마들의 대화는 아이의 높은 성적, 뛰어난 성취, 좋은 대학 입학을 중심으로 돌아간다.

아주 가끔은 비밀스런 목소리로 어떤 엄마의 아이가 재활 시설에 갔다거나 음주 운전에 걸렸다는 이야기를 하기도 하지만, 자기 아이의 문제에 대해서는 절대 말하지 않는다. 그 결과 사람들 앞에서 엄마인 우리는 늘 빛나는 존재이고 아이 역시 마찬가지다.

연약해 보일까 봐 두려워하는 마음은 부유한 엄마들에게만 해당되는 감정은 아니다. 많은 사람들이 자신의 정서적 약점을 드러내지 않으려고 애쓴다. 이런 태도는 우리가 연약함을 보였을 때 긍정적인 반응보다는 부정적인 반응을 더 많이 경험하게 되면서 갖게 된 것이라 할 수 있다. 그리하여 실망하지 않기 위해 차라리 경계하며 사는 삶을 선택하는 것이다. 그렇게 되면 실망과 분노, 슬픔으로부터 우리 자신을 지킬 수 있다고 믿기 때문이다.

아주 오래전, 우리 선조들이 살던 시대에는 머리에 상처가 났을 경우 적이 모르도록 그 상처를 숨기는 것이 맞았다. 그래야만 적에게 머리를 가격 당해 동굴로 붙잡혀 가는 일이 없었을 테니까. 주변 사람들을 계속해서 두려워하는 여성이 있다면, 그 여성은 동정심을 받기보다 오히려 공격당할 가능성이 높았다. 당시만 해도 완벽하고 강력한 겉모습을 보여주는 것이야말로 자기 자신을 지킬 수 있는 가장 확실한 방법이었기 때문이다.

하지만 이것은 어디까지나 원시 시대의 이야기다. 사회를 이루고 사는 우리가 동물이 아니라 인간인 이유는 사랑하고 미워하기 때문이다. 탁월하지만 실패하기도 하고, 독립적이지만 또 누군가의 도움을 필요로 하기 때문이다.

강점만 끌어안고 약점을 외면할 수는 없다. 아이들은 엄마의 유능한 모습뿐 아니라 새로운 도전 앞에서 힘들어하는 모습도 볼 수 있어야 한다. 그렇지 않다면 어떻게 아이가 도전을, 심지어 실패가 삶의 일부라는 사실을 배울 수 있겠는가?

엄마 자신이 느끼는 어려움을 아이와 적절히 나눌 때, 아이는 그런 엄마를 보면서 문제를 해결하고자 하는 적극적인 태도, 회복탄력성, 스스로에 대한 연민의 마음을 배울 수 있다.

부모를 성장시키는 것은 자녀의 역할이 아니다

어린 시절 두렵거나 보호받지 못한다고 느꼈던 순간을 떠올려보라. 어쩌면 난생 처음 집에 혼자 남겨진 날, 그래서 조그마한 소리에도 크게 놀랐던 날일 수 있다. 부모님이 열쇠를 따고 들어오는 소리에 순간적으로 이제는 안전하다는 생각에 가슴 가득 밀려오던 안도감을 떠올려보라.

어린 시절 처음으로 마음의 상처를 받았던 날을 떠올려보라. 다들 대수롭지 않게 여겼지만 단 한 사람, 당신의 속상하고 슬픈 마음을 진지하게 여겨주고, 베개에 얼굴을 묻고 흐느끼던 당신의 머리카락을 말없이 쓸어주던 그 한 사람을 떠올려보라. 사람은 누구나 한없이 나약해지는 순간이 있다. 지금 우리의 아이들이 그렇듯이.

계속해서 그럴싸한 겉모습만 보여주려 하고, 이미 아이 눈에 빤히 보이는데도 마음속 아픔이나 슬픔, 우울한 감정에 대해서는 계속 부인하는 엄마들이 있다. 이런 엄마들은 자녀에게 삶이 늘 공평한 것은 아니지만 사랑과 유대감친밀감이 있으면 고통은 덜해지기 마련이라는 사실을 가르쳐줄 기회를 놓치고 있는 것이다.

아이들은 엄마의 마음 상태를 절묘하게 닮아간다. 엄마들은 아이들이 아무것도 모른다고 자신하지만 아이들을 속이기란 불가능하다. 아이에게 있어 엄마의 정신 상태는 생명줄과 같다. 가령 엄마가 불행한 감정을 감추기 위해 과로를 일삼고 있다면 아이는 '엄마가 괜찮구나'라고 안심이 될 때까지 뭐든지 더 열심히 할 수밖에 없다. 아이들의 이런 모습이 겉으로 볼 때는 모범적인 행동으로 나타날 수도 있다. 예컨대 아이가 자신이 잘하는 모습을 보여주면 엄마의 기분이 밝아질 거라 기대하며 공부 잘하는 학생이 되려고 노력하는 식이다.

반대로 부적응적인 형태로 나타날 수도 있다. 이런 아이들은 불행해하는 엄마의 기분을 전환하기 위해 과격한 행동을 시도하곤 한다.

둘 가운데 어떤 형태를 취하든 아이들은 엄마의 문제를 해결하기 위해 너무 많은 에너지를 쏟는다. 그 결과 정작 자신을 위해서 쏟을 에너지는 너무나 부족하게 된다. 아동기와 청소년기의 과업은 스스로를 성장시키는 것이지 부모를 성장시키는 것이 아니다.

도움을 청할 수 있는 용기를 가져라

한 엄마가 상담실을 찾아왔다. 그녀는 지역사회의 유지였고 똑 부러지는 발음에 이지적이고 머리 모양과 옷차림도 훌륭했다. 그녀의 결혼생활은 좋았고, 두 자녀는 그녀의 기쁨이었다. 아이들은 조용하고 행동이 조심스러운 편이었다.

엄마는 일주일에 한 번 상담실을 찾아왔는데, 언제나 등을 꼿꼿이 세우고 소파 끝에 앉은 채 자신의 소소한 일상을 이야기했다. 그녀는 자신이 얼마나 축복받은 사람인지를 계속해서 알려주려고 했다. 그런 그녀가 왜 상담실을 찾아오는지 알 수 없었지만, 내게는 익숙한 일이기도 했다. 여성 내담자들이 초기 단계에서 흔히 보이는 모습이었기 때문이다.

나는 오랜 기다림이 필요할 것 같다고 생각했다. 그러면서 한편으로는 힘겨운 상담으로 가득한 하루에서 나름 편안한 시간이니 감사하게 생각하자고 스스로를 다독이곤 했다.

하지만 뭔가 뒤숭숭하고 단절된 듯한 느낌을 받는 것은 사실이었다. 나는 그녀의 아이들이 느끼는 감정도 이와 비슷하지 않을까 하는 생각을 했다. 그녀의 세련된 사회적 기술에도 불구하고 그녀가 진료실에 들어서는 순간 진료실은 슬프고 활기 없는 공간처럼 느껴졌다. 어느 날 나는 자포자기하는 심정으로 의자에서 일어나 그녀가 앉아 있는 소파로 가서 나란히 앉았다. 그리고 기회를 보다가 그녀의 눈을 똑바로 쳐다보면서 이렇게 말했다.

"난 당신이 슬픈 것만 같아요. 그래서 나도 슬프고요."

순간, 그녀는 정말이지 깜짝 놀랐고, 나 역시 치료 면에서 큰 실수를 저지른 것은 아닌지 의아했다. 한동안 그녀는 미동도 하지 않았다. 하지만 천천히 손이 떨리기 시작했고, 눈동자가 바닥과 내 눈 사이를 빠르게 오가고 있었다. 그녀는 아주 저음의, 마치 기계음 같은 목소리로 이야기를 하기 시작했다.

12살 때 오빠로부터 성적 학대를 받은 이야기, 그리고 엄마가 그녀의 말을 믿지 않고 창녀, 암캐라고 했던 것에 대해 이야기했다. 착한 학생이었던 그녀는 학교 공부에 파묻혀 지냈다. 오빠가 대학 진학을 위해 집을 떠날 때까지 무려 3년 넘게 학대가 계속되었지만 그녀는 여전히 훌륭한 학생이었다. 이야기를 하는 동안 그녀는 울지 않았다. 다만 내 볼에만 눈물이 흘러내리고 있었다.

그 뒤 넉 달 동안 그녀는 상담실 소파에 앉아 담요를 덮은 채 차를 마시며 남편을 포함해 모두에게 숨겨온 비밀을 나와 함께 나누었다. 그녀는 뭘 해도 절대로 지금보다 나아질 리 없다고 믿었다. 남편이 자신을 떠나 버리고, 아이들이 사고를 칠까 봐 걱정했다.

하지만 그녀는 스스로를 신경쇠약이라고 말했던 때부터 1~2주만 빼고는 계속 자기 일을 해나갔다. 학교 위원회도 이끌었고, 여러 군데의 봉사활동도 계속해나갔다. 그리고 조금씩 남편과 아이들에게 자신의 이야기를 털어놓기 시작했다. 물론 남편이 그녀를 떠나는 일도 없었고, 아이들도 조금씩이나마 자신의 삶을 엄마와 나누기 시작했다.

진료실에서 만나는 많은 엄마들처럼 이 엄마 역시 연약함 때문에 너무나 비싼 대가를 치렀다. 의지할 엄마가 없었던 그녀는 아무에게도 의지하지 않는 편이 낫다는, 논리적이지만 불행한 결론을 내렸던 것이다.

영리하고 유능했던 그녀는 열심히 일하고, 잘 짜인 삶의 방식을 만들어나갔으며, 그 덕분에 바쁘게 지낼 수 있었다. 그러면서 서서히 알게 되었다. 어린 시절의 트라우마는 통제할 수 없지만 어른으로서 자신은 스스로 선택할 수 있는 것이 많다는 사실을. 그리하여 연약함 대신 강함을 선택하고, 강한 모습으로 어린 시절의 상처를 그저 가려버리면 그만이라고 생각했다.

하지만 그것은 건강한 해결책이 아니었다. 오히려 그녀의 정서적 삶은 차단되고 말았다. 그렇게 단절된 삶을 살아온 그녀는 아이들이 조금씩 소극적이 되어 가고, 혼자 있으려고 하는 모습을 보면서 아이들한테서 자신과 똑같은 패턴이 시작되고 있다는 것을 알 수 있었다.

대부분의 엄마들은 아이가 엄마 자신이 겪었던 아픔과 포기를 똑같이 경험하지 않도록 해줄 방법만 있다면 무슨 일이든 하려고 한다. 그녀 역시 그랬다. 그것이 그녀가 상담실을 찾은 이유였다.

나는 그녀를 보면서 아주 중요한 것 하나를 배울 수 있었다. 때로는 가만히 앉아만 있지 말고 친구나 배우자, 내담자 또는 아이를 직접 만나 그들의 눈을 보며 상대방에게 문제가 있다고, 그래서 내가 도와주고 싶다고 소리 내어 말해야 한다는 사실이다. 또 가끔은 우리 자신에게도 도움이 필요하다고 소리 내어 말할 수 있어야 한다는 것이다.

누군가에게 도움의 손길을 내밀거나 도움을 요청할 때, 그런 자신이 나약하게 느껴질 수도 있다. 친구가 당황할 수도 있고, 남편이 거부하거나, 아이가 반항할 수도 있다. 하지만 그럴 때는 당신 자신의 삶을 되돌아보라. 도움의 손길을 받아들일 수 없었던 그때를 기억해보라. 그런 다음 누군가가 당신을 구해주었던 때를 기억해보라. 답은 비교적 쉽게 찾을 수 있을 것이다.

불행한 채로 지내지 말라
: 엄마가 우울하면 아이도 우울해진다

오랫동안 불행과 싸우며 살아온 사람들, 엄마라는 고된 일을 계속해온 사람들에게는 다른 사람의 도움을 받는 것이 무척 중요하다.

엄마 자신을 위해서가 아니라면 자녀를 위해서라도 말이다.

부모-자녀 관계에 대한 문제에서 가장 연구가 잘 되어 있는 분야 가운데 하나는 우울증이 아동 발달에 미치는 영향이다. 그런데 부모의 우울증이 아동 발달에 미치는 영향은 부모 중 엄마 쪽이 우울할 때 그 영향이 더 큰 것으로 드러났다. 연구자들은 부모의 우울증이 아동 발달에 미치는 영향에 관해 지난 10년 동안의 연구를 검토하면서 다음과 같은 결론을 내렸다.[7]

1. 우울한 엄마들은 자녀에게 민감하지 못하고, 잘 반응해주지 못한다. 그 결과 안전한 애착 관계가 만들어지기가 힘들다. 이것은 특히 유아와 어린 아이들에게 해롭다.

2. 엄마나 아빠가 우울증일 경우, 자녀가 아동기나 청소년기에 정신의학적 문제가 생길 확률은 61%다. 이것은 그렇지 않은 부모의 자녀들보다 4배나 높은 수치다.

3. 아동 또는 청소년이 우울증에 걸릴 확률은 엄마가 우울증이 아닐 때는 11%인데 반해, 엄마가 우울증일 때는 45%에 이른다.

4. 엄마의 우울증은 청소년기 우울증에 있어서 남자보다 여자 아이에게 실질적으로 위험성이 더 높다.[8]

5. 부부 갈등은 특히 엄마의 우울증에 주요 요인이 된다.

6. 우울증이 있는 엄마들은 아이에게 짜증을 내고 부정적인 경향을 보인다. 엄마란 존재는 대개 아이들에게 중요한 인물이고, 그래서 엄마의 비난은 자녀를 약물 남용과 행동 장애를 비롯한 여러 가지 문제 상황으로 내몰 수 있다.

만약 당신이 우울증을 앓고 있는 엄마라면 이러한 통계들이 유난히 불안하게 보일 수 있다. 하지만 중요한 것은 이것의 맥락을 제대로 이해하고, 어떻게 하면 엄마의 우울증이 자녀에게 미치는 영향을 최소화할 수 있는지 그 방법을 아는 것이다. 그리고 무엇보다 중요한 것은 현재 우울증을 앓고 있지만 아무런 치료도 받고 있지 않는 부모가 있다면 도움이 필요하다는 사실이다.

부유한 사람들은 어떤 식으로든 사람들 앞에서 자신의 취약성을 드러내는 것을 나약함의 표시라고 생각한다. 그래서 자신의 취약함을 드러내길 주저한다. 심지어 비밀이 보장된 치료실에서도 그런 생각을 품곤 한다. 그런데도 우울증은 감추기가 무척 어렵다.

내가 만나는 청소년 내담자들이야말로 부모의 우울증을 파악할 수 있는 뛰어난 진단 의사일 때가 많다. 가령 부모가 알코올 중독일 경우, 아이들은 학교가 끝나고 집에 갔을 때 커튼이 쳐져 있는지 걷혀 있는지만 보고도 집안에서 무슨 일이 있었는지를 귀신 같이 알아차린다.

우울증을 앓는 부모를 둔 아이들은 부모와 한두 번만의 상호작용만으로도 집안에 감도는 회색빛의 기운이 어느 정도인지를 알아낼 수 있다. 회색이라는 표현은 똑똑한 몇몇 청소년 내담자들이 우울증을 앓는 부모의 생기 없고 흥미를 잃어버린 모습을 콕 집어 표현한 말이다.

만일 집안에서 회색빛이 강하게 느껴질 경우, 아이들은 얼른 나가버리거나 자기 방으로 들어가 버린다. 그러면 아이들은 감정을 다치지 않을 수 있지만 부모는 훨씬 더 비참하고 버림받는 느낌을 갖게 된다.

우울증에는 유전적인 요소가 있다. 때문에 우울증을 앓는 부모라면 자녀에게 우울증이 생길 위험을 최소화하기 위해 노력해야 한다. 기억해야 할 점은, 아이가 건강한 자아를 갖기를 간절히 바란다면 먼저 부모인 우리 자신이 건강한 자아를 갖고 있어야만 한다는 사실이다.

흥미로운 점은 부모의 현재 우울증만이 자녀에게 이러한 부정적인 영향을 미친다는 사실이다. 만약 당신이 어린 시절에 우울증을 앓았고, 적절한 치료를 받았다면 예전의 우울증이 아이에게 영향을 미칠 가능성은 아주 적다. 중요한 것은 현재 당신이 일상 속에서 아이에게 하는 행동이다.[9]

우울할 때 우리는 부모의 역할을 효과적으로 수행할 수 없을뿐더러 우리 자신의 삶도 열정적으로 살 수 없다. 다행히 우울증은 약물치료, 심리치료, 인지 행동치료 등의 발전에 힘입어 좋은 치료 결과를 낼 가능성이 높아졌다. 그러므로 현재 우울증을 앓고 있다면 아이와 부모 자신을 위해 도움을 요청하자.

우정은 나의 힘
: 친구를 만들라

혹시 누군가로부터 "우리 친구할래요?"라는 질문을 마지막으로 받았던 때가 언제인지 기억하는가? 어쩌면 초등학생 때였을 것이고,

그 질문에 기분이 꽤 좋았을 것이다.

하지만 이제 우리는 독립적이고 능력 있고 많은 특권을 누리는 성인이 되었고, 더 이상 그런 질문을 받지도, 하지도 않게 되었다. 그 결과 많은 사람들이 바쁜 삶을 살고 있는데도 심한 고독감을 느낀다.

심리학자들은 여성들에게 끈끈하고 친밀한 관계가 중요하며, 인생의 어려움들을 헤쳐나갈 때 유대감이 도움이 된다는 사실을 오랫동안 강조해왔다.[10] 최근 여성들의 경우 위험이나 스트레스가 있을 때 그에 대한 대처 반응으로 다른 사람에게 끌리게 된다는 연구 결과들이 제시되기도 했다. 여성들의 이러한 패턴을 '돌봐주고 친구 되어주기'라고 하는데, 좀 더 남성들의 특징이라 할 수 있는 '싸우거나 도망치거나'와는 정반대라 할 수 있다.

돌봄에는 아이를 보호하고 고통을 덜어주기 위해 보살피는 행동들이 포함된다. 친구가 되어주는 것은 우정을 싹 틔우고 이어나가는 것을 뜻한다. 동물뿐만 아니라 인간을 대상으로 한 연구 결과를 보면, 여성들은 스트레스 상황에서 다른 여성들과의 유대감이 보호 요인으로 작용하는 것으로 나타났다.[11]

2005년 개봉해 고정 관념과 편견에 대한 내용을 잘 표현한 영화 「크래쉬」에는 어마어마하게 부유한 여성이 나온다. 그 여성은 값비싼 물건으로 둘러싸여 살지만 정작 위기에 처했을 때 의지할 친구가 없다는 사실을 깨닫게 된다.

영화 끝부분에서 그녀는 라틴아메리카 출신의 가정부 팔에 안겨 흐느껴 울며, "진짜 친구는 당신 하나뿐이에요."라고 말한다. 이 장면은 영화 속에서도 고통스럽게 그려지지만 현실에서는 훨씬 더 고통스럽다. 고독보다 참기 힘든 것은 별로 없다. 특히 여성들에게는 더 그렇다.

세계 모든 문화권에는 새 생명의 탄생과 죽음, 결혼처럼 인생의 중요한 사건에 지역사회가 함께하는 의식들이 있다. 유대감과 지지가 없는 인간의 삶이란 상상할 수도 없기 때문이다.

그런데 많은 부유한 여성들은 유대감을 간절히 원하면서도 혼자 지낸다. 그리고 유대감과 우정, 친밀감을 맺으려면 처음에 어떻게 시작해야 하는지에 대해서도 사춘기 소년만큼이나 불안해하고 미숙하다.

그런가 하면 많은 여성들이 아이를 기르고, 결혼생활과 직장생활에 치인 나머지 친구 맺는 법을 잊어버린다. 겉으로 보기에는 바쁘게 살고, 학교 위원회에서도 활동하고, 동료나 지인들과 커피를 마시며 지내는 등 친구가 많은 것처럼 보일 수도 있다. 하지만 그렇다고 좋은 친구가 있다거나 이른바 절친이 있다는 뜻은 아니다.

유대감과 사회적 지지의 중요성은 아무리 강조해도 지나치지 않는다. 하지만 부유한 지역사회에 살면서 그곳의 기준에 맞춰 사는 것이 우리가 할 수 있는 전부인 상황에서 과연 어떻게 하면 공동체를 만들어가고, 심지어 친밀한 우정까지 만들어낼 수 있을까?

여기에는 우선순위의 문제가 있고, 그에 대해 이해가 필요하다. 옛말에 "뭔가 해야 할 일이 있다면 바쁜 사람한테 그 일을 맡겨라."는 말이 있다. 만일 충분히 외롭고, 충분히 단절되어 있으며, 충분히 고립되어 있고, 강한 유대감이 없을 때 우리는 시들고 만다는 명제를 정말로 믿는다면, 친구를 맺을 시간도 찾을 수 있을 것이다.

사실 더 큰 문제는, 자신을 내보이고 거부당할 위험을 무릅쓰고서까지 도움이 필요하다는 것을 표현하는 것이 정말로 어려운 일이지만 그런데도 "나랑 친구 할래요?"라고 묻는 일이다. 이해받기 원한다면 먼저 자신을 보여줄 수 있어야 한다.

친구를 사귀고 우정을 쌓아라

나는 몸소 이런 일을 해낸 여성들을 보면서 확실히 알게 된 것이 있다. 바로 아기가 걸음마를 하듯 한걸음씩 앞으로 나가는 것이 가장 좋은 방법이라는 사실이다. 그렇다고 아무에게나, 모두에게 친구가 되어 달라고 말하라는 것은 아니다. 그보다는 당신과 잘 맞을 것 같은 사람 한두 명이면 된다. 그 사람과 점심이나 저녁을 먹거나 커피를 마시거나 산책하는 것을 생각해볼 수 있다.

여기서 중요한 것은 당신이 이러한 만남에서 어느 정도 위험을 감수할 만큼 마음을 충분히 열 수 있는가 하는 것이다. 다시 말해 그 사람과 함께 산책하면서 막내 아들이 운동을 얼마나 잘하는지 또는 큰딸의 성적이 얼마나 좋은지를 이야기하며 시간을 보내는 것이 아니라, 당신에게 맞는 속도로 당신의 내면생활에 대해 조금씩 열어보이기 시작하는 것이다. 사람들은 누군가가 자기에게 다가와줄 때 대부분 고마워하고 심지어 우쭐한 기분까지 든다. 그러니 거부당할까 봐 크게 두려워하지 않아도 된다.

물론 잘될 거라는 보장은 없다. 정서적으로 좀 더 열린 관계를 맺으려 할 때 거절당할 수도 있다. 친구를 얻기도 하겠지만 오히려 멀어지는 사람도 생길 수 있다. 하지만 시도하지 않는다면 아무것도 얻을 수 없다. 이 점을 기억하면 도움이 될 것이다. 예컨대 상대방이 당신 전화에 답이 없거나, 점심식사 내내 냉랭한 분위기가 감돌았다 해도 심하게 초조하지는 않을 것이다.

모든 기술과 마찬가지로 당신이 사람들에게 열린 마음으로 정직하게 다가가려고 연습하면 할수록 깊이 있고 의미 있는 우정을 더 많이 만들어갈 수 있을 것이고, 그 과정도 점점 더 쉬워지기 마련이다. 굳건한 우정이야말로 전반적인 웰빙에서 장수에 이르기까지 모든 것을 예측할 수 있는 요인이다.

부유한 지역사회에서 살다 보면 엄마들은 고립감을 느끼고, 아이를 기르면서 부모로서 떠안게 되는 여러 가지 요구사항들로 허덕이게 된다. 따라서 이런 여성들이야말로 우정 관계가 꼭 필요하다. 사람들에게 다가가는 것은 우리가 주는 것을 의미하지만 동시에 받는 것을 뜻하기도 한다.

유능한 사람들은 목표를 좋아하니까 이렇게 해보면 어떨까? 예컨대 당신이 좋아하는 누군가에게 자주 연락하려고 시도해보자. 너무 쉽게 실망하는 것은 경계하자. 당신이 먼저 다가가 아주 작은 도움을 주거나 받을 때마다 당신은 기분이 한층 좋아질 것이고, 그러면 아이들까지도 기분이 좋아진다. 따뜻함이 아이의 발달을 보호해준다는 사실을 기억하라. 하지만 또한 따뜻함은 부모 자신의 발달도 지켜준다.

혹시 다른 사람들에게 다가가라는 이 처방이 너무 힘들거나 위협적으로 느껴진다면 심리치료를 고려해보는 것도 좋다. 이때 당신이 느끼기에 편안하고 수용적이며 비심판적인 치료자를 찾는 것이 무척 중요하다. 만약 치료자가 당신과 잘 맞지 않을 경우, '치료자의 마음을 다치게 할까 봐' 걱정할 필요는 없다.

나를 믿으시라, 치료자들도 당신만큼이나 궁합이 맞는 내담자를 만나고 싶어 한다. 자신에게 잘 맞는 치료자를 찾을 때까지 많이 찾아다녀라. 동시에 아주 작은 발걸음일지라도 다른 사람과 접촉하고 관계 맺어나가는 노력을 계속해나가라.

워킹맘이냐 전업맘이냐가 아니라
아이와 보내는 시간의 질이 중요하다

워킹맘이 아이의 정서적 발달에 영향을 끼치는지 아닌지를 두고 수십 년 가까이 논쟁이 계속되고 있다. 주요 언론들은 워킹맘이 아이의 건강한 발달에 미치는 영향에 대해 자꾸만 결론 없는 찬반 논쟁을 만들어내기도 한다. 하지만 나의 경우, 엄마들의 직장생활과 육아와 아동 발달에 관한 연구들을 오랫동안 지켜보면서 무엇보다 육아의 질이 중요하다는 것을 잘 알고 있다.

대개 부유한 여성들은 경제적으로 여유가 있기 때문에 일관성과 애정, 관심 면에서 나름 안심하고 아이를 맡길 만한 주간보호 서비스나 육아 서비스를 돈으로 살 수 있다. 엄마가 일을 할 경우 아이에게 어떤 영향을 미치는가에 관한 조사 결과에 대해서는 자세히 기억이 나지 않지만 한 가지 뚜렷하게 기억나는 사실은 워킹맘을 둔 아이들이 양손잡이가 될 가능성이 더 높다는 별난 사실쯤이다.

사실 나는 엄마가 밖에 나가 일을 할 때 아이가 어떤 영향을 받는지에 대해 활발한 논의가 일어나기를 기대했다. 하지만 엄마가 일을 하고 안 하고가 아이의 성장 과정에서 이렇다 할 만한 영향을 미치는 것이 없다는 연구 결과들이 계속해서 나오는 것을 보면서 깜짝 놀랐고, 한편으로는 나 역시 워킹맘이기 때문에 솔직히 안도감이 들기도 했다.

물론 이러한 결과가 어떤 특정 엄마나 가정을 대변하는 것은 아니다. 하지만 엄마의 직업 유무가 아이의 정서 발달에 있어 중요한 변수라는 생각이 사실은 사람들의 막연한 선입관에 지나지 않다는 것이 사회·과학적 연구로 밝혀진 것이기에 안심이 되었던 것이다.[12]

어쩌면 이러한 사실은 사람들이 일반적으로 생각하는 것과는 반대되는 측면이 있다. 어찌 됐든 전업주부들은 아이들과 함께할 시간이 더 많지 않은가? 그리고 아이가 필요로 할 때 옆에 있어줄 수 있다는 사실은 부모-자녀 관계에 있어서 분명히 긍정적인 측면이 아닌가? 그런데도 전문적인 연구 결과가 이렇다면, 엄마가 100% 집에 있을 경우와 50% 또는 25%만 집에 있는 경우 어째서 아이의 발달에 아무런 영향이 없는 것일까?

만약 혼자 있는 시간이 아이의 건강한 발달을 예측하는 중요한 변수라면 아마도 차이가 있었을 것이다. 하지만 중요한 것은 엄마가 아이들과 보내는 시간 자체가 아니라 그 시간의 성격이 어떤가 하는 것이다.

아이들은 자라면서 다양한 변화가 필요하지만 변치 않은 사실은 엄마가 자신의 고통으로부터 충분히 자유롭고, 그래서 자녀의 필요에 주파수를 맞출 수 있을 때, 그런 엄마와 함께 보내는 시간이 아이에게 이롭다는 사실이다. 전업주부이지만 불행한 엄마라면 행복한 워킹맘보다 아이를 정서적으로 더 건강하게 키울 가능성은 훨씬 낮다.

워킹맘 대 전업맘에 대해 이야기할 때 그 차이는 눈에 보이는 것보다 적을 때가 많다. 전형적인 전업맘과 전형적인 워킹맘을 정의하기란 사실 아주 어렵다. 워킹맘이란 일주일에 이틀만 일하는 보조 교사에서 일주일에 70시간 이상 일하는 직업 여성에 이르기까지 전부를 아우르기 때문이다

그런가 하면 전업맘들도 테니스를 치고, 점심을 먹으러 가서 많은 시간을 쓰거나, 친목회를 이끌거나, 지역사회에서 자원봉사자로 활동하며 많은 시간을 보낼 수도 있다. 그러므로 아이들의 불만은 엄마의 직업 유무와 거의 관계가 없다. "엄마가 나 외에도 다른 취미가 있었으면 좋겠어요."라는 말은 정규직으로 일하는 엄마를 둔 십대가 했던 말이다. "엄마는 제가 필요로 할 때마다 항상 곁에 없어요."라는 말은 자신이 전업맘임을 자랑스럽게 여기는 엄마를 둔 초등학생의 말이다.

엄마들은 자신의 직업 유무가 아이의 정서적 발달에 해가 되는지

아닌지에 대해 초조해하는 것까지는 아니더라도 나름 걱정을 많이 한다. 하지만 엄마가 자신의 삶에서 만족스런 균형감을 유지할 수 있는 한 엄마의 직업 유무가 아이에게 특별히 해로운 영향을 미치는 것은 아니다.

워킹맘도, 전업맘도 나름 충분히 힘들다

직업 유무와 상관없이 대부분의 엄마들은 상당히 많은 부분에서 똑같은 걱정을 한다. 또한 꽤 많은 부분에서 똑같이 죄책감을 느낀다. 엄마들은 아이의 안전에 대해서 걱정하는데, 아이가 인터넷에서 포르노를 접할까 봐, 마약과 술, 그리고 잘못된 아이들과 어울릴까 봐 걱정한다.

한편 엄마들은 아이에게 충분히 잘해주지 못하고 있다는 생각에 죄책감을 느낀다. 엄마로서 아이보다 다른 것에 더 열정을 느낄 때 엄마들은 죄책감을 많이 느낀다. 또한 아이에게 너무 많은 자유나 지나친 개입, 돈, 물질적인 것들을 주고 있는 것은 아닌지 또는 반대로 부족한 것은 아닌지 걱정하고 죄책감도 느낀다. 이러한 현상은 워킹맘이든 전업맘이든 관계없이 똑같이 나타난다. 이처럼 엄마들이 맞닥뜨리는 걱정거리와 어려움들은 직업 유무를 떠나 많은 부분이 비슷하지만 그렇다고 차이가 없다고 생각하면 순진한 생각이다.

직장생활을 선택한 엄마들, 특히 풀타임으로 일하는 엄마들은 가족과 직장 간의 상충되는 요구 사이에서 끊임없이 줄타기하듯 살아간다. 아이의 축구 결승전에 가기 위해 그 다음날이 마감인 보고서를 건너뛸 것인가 아니면 아이의 경기를 빼먹을 것인가란 문제로 고민하던 워킹맘들이 내리는 결론은 아이의 축구 경기에 가고, 그리고 나서 밤을 새워 보고서를 작성하는 것일 때가 많다. 이처럼 워킹맘들에게 피로란 늘 따라 다니는 친구와도 같다.

많은 워킹맘들이 자신의 일을 사랑하면서도 자신이 직업과 가족, 개인적 욕구를 균형 있게 잘 다루고 있지 못하고 있는 것은 아닌지 자꾸만 의구심을 가진다. 그런 와중에 뭔가를 포기해야만 하는 상황이 생길 경우 엄마들은 대개 자신의 욕구를 포기하게 되고, 그 결과 고립감과 분노, 죄책감이 커지게 된다.

야망이 있는 여성들은 자신과 다른 사람들에 대한 기대치가 높다. 그래서 그 속에서 허우적거리기 십상이다. 그러다보니 가족, 직업, 돈, 기회까지 모든 것을 다 가지라고 말하는 아메리칸 드림이 이들 여성들에게는 보람이기보다 오히려 혼란스러움을 던져줄 때가 많다.

일 쪽으로 좀 더 도망쳐버리면 가족 문제가 가속화되고, 반대로 일에서 물러서면 여성 자신이 발전할 기회가 제한되고 만다. 내가 만나는 여성 내담자들과 친구들, 동료들 대부분이 자신의 일에 대해 개인적으로는 보람을 느끼지만 삶의 다양한 부분들을 전부 보람 있게 변화시키는 방법에 대해서는 이렇다 할 답을 못 찾고 있다.

그런가 하면 전업맘으로 지내면서 가족을 돌보는 엄마들은 다른 종류의 어려움에 부딪친다. 이 엄마들은 이웃들에게 있어 이른바 '대신 가 주는 엄마' 들이 된다.

해마다 학기 초가 되면 학교에서 날아오는 서류들만 해도 한가득이다. 나는 연락을 받을 수 없을 때를 대비해 비상 연락망을 만들어야 했다. 그리고 이웃 가운데 일하지 않는 엄마를 한 명 골랐다. 이것은 다른 일하는 엄마들도 마찬가지였다.

전업맘들은 워킹맘의 아이가 아프면 학교에서 집으로 데려다주고, 방과 후 활동에도 데려다준다. 또 학사 일정과 개인 일정을 효과적으로 조정할 수 없는 워킹맘들을 위해 시험이 언제 있는지, 축구대회가 언제 열리는지 등 다양한 주간별 행사 확인 사항들을 대신 처리해준다. 이처럼 자원봉사 정신이 투철한 많은 전업맘들은 박애주의적인 노력을 하면서 워킹맘들만큼 많은 시간을 일하며 보낸다.

가정 때문에 직장을 포기한 일부 여성들은 한때 일하면서 느꼈던 동료애, 심리적 자극, 인정받음을 그리워하기도 한다. 그래서 많은 여성들이 아이가 좀 더 크면 다시 일터로 돌아갈 계획을 세우곤 한다. 하지만 내가 만났던 대부분의 여성들은 풀타임 엄마로 남기로 한 자신의 선택에 대해서 행복해했다. 때로는 워킹맘들이 비웃는 느낌도 들고, 미디어가 워킹맘들의 문제에만 초점을 맞추는 듯해서 무시당하는 느낌이 든다고 하면서도 말이다.

이것은 워킹맘들이 직장생활에서 얻는 만족감이나 성취감 못지않게 전업맘들도 아이를 돌보는 과정을 통해 만족감과 성취감을 느낀다는 뜻이다.

사실 아마존 사이트의 책 코너만 검색해봐도 워킹맘에 대한 책이 전업맘에 대한 책보다 2배가 더 많다. 이런 현상은 워킹맘들이 자신의 두 가지 역할에 대해 더 많이 갈등하고 죄책감을 느끼고, 그래서 책을 더 많이 사기 때문일 수도 있고, 아니면 부유한 지역사회까지 여성의 대다수가 집밖에서 일을 한다는 현실을 반영하는 것일 수도 있다.

사람들은 "엄마들이 나가서 일을 해야 하는가?"라는 질문에 대해 고민하지만 사실은 잘못된 질문이다. 올바른 질문은 "효과적인 엄마인 동시에 성취감을 느끼고 행복한 여성이 되기 위해서는 어떻게 해야 아이의 욕구와 엄마 자신의 욕구 사이에서 균형을 찾을 수 있을까?"이다. 분명 이 두 가지 욕구는 서로 배타적이지만 서로 함께 갈 수도 있다.

첫 번째 질문엄마들이 나가서 일을 해야 하는가?에 대한 답은 비교적 쉽게 얻을 수 있다. 엄마가 일하기를 원하고, 그 일이 성취감을 주고, 자아를 더 건강하게 하는 것이라면 일을 해야 한다. 만약 엄마의 일을 통해 수입이 더 생기고, 그것을 통해 엄마 자신과 아이에게 중요하다고 생각하는 다채로운 교육 경험과 인생 경험들을 제공할 수 있다면 일을 해야 한다. 그러나 두 번째 질문에 대한 답은 훨씬 더 복잡하다.

아이의 욕구와 엄마의 욕구 사이에서 자신만의 균형을 찾아가라

내담자 중에 마를린이라는 여성이 있었다. 그녀는 큰 회사의 CFO 최고 재무 책임자였다. 그녀는 유능했고 회사에서 찾는 사람이 많았으며 죽어라 일만 하며 지냈다. 평균 일주일에 이틀은 출장을 갔는데, 회의 하나 때문에 런던이나 홍콩까지 날아가는 경우도 있었다.

하지만 그러는 사이 그녀의 가정은 난장판이 되어 갔다. 한창 사춘기인 아들은 약물에 손을 대기 시작했고, 십대 초반인 딸은 학교에 갈 때 술집 여자처럼 차려입고 갔다. 일을 맡아줄 가정부가 있긴 했지만 물밀듯이 밀려오는 문제들을 막아낼 수는 없었다. 남편 역시 압박감이 심한 직장에 다니고 있었다. 그러다보니 역시 아이들에게 관심을 많이 가질 수 없었다.

마를린과 그녀의 남편은 아이들이 제대로 보살핌을 받지 못하고 지낸다는 생각에 안쓰러운 마음이 들어 아이들에게 지나치게 허용적인 태도를 보였다. 그래서 과한 선물과 또래의 아이들이 누리기 힘든 경험 기회를 주면서도 그 정도는 당연한 것이라고 생각했다.

마를린과 그녀의 남편은 함께 보내는 시간이 거의 없었다. 하지만 아이들과는 밤에 단 몇 분이라도 함께 시간을 쓰기 위해 조금이나마 에너지를 남겨두려고 노력했다. 그 결과 아이들은 요구사항이 많았고, 이기적이 되었다.

이 사례를 보면서 나는 정곡을 찔린 듯한 느낌을 받았다. 왜냐하면 이 엄마의 근무 일정이 나보다 훨씬 빡세다는 것만 다를 뿐, 삶에서 균형감을 갖지 못하고 있었던 예전의 내 모습과 별로 다르지 않았기 때문이다.

우선순위를 정하고 가족과 책임을 나누라

셋째 아들이 태어나고 얼마 안 되었을 무렵, 내 상담 일정은 이미 꽉 찬 상태였다. 내가 썼던 아동과 미디어에 대한 책들 때문에 인터뷰

약속이 계속 밀려오고 있었다. 그러나 나는 성공에 기뻐하기보다 오히려 초조해지고 불행해져만 가는 나 자신을 발견할 수 있었다.

지금껏 아주 순했던 큰아들과 둘째 아들은 점점 요구하는 것이 많아졌고, 나는 아이들의 불합리한 요구들을 이겨낼 수가 없었다. 우리는 핵가족으로 살고 있었기에 달리 기댈 친척도 없었고, 남편도 외과 의사로 바빴다. 나는 심리학자이자 작가이며 아이 셋을 키우는 엄마라는 역할을 위태로운 묘기 부리듯 해내고 있었다. 하지만 너무 바쁜 나머지 우정을 쌓을 시간도 없었고, 너무 지친 나머지 시민단체나 종교 활동에 참여할 수도 없었다. 나는 이런 식의 삶을 뭔가 크게 재편성하지 않는다면 나 자신이나 가족이 버텨내지 못할 것이라는 사실을 깨달았다.

나는 사무실을 집으로 옮겼고, 상담도 반으로 줄였다. 이런 결정이 쉽게 들릴지 모르지만 전혀 그렇지 않다. 나는 양육과 관련해 불평등한 책임 분담을 놓고 남편과 많이 싸워야 했고, 내 직책이 뭐든 간에 아이들이 더 중요하다는 결론을 내렸다. 직업인으로서의 발전보다는 온전히 결혼생활에 충실하고 더 여유 있는 엄마의 삶을 선택했던 것이다.

나는 이 선택이 아이들을 위해서 그리고 당시의 나를 위해서 옳은 선택이었다고 믿는다. 그렇다고 그것이 완벽한 해결책이었냐고 묻는다면 전혀 아니다. 이 선택으로 인해 새로이 생긴 문제들도 있었다. 하지만 해결된 문제가 더 많았고, 예전에는 세 가지 역할 모두 엉망이라고 느꼈던 데 반해 이제는 대체로 잘해내고 있다는 느낌을 가진다. 나에게는 충분히 효과가 있는 선택이었던 셈이다.

물론 이상적인 모습도, 내가 상상했던 모습은 아니었지만 그런데도 충분히 효과가 있었다. 끊임없이 분열된 느낌 대신 온전한 나라는 느낌이 들었다. 여기서 '엄마의 손상되지 않은 온전함' 이 그토록 중요한 이유는 많은 엄마들이 아이를 위해서 자기 삶의 일부를 포기하도록 요구받기 때문이다.

엄마들의 자기희생은 갓 태어난 아기를 쳐다보는 순간 시작된다. 아이의 요동치는 심장박동을 느끼면서 엄마는 아이를 위해 자신의 삶을 내려놓게 되리란 것을 직감한다. 이러한 자기희생은 아이들이 커 가면서 빈도나 강도는 줄어들지만 다른 형태의 자기희생이 생겨난다. 파리 여행 대신 아이와 함께 디즈니랜드를 가거나, 부부가 좋아하는 차 대신 아이에게 맞는 차를 사고, 교내 발표회나 행사에 참석하기 위해 재미난 소설이나 영화 보는 시간을 포기하게 된다.

내가 경험을 통해 배운 사실은, 엄마로서 또 한편으로는 어른으로서 살아간다는 것은 우선순위를 분명히 하는 문제, 그리고 모든 결정에는 한 길을 선택하는 순간 다른 한 길을 포기하게 된다는 것을 이해하는 일이라는 점이다.

다행히 나는 상대적으로 파트타임으로 일하기가 쉬운 분야에 관심이 많았다. 그리고 이제는 세 아이 모두 독립을 한 상태이고, 나는 양육과 관련한 문제에 대한 불안감, 죄책감 없이 다시 지적인 일로 돌아갈 수 있게 되었다.

직업 면에서 시간을 잃어버린 느낌이 들지 않느냐고 묻는다면, 아마 조금은 있겠지만 많지는 않다고 답할 수 있다. 어찌 됐든 이제는 아이들도 거의 다 컸고, 오히려 아이들 곁에 있어주지 못했던 시간들이 대체로 후회가 된다. 물론 과거는 낭만적으로 기억되기 쉽다는 점을 잊지 말아야 한다. 그야말로 고통스러웠던 좌절과 지루했던 시간들은 잊어버리기 쉽다.

하지만 완벽한 해결책은 없다. 다만 무엇이 우리에게 가장 고통스러운지, 무엇이 우리에게 가장 만족스러운지를 깨닫고 그에 맞춰 결정을 내려야 한다. 나에게 딱 맞는 방법이 다른 사람에게는 전혀 효과가 없을 수도 있고, 어떤 이들에게는 아예 불가능할 수도 있다. 일과 아이에 관한 결정이야말로 우리가 살아가면서 직면하게 될 결정들 가운데 가장 힘든 결정에 속한다.

엄마로서의 삶을 버텨내려면 동료애와 우정이 꼭 필요하다
마를린은 직장에서 파트타임 근무라는 사치가 허락되지 않았다. 많은 직업여성들의 경우, 경력 단절이 생기면 그것이 일시적이라 해도 그로 인해 다시 직장생활로 돌아갈 능력이 없어지거나, 스스로 무능력하다고 여기게 된다.

사실 대부분의 여성들은 가장 능력 있고 생산적이며 의욕적인 직장생활 시기와 아이를 양육하는 시기가 겹칠 때가 많다. 페미니즘 운동이 성장하고 있고 여성에게도 모든 기회가 열려 있는 것 같지만, 충격적인 사실은 많은 남편들이 육아를 여전히 아내의 일이라 생각한다는 것이다. 그리고 사회는 양육에 우선순위를 두지 않으며, 여성들이 헌신적으로 일하는데도 여성들의 사회 진출을 가로막는 보이지 않는 벽은 여전히 존재한다.

양육이라는 여성들의 선택은 직장생활 이상으로 위대하지만, 그러한 선택이 모순된 역할과 관련해 갈등을 만들어내는 것 역시 사실이다. 그리고 불행하게도 슈퍼맘 신화가 지배하는 세상에서 여성들은 한 가지가 아닌 두 가지 일을 모두 잘해내야만 한다.

결국 마를린은 자신의 업무 시간표를 다시 살펴보기로 결심했다. 그녀는 자신의 업무 출장이 가족에게 큰 피해를 입히고 있다는 것을 깨달았다. 그래서 좀 더 비전문적이고, 출장을 덜 가도 되는 직장을 알아보았다. 파트타임 근무로 바꿨던 나와는 달리 마를린은 계속 정규직으로 일하되 가족에게 가장 스트레스 요인이 되었던 1박 이상의 출장을 없앴던 것이다.

남편도 육아에 함께 참여하도록 했고, 사고뭉치 십대 아들에게는 한계선을 설정해주고 이를 어겼을 때의 결과도 미리 알려주었다. 그리고 마를린과 남편은 두 사람의 관계를 재발견하는 노력을 해보기로 했다.

그런 시간이 꽤 쌓여 가면서 가정도 안정되어 갔다. 물론 여태껏 설거지 한 번 하지 않고 침대 정리나 마당 쓸기 한 번 하지 않았던 아이들이 그러한 요구를 상냥하게 받아들였을 리는 없다.

하루하루 눈코 뜰 새 없이 살아온 엄마들이 속도를 늦추는 데도, 아이가 자기조절과 책임감을 배울 수 있도록 도와주는 엄마라는 역할로 복귀하는 데도 시간이 걸리기 마련이다. 또한 시들어버린 결혼생활에 다시 싹을 틔우려면 정성과 돌봄이 들어가야 한다.

여전히 마를린과 나는 장소에 구애 없이 다양한 곳에서 상담을 이어가고 있다. 대개는 아이들을 키우고 있지만 직업적 야망이 있는 엄마들에게 생길 수밖에 없는 문제들에 대해 함께 브레인스토밍을 한다.

브루노 베텔하임Bruno Bettleheim, 미국 심리학자은 '충분히 좋은 엄마' 라는 말을 만들었다. 이 말은 완벽주의 경향이 있지만 그러면서도 모든 일이 최소한의 노력만으로 딱딱 들어맞기를 기대하는 엄마들에게 좋은 강장제가 된다. 간단히 말해 인생은 그렇지가 않다는 것이다. 옛말에 '당신이 땀 흘리는 모습을 보여주지 말라' 는 말이 있는데, 이 말은 맞지도 않고 불합리하기 때문에 버려야 할 말이다.

우리는 땀 흘리고 있고, 그것도 너무나 자주 혼자서 땀을 흘리고 있다. 경제적으로 여유로운 여성들이 아이를 돌봐줄 유모나 집안일을 도와줄 가정부를 둘 수 있을지 몰라도, 아이를 키우는 수년 동안 다방면으로 시달리는 엄마로서의 삶을 버티기 위해서는 동료애와 우정이 꼭 필요하다. 이것은 절대 돈으로 살 수 없는 것들이다.

오늘날 우리가 알다시피 모성은 부유한 사회가 만들어낸 발명품이다. 경제적으로 안정된 미국의 엄마들만큼 고립되고, 공동체로부터 단절된 여성들은 없다. 엄마들은 아이들을 미치도록 사랑하지만, 솔직히 말하면 많은 이들이 모성과 관련해 문제를 갖고 있다. 자신의 원가족과 소원한 채 살아가고, 자녀 양육에 대한 책임을 남편에 비해 훨씬 더 많이 지고 있으며, 엄마 자신의 기쁨과 어려움, 가치를 함께 나눌 만한 인간관계가 부족하다.

예전에는 자녀 양육에 대한 책임을 대가족과 지역사회가 함께 공유했다. 그리고 여전히 그런 나라들이 많이 있다. 그런 나라의 아이들은 엄마에게 온종일 같이 있어 달라고 하지도 않고, 엄마의 관심만을 요구하지도 않는다. 그리고 엄마들은 아이의 욕구가 충분히 채워지지 않는 것은 아닐까 괴로워하는 마음 없이 요리, 청소, 바느질, 정원 가꾸기, 빨래 등 다양한 일을 하고 다닐 수 있었다.

아이들은 엄마가 아이뿐 아니라 엄마 자신을 잘 돌볼 수 있을 때 가장 잘 자란다. 비행기 승무원은 승객에게 비상시 절차를 설명할 때 "먼저 자신부터 마스크를 쓰세요."라고 말한다. 당신이 숨을 쉬지 못한다면 그 누구도 효과적으로 도울 수 없다. 반드시 엄마 자신의 성장과 발달을 소중하게 여겨라. 가족 외에 당신에게 행복감을 안겨주는 것들을 위해 공간을 마련하라. 그것이 당신의 일일 수도 있고, 친구나 또는 창의적인 소일거리, 자연과의 교감일 수도 있다.

관심과 열정은 당신을 충만하게 하고, 새로운 활력을 불어넣으며, 다시 가족에게 돌아갔을 때 너그럽고 만족스러운 엄마가 될 수 있게 해준다. 실제로 진료실에서 만나는 수많은 십대 소녀들이 모쪼록 엄마가 엄마 자신의 인생을 찾을 수 있게 도와달라고 내게 애원하곤 한다.

놀랍게도 엄마들은 주말마다 아이의 시험이나 공부, 각종 대회를 위해서는 꽤 먼 곳까지 갈 시간이 있으면서도 정작 친구와 주말에 근교로 떠나 바람을 쐬며 서로의 어려움이나 고민을 함께 이야기할 시간은 없다. 아이를 위해 뛰어다니느라 결혼생활은 허우적거리지만 정작 부모가 아이에게 줄 수 있는 가장 큰 선물이 행복한 결혼생활이란 사실은 잊은 채 살아간다.

지난 50년간 살아오면서, 25년간 엄마로서 그리고 심리학자로 살면서 배운 것이 있다. 삶이란 고달프며, 우리 모두 어떤 면에서는 상처받고 버림받고 이해받지 못한다는 사실이다. 곧 이런 경험들은 그저 삶의 일부분일 뿐이다. 집단이나 부족 또는 가족은 신경 써야 할 것이 많고, 아이들의 필요는 그 중 하나일 뿐이다. 그 결과 부모는 아이들의 필요를 완벽하게 맞춰줄 수가 없는데, 일부러 그럴 때도 있지만 자기도 모르게 어쩔 수 없이 그럴 때가 더 많다. 그런데도 세대는 바뀌고 아이들은 자라 어른이 되고, 다시 아이를 낳아 기른다.

어린 시절 당신이 누리지 못했던 것들에 대해 화를 내거나 억울해해 봤자 소용없다. 우리는 과거를 바꿀 수 없다. 어린 시절의 흔적들은 언제나 우리와 함께할 것이다. 우리의 모든 상처를 이 세상이나 우리의 자녀, 남편, 친구들이 치유할 수는 없다. 하지만 우리는 우리 자신에게 친절하고 온화한 사람이 될 수는 있다.

부모의 건강한 사랑이 물질적 풍요로부터 아이를 지켜준다

이 시대의 아이들은 온갖 물질적 풍요와 특권을 누리며 살고 있다. 그런데도 부모가 그토록 아끼고 몸 바쳐 일하는 이유인 우리 아이들이 정서적으로 엄청난 고통을 겪고 있다. 아동발달 연구자들조차 이런 연구 결과를 본 적이 없을 정도로 심각한 수준이다.

이러한 문제들이 쉽게 풀릴 것 같지는 않다. 왜냐하면 청소년기의 우울증은 성인 우울증으로 이어지기 쉽고, 약물 남용은 어둡고 불확실한 미래를 가져오기 쉬우며, 불안 장애는 삶의 질을 심각하게 손상시키기 때문이다.

육체적 전염병의 경우 원인이 복잡하고 그래서 치료가 힘들 때가 많다. 하지만 우리 아이들이 심리적으로 더욱 건강한 아동기, 더 건강한 청소년기로 돌아가는 데 도움이 되는 것들은 비교적 쉽게 찾을 수 있다. 바로 부모인 우리의 사랑, 부모가 자신의 강점과 약점을 흔들림 없이 정직하게 바라볼 줄 아는 태도, 그리고 압박이나 비난이 아닌 따뜻함과 수용을 바탕으로 한 양육의 가치를 기꺼이 고려해보는 자세가 바로 그것이다.

우리가 아이를 지나친 통제와 과잉 경쟁, 학업에 대한 지속적인 압박으로부터 지켜줄 때, 그리고 이러한 모습 대신 아이를 따뜻하게 대해주고, 명확한 한계선을 정해주고, 그에 따른 결과를 확실히 알려주며, 아이만이 지닌 잠재력과 독특성을 기뻐해주면서 열심히 양육할 때, 그럴 때 비로소 아이는 자유로이 자기 본연의 임무로 돌아갈 수가 있다. 곧 건강한 자아를 발전시켜 나가고, 충분히 활기차게 지내고, 인생에서 어쩔 수 없는 삶의 오르막과 내리막을 헤쳐 나갈 줄 알게 되는 것이다.

부모인 우리가 자녀를 지켜주려고 열심히, 진지하게 노력하듯이 그와 똑같은 열심과 진지함으로 부모인 우리 자신의 발달을 소중하게 여기고 지켜줘야 한다.

사람들은 누구나 자기가 어떤 일을 해냈느냐가 아닌 있는 그대로의 모습으로 사랑받기를 갈망한다. 이는 엄마, 아빠, 어린이, 청소년, 청년 모두 마찬가지다.

당신의 아이가 얼마나 사랑받고 있는지를 매일의 일상 속에서 알 수 있게 해주라. 좋은 성적이나 상을 받아서가 아니라 아이가 독립적이고 유능하고 착하고 사랑할 줄 아는 사람이 되려고 애쓰는 모습이 사랑스럽다는 것을 아이에게 알려주라.

부모가 중점을 두어야 할 사항은 아이의 건강한 자아 발달에 도움이 되는 일들이어야 한다는 것을 명심해야 한다. 아이의 자율성과 자기관리 기술이 자라나도록 격려하고, 관계와 상호성 곧 더불어 사는 것의 가치를 아이에게 알려주며, 아이가 자기효능감을 발전시킬 수 있도록 아이만의 공간과 여유를 허락해주어야 한다. 우리 앞에 있는 아이를 진정으로 이해하고, 진정으로 존중하며, 진정으로 사랑하려고 노력해야 한다.

만일 부모인 우리가 정말로 중요한 것에 관심과 초점을 맞추고, 물질적 풍요의 문화가 갖고 있는 파괴적인 가치들을 무분별하게 수용하지 않는다면, 우리 아이들, 곧 풍요와 많은 특권을 누리며 살고 있는데도 충격적이고 용납될 수 없을 만큼 정서적 고통을 겪고 있는 우리 아이들의 고통을 아주 크게 낮춰줄 수 있을 것이다.

감사의 글

누구도 혼자서는 책을 쓸 수 없다. 이 책은 수많은 내담자와 그 가족들, 친구들, 동료들 그리고 연구자들의 도움이 있었기에 가능했다. 이는 괜한 겸손이 아니다.

수많은 밤을 컴퓨터 앞에서 혼자 지샐 때 환자들의 눈물겨운 고백과 동료들의 통찰력 있는 조언이 친구가 되어 주었고 그 결과물이 바로 이 책이다. 그래서 가장 먼저, 기꺼이 자신의 생각과 관심, 아이디어와 통찰을 나누어준 모든 분들께 감사의 인사를 드린다.

특히, 이 책의 많은 내용과 꼴은 콜롬비아대학교 교육대학원 임상발달심리학과 서니야 루터Suniya Luthar 교수와 나의 직업적 관계와 궁극적으로는 개인적 관계 속에서 열띤 나눔 가운데 탄생한 것이다. 서니야 루터 교수는 '회복탄력성과 아동의 정서적 발달, 사회-경제적 지위' 분야에서 가장 높은 평가를 받는 연구자 중 한 사람일 뿐 아니라 내적으로 지칠 줄 모르는 교사이기도 하다.

그가 자신의 연구 결과와 더불어 생각과 통찰을 기꺼이 나누어준 덕분에 이 책은 생명과 위엄을 갖추게 되었다. 부유한 엄마들이 직면하는 딜레마를 대하는 그의 공감과 사려 깊은 태도가 이 책의 마지막 장에 깊은 영향을 미쳤다.

| 참고문헌 |

Chapter 1

1 Maguire, K., & Pastore, A.L. (Eds.). (1996). *Sourcebook of criminal justice statistics 1995*. Washington, DC: U.S. Government Printing Office. See also U.S. Public Health Service. (1999). *The surgeon general's call to action to prevent suicide*. Washington, DC: Health and Human Services.

2 Grolnick, W.S. (2003). *The psychology of parental control: How well-meant parenting backfires*. Mahwah, NJ: Lawrence Erlbaum Associates, p.12.

3 Harter, S., Marold, D., Whitesell, N., & Cobbs, G. (1996). A model of the effects of perceived parent and peer support on adolescent false self behavior. *Child Development*, 67(2), 360-374.

4 Arora, R., & Saad, L. (2005, March 10). Marketing to mass affluent women – They're smart, educated, and have considerable discretionary income. How should you target this powerful group?. *Gallup Management Journal*. Available at: http://gmj.gallup.com/content/Default. asp?ci=15196&pg=2

Chapter 2

1 Luthar, S. S. (1999). *Poverty and children's adjustment*. Newbury Park, CA: Sage. See also McLoyd, V. C. (1998). Socioeconomic disadvantage and child development. *American Psychologist*, 53, 185-204.

2   Luthar S.S., & Sexton, C., (2005). The high price of affluence. In R. Kail (Ed.) *Advances in child development*, San Diego, CA: Academic Press.

3   Csikszentmihalyi, M., & Schneider, B. (2000). *Becoming adult: How teenagers prepare for the world of work*. New York: Basic Books.

4   Luthar, S.S., & Latendresse, S. J. (2005). Comparable "risks" at the SES extremes: Pre-adolescents perceptions of parenting. *Development and Psychopathology*, 17, 207-230.

5   Luthar, S.S., & Sexton, C. (2005). Ibid.

6   Luthar, S.S., & D'Avanzo, K. (1999). Contextual factors in substance use: A study of suburban and inner-city adolescents. *Development and Psychopathology*, 11, 845-867.

7   Becker, B. E., & Luthar, S. S. (in press). Peer-perceived admiration and social preference: Contextual correlates of positive peer regard among suburban and urban adolescents. *Journal of Research on Adolescence*.

8   Walters, E., & Kendler, K. (1995). Anorexia nervosa and anorexic-like syndromes in a population based female twin sample. *American Journal of Psychiatry*, 152, 64-75.

9   Price, D. (2004) Feast or Famine: The Etiology and Treatment of Eating Disorders. Continuing EdCourses.Net.

10   Luthar, S., & Becker, B. (2002). Privileged but pressured? A study of affluent youth. *Child Development*, 73, 1593-1610.

11   Luthar, S.S., & Becker, B. (2002). Ibid.

12   Luthar, S. S., & D'Avanzo, K. (1999). Ibid.

13   Gilligan, C. (1982). *In a different voice: Psychological theory and women's development*. Cambridge: Harvard University Press. See also Pipher, M. (1995). *Reviving ophelia*. New York: Ballantine Books.

14   Teel, L. W., & Luthar, S.S. (2005). Exploring the relationships between achievement pressures, family dynamics and psychopathology in a private urban high-school. Poster submitted for 2006 meetings of the Society for Research on Adolescence.

15 Last, J. (2001). *A Dictionary of Epidemiology* (4th ed.). New York: Oxford University Press.

16 Luthar, S.S., & Sexton, C. (2005). Ibid.

17 Clark, C., & Mokros, H. (1993). Depression and suicidal behavior. In Tolan, P. & Cohler, B. (Eds.), *Handbook of clinical research and practice with adolescents* p.342, New York: John Wiley and Sons.

18 Price, D. Ibid

19 Fitzgerald, J. (Nov. 13, 2002). Study links teen drinking pressure. *Associated Press Online.*

20 Prisching, J., (May 7, 2003). Powder puff hazing turns ugly. *USA Today Online.*

21 May, M. (Feb. 4, 2005). Fraternity pledge died of water poisoning. *San Francisco Chronicle Online.*

22 Galen, B. R., & Luthar, S. S. (2005). *Negative behaviors linked with middle schoolers' popularity: A three-year longitudinal study.* Manuscript submitted for publication.

23 Galen, B. R., & Luthar, S. S. (2005). Ibid.

24 Dishion, T. J., McCord, J., & Poulin, F. (1999). When interventions harm: Peer groups and problem behavior. *American Psychologist*, 54, 755-764.

25 Scaramella, L. V. Conger, R. D., Spoth, R., & Simons, R. L. (2002). Evaluation of a social contextual model of delinquency: A cross-study replication. *Child Development*, 73, 175-195.

26 Evans, D.L., Foa, E. B., Gur, R. E., Hendin, H., O'Brien, C. P., Seligman, M.E.P., &Walsh, B.T. (2005). *Treating and preventing adolescent mental health disorders.* New York: Oxford University Press.

27 Evans et al. (2005). Ibid.

28 Montoya, A.G., Sorrentino, R., Lukas, S.E., & Price, B.H. (2002) Long-term neuropsychiatric consequences of "ecstasy" (MDMA): A review. *Harvard Review of Psychiatry*, 10, 212-220.

29   Evans et al. (2005). Ibid.

30   Puura, K., Almqvist, F., Tamminen, T., Piha, J., Kumpulainen, K., Raesaenen, E., et al. (1998). Children with symptoms of depression— What do adults see? *Journal of Child Psychology & Psychiatry & Allied Disciplines*, 39, 577-585.

31   Luthar, S.S. (2003). The culture of affluence: Psychological costs of material wealth. *Child Development*, 74, 1581-1593.

32   Luthar, S.S., & Latendresse, S. J. (2005). Children of the affluent: Challenges to well-being. *Current Directions in Psychological Science*, 14, 49-53.

33   Ablard, L.E., & Parker, W.D. (1997) Parent's achievement goals and perfectionism in their academically talented children. *Journal of Youth & Adolescence*, 26, 651-667; Mukhopadhyay, P., & Kumar, J. (1999) Academic pressure: It's impact on the mental health of children. *Social Science International*, 15, 39-45.

34   Weisse, D.E. (1990) Gifted adolescents and suicide. *School Counselor*. 37.351-358; see also Farrell, D.M. (1989) Suicide among gifted students. Roeper Review, 11, 134-139.

35   Blatt, S.J. (1995) 50,(12) The Destructiveness of Perfectionism, *American Psychologist* 1003-1020.

36   Luthar, S.S., & Latendresse, S. J. (2005). Ibid.

37   Hochschild, A.R., & Machung, A. (2003). *The Second Shift*. New York: Penguin Books.

38   "White House Conference on Teenagers: Raising Responsible and Resourceful Youth". Available at: http://www.whitehouse.gov/WH/EOP/First_Lady/html/teens/transcript.html. See also Kohn, A. (1999). *Punished by rewards*. Boston, MA: Houghton Mifflin.

39   LeBeau, J. (1998). The "silver spoon" syndrome in the super rich: The pathologic link of affluence and narcissism in family systems. *American Journal of Psychotherapy*, 21, 425-436.

40   Csikszentmihalyi, M., & Schneider, B. (2000). *Becoming adult: How teenagers prepare for the world of work.* New York: Basic Books.

41   Latendresse, S.J., & Luthar, S.S. (2005). *Perceptions of parenting among affluent youth: Antecedents of middle school adjustment trajectories.* Manuscript submitted for publication.

42   Luthar, Ibid.

43   Eisenberg, M., Olson, R., Neumark-Sztainer, D., Story, M., & Bearinger, L. (2004). Correlations between family meals and psychosocial well-being among adolescents. *Archives of Pediatrics and Adolescent Medicine,* 158, 792-796.

Chapter 3

1   Ryan, R.M., & Deci, E.L. (2001). On happiness and human potentials: A review of research on hedonic and eudaimonic well-being. *Annual Review of Psychology,* 52, 141-166.

2   Myers, D., & Diener, E. (1996). The pursuit of happiness. *Scientific American,* 274(5), 70-72.

3   Lykken, D. (1999). *Happiness.* New York: Golden Books, p. 17.

4   Myers, D.G. (1993). *The pursuit of happiness.* New York: Avon, p. 53.

5   Diener, E., Horwitz, J., & Emmons, R.A. (1985). Happiness of the very wealthy. *Social Indicators Research,* 16, 263-274.

6   Inglehart, R. (1990). *Culture shift in advanced industrial society.* Princeton, NJ: Princeton University Press.

7   Brickman, P., Coates, D., & Janoff-Bulamn, R.J. (1978). Lottery winners and accident victims: Is happiness relative? *Journal of Personality and Social Psychology,* 36, 917-927.

8   Myers, D. (2000). The funds, friends, and faith of happy people.

American Psychologist, 55(1), p. 60.

9   Tellegen, A., Lykken, D.T. Bouchard, T.J., Wilcox, K.J., Segal, N.L. & Rich, S. (1988). Personality similarity in twins reared apart and together. *Journal of Personality and Social Psychology*, 59, 291-297.

10   Seligman, M., Reivich, K., Jaycox, L., & Gillham, J. (1995). *The Optimistic Child*. New York: Houghton Mifflin.

11   Campbell, A. (1981). *The sense of well-being in America*. New York: McGraw-Hill.

12   Myers, D. Ibid, p. 61.

13   Kasser, T. (2002). *The High Price of Materialism*. Cambridge, MA: The MIT Press.

14   Garchik, L. (Aug. 31, 2005). Leah Garchik. *San Francisco Chronicle Online*.

15   Sax, L., Astin, A., Korn, W., & Mahoney, K. (1998). The American freshman: National norms for Fall 1998. Annual: Higher Education Research Institute. Los Angeles: University of California.

16   Winokur, J. (1996) *The rich are different*. New York: Pantheon Books

17   Maslow, A.H. (1970). Motivation and Personality. (2nd ed.). New York: Harper and Row.

18   de Marneffe, D., *Maternal Desire*, Back Bay Books, Little Brown, New York, 324.

19   Kasser, T., Ryan, R.M., & Zax, M. (1995). The Relations of Maternal and Social Environments to Late Adolescents' Materialistic and Prosocial Values, *Developmental Psychology*, 31(6), 907-914.

20   Kasser, T., & Ryan, R.M. (1993). A dark side of the American Dream: Correlates of financial success as a central life aspiration. *Journal of Personality and Social Psychology*, 65, 410 422.

21   Sheldon, K.M., Sheldon, M.S., &Osbaldiston R. (2000). Prosocial values and group assortation in an N-person prisoner's dilemma. *Human Nature*, 11, 387-404.

22   Csikszentmihalyi, M. (1997). *Finding Flow: The Psychology of Engagement*

with Everyday Life. New York: Basic Books, Inc.

23   Caskey, W.H. (Nov. 25, 2004). *The Providence Journal Online.*

24   Grolnick, W.S. (2003). *The Psychology of Parental Control: How well-meant parenting backfires*. Mahwah, NJ: Lawrence Erlbaum Associates. See also, Kohn, A. (1999). *Punished by Rewards*. Boston, MA: Houghton Mifflin.

25   Grolnick, W.S. (2003). Ibid.

Chapter 4

1   Baumeister, R. (1997). Esteem threat, self-regulatory breakdown, and emotional distress as factors in self-defeating behavior. *Review of General Psychology*, 1(2), 145-174.

2   Ramey, C. T., McGinness, G.D., Cross, L., Collier, A.M., & Barrie-Blackley, S. (1982). The Abecedarian approach to social competence: Cognitive and linguistic intervention for disadvantaged preschoolers. In K. Borman (Ed.), *The social life of children in a changing society* (pp.145-174). Hillsdale, NJ: Erlbaum.

3   Bandura, A. (1997). *Self-efficacy: The exercise of control*. New York: W. H. Freeman and Company, p.169

4   Baumeister, R. (1997). Ibid.

5   Shoda, Y., Mischel, W., & Peake, P. K. (1990). Predicting adolescent cognitive and self-regulatory competencies from preschool delay of gratification: Identifying diagnostic conditions. *Developmental Psychology*, 26(6), 978-986.

6   Goldberg, S., Muir, R., & Kerr, J. (Eds.). (1995). *Attachment Theory: Social, Developmental, and Clinical Perspectives*. Hillsdale, NJ: Analytic Press

7   Lewis, T., Amini, F. & Lannon, R. (2001). *A general theory of love*. New York: Vintage.

8   Seigel, D. & Hartzell, M. (2003). *Parenting from the inside out: How a deeper self understanding can help you raise children who thrive.* New York: Penguin Putnam Inc.

9   Rutter, M. (1987). Psychosocial resilience and protective mechanisms. *American Journal of Orthopsychiatry*, 57, 316-331.

Chapter 5

1   McGhee, P. E. (1976). Children's appreciation of humor: A test of the cognitive congruency principle. *Child Development*, 47(2), 420-426.

2   Ames, L.B., Ilg, F.L., & Baker, S.M. (1989). *Your ten-to-fourteen-year old.* New York: Dell.

3   Grolnick, W.S. (2003). *The psychology of parental control: How well-meant parenting backfires.* Mahwah, NJ: Lawrence Erlbaum Associates.

4   Grolnick, W.S. (2003). Ibid.

5   Lewis, M., Allesandri, S.M., & Sullivan, M.W. (1992). Differences in shame and pride as a function of children's gender and task difficulty. *Child Development*, 63(3), 630-638. See also Eccles J. S., & Blumenfeld, P. (1985) Classroom experiences and student gender: Are their Differences and Do They Matter? In L.C. Wilkinson & C.B. Marrett (Eds.), *Gender influences in classroom interaction* (pp. 79-114). Orlando, Fl: Academic Press.

6   Dweck, C.S., Davidson, W., Nelson, S., & Erra, B. (1978). Sex differences in learned helplessness. *Developmental Psychology*, 14, 268-276.

7   Curtis and Nelson, 2003

8   Cicchetti and Walker, 2004; DeBellis, 2001

9   Buckner et al, 2003

Chapter 6

1 Baumrind, D. (1966). Effects of authoritative parental control on child behavior. *Child Development*, 37, 887-907; Baumrind, D. (1967). Child care practices anteceding three patterns of preschool behavior. *Genetic Psychology Monographs*, 75(91), 43-88; and Baumrind, D. (1971). Current Patterns of Parental Authority. *Developmental Psychology Monographs*, 4, 1-102.

2 Lamborn, S.D., Mounts, N.S., Steinberg, L., & Dornbusch, S.M. (1991). Patterns of competence and adjustment among adolescents from authoritative, authoritarian, indulgent and neglectful families. *Child Development*, 62(5), 1049-1065; Baumrind, D. (1991). The influence of parenting style on adolescent competence and substance use. *Journal of Early Adolescence*, 11(1), 56-95; Cohen, D. A., & Rice, J. (1997). Parenting styles, adolescent substance use, and academic achievement. *Journal of Drug Education*, 27(2), 199-211.

3 Baker, B.L., & Heller, T.L. (1996). Preschool children with externalizing behaviors: Experience of fathers and mothers. *Journal of Abnormal Child Psychology*, 24(4), 513-532.

4 Lamborn, S.D., Mounts, N.S., Steinberg, L., & Dornbusch, S.M. (1991). Ibid.

5 Lamborn, S.D., Mounts, N.S., Steinberg, L., & Dornbusch, S.M. (1991). Ibid. See also Steinberg, L, Lamborn, S.D., Darling, N., Mounts, N.S., & Dornbusch, S.M. (1994). Over-time changes in adjustment and competence among adolescents from authoritative, authoritarian, indulgent and neglectful families. *Child Development*, 65(3), 754-70.

6 Luthar, S.S., & Goldstein, A.S. (2005). Critical dimensions of parenting in middle adolescence: A study of suburban youth. Manuscript under preparation.

7 Forehand, R., & Nousiainen, S. (1993). Maternal and Paternal Parenting:

Critical Dimensions in Adolescent Functioning. *Journal of Family Psychology*, 7(2), 213-221.

8   Forehand, R., & Nousiainen, S. (1993). Ibid, pp.218-219.

9   Maguire, K., & Pastore, A.L. (Eds.). (1996). *Sourcebook of criminal justice statistics 1995*. Washington, DC: U.S. Government Printing Office. See also U.S. Public Health Service. (1999). *The surgeon general's call to action to prevent suicide*. Washington, DC: Health and Human Services.

10   Baumeister, R. F., Campbell, J.D, Krueger, J.I., & Vohs, K.D. (2003). Does high self-esteem cause better performance, interpersonal success, happiness, or healthier lifestyles? *Psychological Science in the Public Interest*, 4(1), p.109

11   Baumeister, R. F., Campbell, J.D, Krueger, J.I., & Vohs, K.D. (2003). Ibid.

12   Luthar, S.S., Shoum, K., & Brown, P.J. (2005). Affluent adolescent's extracurricular involvement: A scapegoat for "ubiquitous achievement pressures?". Manuscript submitted for publication.

Chapter 7

1   Forehand, R., & Nousianinen, S. (1993). Maternal and Paternal Parenting: Critical Dimensions in Adolescent Functioning, *Journal of Family Psychology*, 7(2), 21-221.

2   2003 *National Survey of Drug Use and Health: National Finding* (2004). Available at: https://nsduhweb.rti.org/

3   Dishion, T.J., & Kavanagh, K. (2003). *Intervening in adolescent problem behavior: A family-centered approach*. New York: Guilford Press.

4   Schneider, W., Cavell, T., & Hughes, J. (2003). A sense of containment: Potential moderator of the relation between parenting practices and

children's externalizing behavior. *Development and Psychopathology*, 15, 94-117.

5   Schneider, W.J., Cavell, T.A., & Hughes, J. N. (2003). Ibid.

6   Cavell, T (2000) Working with parents of aggressive children: A practitioner's guide Washington, DC: American Psychological Association, 27-47.

7   Luthar, S.S. (in press). Resilience in development: A synthesis of research across 5 decades. In D. Cicchetti & D.J. Cohen (Eds.), *Developmental psychology: Risk, disorder, and adaptation* (2nd ed.). New York: Wiley.

8   Belsky, J., Jaffee, S., Hsieh, K., & Silva, P. A. (2001). Childrearing antecedents of intergenerational relations in young adulthood: A prospective study. *Developmental Psychology*, 37, 801-814.

9   Barber, Brian, (Ed.). (2002). *Intrusive Parenting: How Psychological Control Affects Children and Adolescents.* Washington, DC: American Psychological Association.

Chapter 8

1   Luthar, S.S. (2003). The culture of affluence: Psychological costs of material wealth. Child Development, 74, 1581-1593.

2   Luthar, S.S., & Sexton, C. (2004). The high price of affluence. In R.V. Kail (Ed.), *Advances in Child Development*, 32, 126-162. San Diego, CA: Academic Press.

3   Farrelly. M.J. (Mar. 28, 2005). Freshman women at Duke Univesity battle 'Effortless Perfection'. Available at: www.imdiversity.com/villages/womean/education_academia

4   Blatt, S.J, The destructiveness of perfectionism: Implications for the

treatment of depression, American Psychologst, 50 (12) Dec 1995 1003-1020

5   Blatt, Ibid.1011

6   Castenada, C. (1969). The Teachings of Don Juan: A Yaqui Way of Knowledge. Los Angeles, CA: University of California Press.

7   Luthar, S., personal communication, 9/12/05

Chapter 9

1   Connell, A. M., & Goodman, S. H. (2002). The association between psychopathology in fathers versus mothers and children's internalizing and externalizing behavior problems: A meta-analysis. *Psychological Bulletin*, 128, 746-773.

2   Connell, A. M., & Goodman, S. H. (2002). Ibid.

3   Durbin, E.E., Klein, D.N., Hayden, E.P., Buckley, M.E., & Moerk, K.C. (2005). Temperamental Emotionality in Preschoolers and Parental Mood Disorders. *Journal of Abnormal Psychology*, (114)1, 28-37. See also Luthar, S.S. (in press) Resilience in development: A synthesis of research across five decades. In D. Cicchetti & D.J. Cohen (Eds.) *Developmental Psychopathology: Risk, disorder, and adaptation* (2nd ed.). New York :Wiley.

4   Luthar, S.S., Watson, E. B., Ghailiain, M., & Sexton, C.C. (2005). *Diagnoses and distress: Mothers and children from the socioeconomic extremes.* Manuscript submitted for publication.

5   Steinberg, L., & Steinberg, W. (1994). *Crossing paths.* New York: Simon & Schuster.

6   Wolfe, J.L,. & Foder, I.G. (1996). The poverty of privilege: Therapy with women of the "upper" classes. *Women & Therapy*, 18, 73-89.

7   Beardslee, W.R., Versage, E.M, & Gladstone, T.R.G. (1998). Children

of affectively ill parents: A review of the past 10 Years. *Journal of the American Academy of Child and Adolescent Psychiatry*, (37)11, 1134-1141. See also Luthar, S.S., & Suchman, N. E. (2000). Relational Psychotherapy Mothers' Group: A developmentally informed intervention for at-risk mothers. *Development and Psychopathology*, 12, 235-253.

8   Sroufe, LA., Egeland, B., Carlson, E.A., & Collins, W.A. (2005). *The Development of the Person*. New York:Guilford Press, p. 260.

9   Luthar, S.S., & Sexton, C.C. (2005). *Maternal depression connotes more risk than maternal drug abuse: Vulnerability and resilience among school-age and adolescent offspring*. Manuscript submitted for publication.

10   Gilligan, C. *In a different voice*. (1982). *In a different voice: Psychological theory and women's development*. Cambridge: Harvard University Press. See also Luthar, S.S., & Suchman, N. E. (1999). Developmentally informed parenting interventions: The Relational Psychotherapy Mothers' Group. In D. Cicchetti & S.L. Toth (Eds.), *Rochester Symposium on Developmental Psychopathology, Volume 9: Developmental approaches to Prevention and Intervention* (pp.271-309). Rochester, NY: University of Rochester Press.

11   Taylor, S.E., Klein, L.C., Lewis, B.P., Gruenewald, T.L.,Gurung, R.A.,& Updegraff, J.A. (2000). Biobehavioral responses to stress in females: Tend-and-befriend, not fight-or-flight. *Psychological Review*, 107(3), 411-429.

12   Harvey, E. (1999). Short-term and long-term effects of early parental employment on children of the National Longitudinal Survey of Youth. *Developmental Psychology*, 35(2), 445-459